특허 빅데이터 DNA

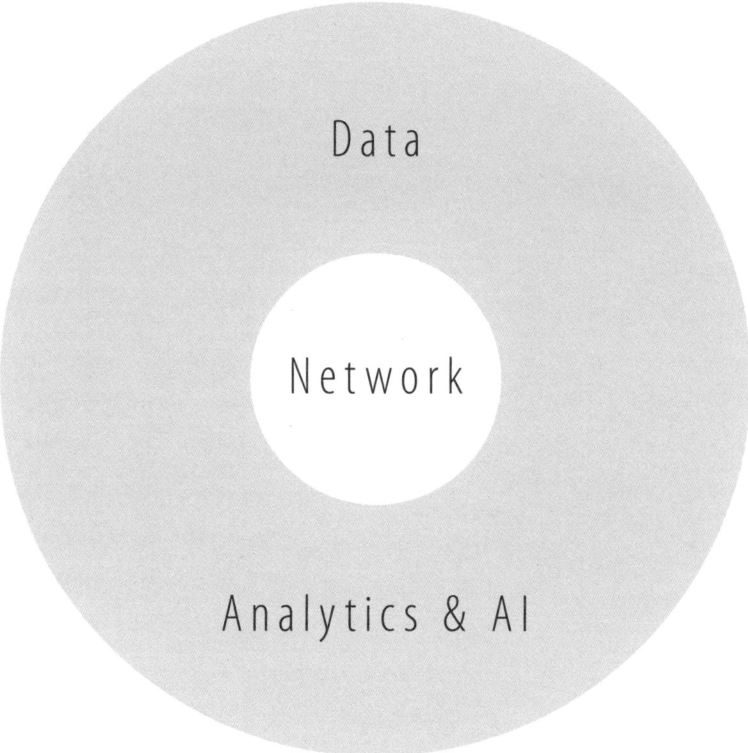

Data
Network
Analytics & AI

개정판

특허 빅데이터 DNA

김지은 · 정부용 · 김대중 지음

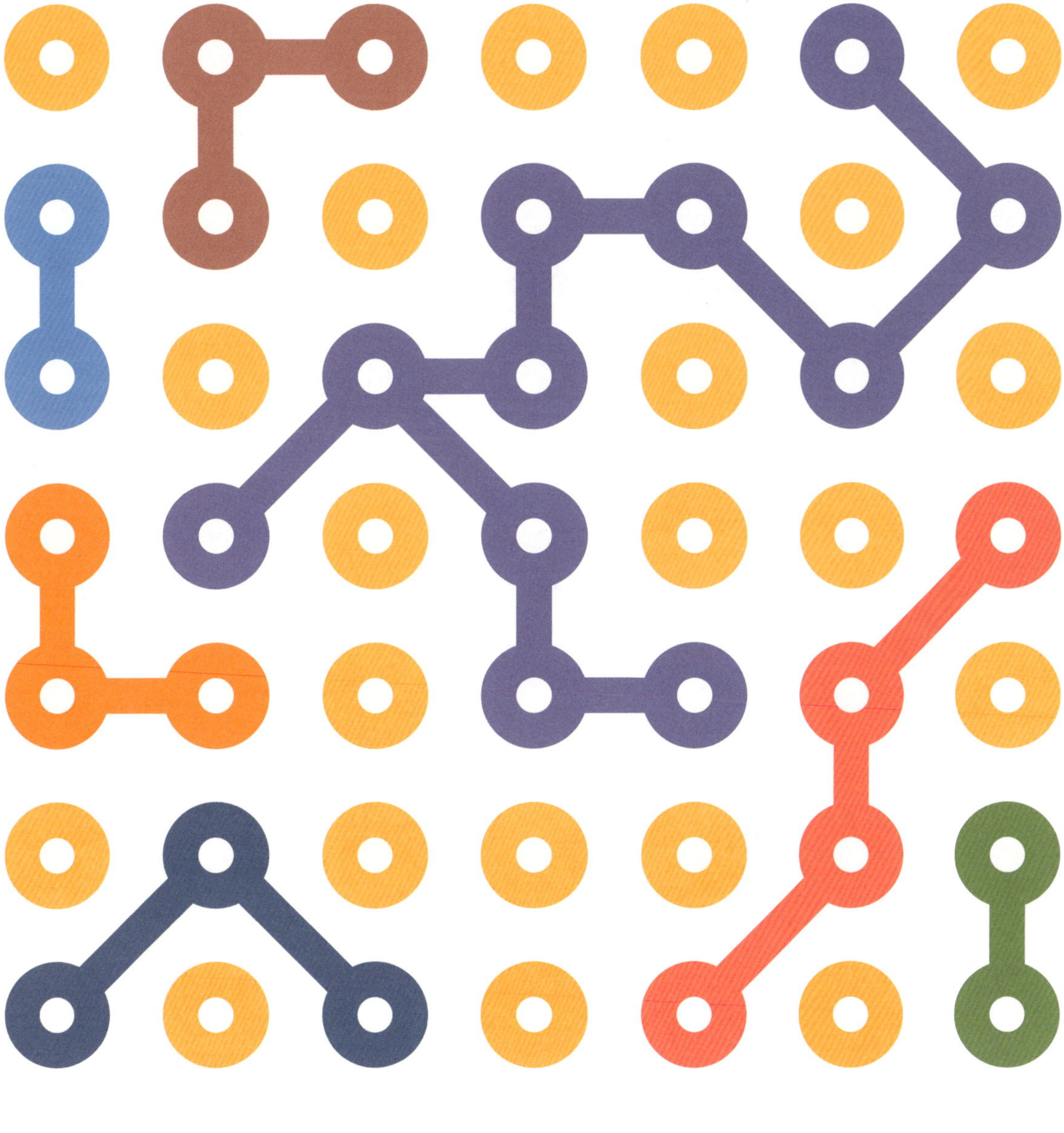

한양대학교 출판부

기술경영 전문가, 변리사, 디자이너의 프리즘

이 책은 지식재산권에 관한 최초의 기록물들에서 시작하여 특허 빅데이터 분석, 그리고 인공지능이 지식재산권 분야에서 일으키고 있는 변화 과정까지를 거칠게 묘사한 일종의 '그림책'입니다. 복잡도가 높은 데이터를 사람이 이해하기 쉬운 형태로 시각화하는 것이 그 어느 때보다 중요해진 만큼, 신선한 충격과 호기심을 줄 수 있는 그림들을 최대한 많이 담고자 노력하였습니다.

특히, 이 책의 저자들은 각자 기술경영 전문가, 변리사, 디자이너의 길을 걸어오면서 체득한 지식과 경험을 가지고 특허 빅데이터를 바라보았습니다. 그 결과, 지금껏 이 분야에서 출간된 그 어떤 책들과도 겹치지 않는 독특한 벤 다이어그램을 그릴 수 있었습니다.

이 책에 소개된 특허 빅데이터 분석 사례들은 정통적인 접근법과도 극명한 대비contrast를 보여줍니다. 특허에 '빅데이터'라는 자격을 부여할 수 있는 것은 그 크기도 중요하지만, 경쟁 환경 상황에서 끊임없이 파생되고 진화해 나아가는 특허만의 변화무쌍한 속성에 있다고 보았습니다. 마치 살아 있는 생명체와 같이 말입니다. 시·공간 속에 놓인 다른 특허들 또는 발명자들과의 관계성에 주목하는 네트워크 분석에 관심을 두게 된 것은 이러한 인식에서 비롯되었습니다. 연결된 특허 네트워크를 관찰하면 비밀스러운 혁신의 패턴pattern of patents을 현상現像하고 영감을 얻을 기회가 열릴 수 있음을 공유하는 것이 이 책의 집필 동기입니다.

특허 빅데이터 시대의 서막

초연결 사회에 진입하면서 글로벌 시장경쟁이 더욱 치열해지고 있습니다. 2011년부터 8년간 진행된 애플과 삼성의 글로벌 특허소송에서, 사람들은 기존의 휴대폰, MP3 플레이어, 소형 카메라를 전멸시켜 버린 아이폰iPhone에도 놀랐지만, 지식재산권이라는 무형의 가치에 대해 더 큰 충격을 받았습니다. 이제 국내외 경쟁자들의 혁신 활동과 그 부산물인 지식재산권에 대해 알지 못하면 시장에 제품이나 브랜드를 내놓지도 못하는 시대가 본격화된 것입니다. 중국의 경제성장으로 가속화된 지식재산권 경쟁은 이러한 불안감을 가중시키고 있습니다.

또한 우리는 기술 주도형 혁신Technology push Innovation에서 디자인 주도 혁신Design-driven Innovation으로 전이해가는 혁신의 패러다임을 경험하고 있습니다. 기술, 디자인 그리고 브랜드가 통합된 융합적 지식재산권의 가치가 중요하게 주목받고 있습니다. 이 책에서는 혁신

기업들의 조직 구조, 신제품 개발 로드맵과 브랜드 관리 전략 등을 특허, 디자인, 상표 빅데이터에 기반하여 분석한 사례들을 수록하였습니다. 그리고 빅데이터에 인공지능 기술을 접목함으로써, 선행기술들이나 경쟁자들의 상표를 효과적으로 파악하고 대응하기 위한 리걸테크legal tech들의 도전 사례들도 소개하였습니다.

특허 빅데이터는 한 시대의 과학·기술을 흡수하여 생산해낸 발명들의 요약본이자 혁신의 역사이고, 인류의 공동 유산입니다. 발명의 '보호'와 '이용'이라는 대립적이면서도 상보적인 두 가지 목적을 균형 있게 달성하는 것은 지식재산권의 순기능을 발휘하기 위한 대전제에 해당합니다. 기울어진 '이용'의 축을 바로 세우기 위해서는 기존의 검색, 분석방법과는 다른 대안이 필요합니다. 컴퓨팅 성능이 향상되고, 인공지능과 다양한 정보시각화 기법이 활용되면서 지식재산권 검색과 분석은 지금껏 경험하지 못한 새로운 시대를 맞이하고 있습니다. 부디, 이 책이 시기적절한 기록으로서 괜찮은 길라잡이 역할을 하길 바라며 이야기를 풀어 '보기'로 하겠습니다.

차례

Network: 특허 네트워크 분석과 시각화

Analytics & AI: 특허 빅데이터로 풀어낸 혁신전략 사례

Data

특허 빅데이터의 탄생

특허는 순차적으로 쌓인 지층처럼 기술 진보의 역사를 투영한다.
특허는 향후 기술의 변화를 예측하기 위하여
가장 객관적인 지표로 활용할 수 있는 빅데이터라고 할 수 있다.

– 1장 중에서 –

왜 특허 빅데이터에 주목하는가 01

2018년 5월, 스위스 제네바에 위치한 세계지식재산기구WIPO에서는 지식재산권 관리를 주제로 특별한 화두가 던져졌다. 정보통신기술ICT과 인공지능AI이 그 중심이었다. 특허분야 선진 5개국(한국, 미국, 유럽, 중국, 일본) 특허청뿐만 아니라 전 세계 유관기관들이 모여 국제협력을 통한 미래 전략에 대해 심도 있는 논의를 나누었다.

세계지식재산기구 주최로 2018년 5월 진행된 "지식재산 관리를 위한 정보통신기술(ICT)과 인공지능(AI)"에 관한 기조연설[1]

WIPO의 사무총장 프랑시스 거리Francis Gurry는 기조연설에서, 현재 각국 특허청이 관리하는 시스템만으로는 지식재산권(특허·상표·디자인권)의 양적인 규모와 성장 속도, 그리고 데이터가 가지고 있는 복잡성을 따라갈 수 없다고 이야기하였다. 이는 매우 시급하고 거스를 수 없는 흐름이며, 최신 컴퓨팅 기술들(데이터마이닝, 인공지능, 블록체인 등)을 도입하여 국제적으로 특허 데이터가 유기적으로 연결되고 관리될 수 있는 오픈 플랫폼으로 대응해야 한다고 강조하였다.

특허제도의 운영 과정에서는 출원, 심사보고서, 특허공보, 심판·소송, 권리양도, 실시권 설정과 같은 절차와 사건으로부터 수많은 데이터가 파생된다. 특허의 전 주기에 걸쳐 축적되는 대규모 데이터를 입체적으로 이용하기 위해서는 보다 다각적인 접근이 요구되고 있다. 특허 유관기관 및 기업에서 사용자가 원하는 특허 정보를 효과적으로 탐색하고 분석하기 위하여 대규모 데이터 처리, 분석 및 활용기술을 필요로 하면서 특허 빅데이터가 출현하게 되었다.

특허는 빅데이터라고 할 수 있을까? 빅데이터의 개념과 특징을 먼저 살펴보자. 매킨지Mckinsey[2]에 따르면, 빅데이터는 데이터베이스의 규모에 초점을 맞춰 종래의 데이터 처리 소프트웨어로는 다루기 곤란할 정도의 방대하고 복잡한 데이터 세트를 지칭한다. 이에 가트너Gartner[3]는 빅데이터가 가진 주요 특징을 3VVolume, Variety, Velocity로 정의하였다. 자료의 규모volume와 함께, 빅데이터는 다양한 형태의 데이터를 포함한다. 정형화된 데이터베이스뿐만 아니라 비정형 문서나 로그 기록 등 데이터의 다양성variety이 확보될 경우, 더욱 풍부한 분석이 가능하다. 데이터가 생산되어 분석 수요에 맞게 처리될 수 있는 상태의 수준으로 전달되는 속도velocity 역시 중요하다. 최근에는 IBM을 시작으로 데이터의 물리적인 양 중심의 빅데이터 3V를 넘어 데이터의 품질과 통찰력을 강조한 빅데이터 6VVolume, Variety, Velocity, Veracity, Visualization, Value 개념으로 확장하고 있다.

새로운 빅데이터의 특징 중 첫 번째는 정확성veracity으로, "대량으로 생성되는 데이터가 과연 신뢰할 만한 정보일까?"라는 질문으로 요약할 수 있다. 즉 데이터의 품질과 신뢰성에 대한 이야기이며, 두 번째는 시각화visualization로, 복잡하고 대량인 데이터를 사용자가 충분히 이해할 수 있도록 해주는 시각적인 표현요소를 의미한다. 그리고 마지막으로 가치value는 데이터 분석을 통해 비즈니스 성과를 달성할 수 있는가를 의미한다.

그렇다면 특허는 빅데이터의 특징인 6v(충분한 데이터 크기, 다양성, 속도, 정확성, 데이터의 시각화 그리고 비즈니스 가치 창출)의 자격을 충족하고 있을까? 다음 장부터 특허 데이터의 현황과 특징을 살펴보고, 원재료에 해당하는 특허공보가 언제부터 어떠한 형식format으로 진화되어 왔는지를 살펴보려고 한다.

230년 축적의 시간

2018년 미국 등록 특허가 1천만 건을 돌파[4]하였다. 1790년 7월 31일 제1호 등록특허 이후, 228년 만의 쾌거이다. 미국의 천만 번째 특허는 레이시온 사 광학 엔지니어인 조지프 마론Joseph Marron 박사의 대형 레이저 레이더의 실시간 판독 기술이 선정되었다.

미국특허상표청(USPTO)
United States Patent and Trademark Office
(이하 '미국 특허청')
https://www.uspto.gov/

미국 특허청 이머징테크 융합 비전선포

미국 특허청은 2018년 3월 11일 새로운 특허증 표지 디자인을 발표하였다.[5] 이 디자인은 최근 100년 동안 2번째 변경되었으며, 특허번호 10,000,000번부터 적용한다.

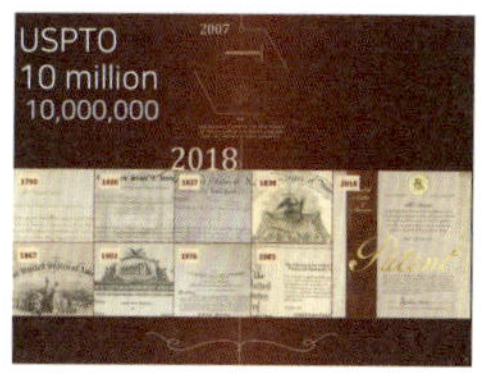

앞으로 다시 한 번 천만 건을 돌파하는 데에는 몇 년이 걸릴까? 지난 30년(1988~2016)간 발행된 특허공보가 그 이전 150년(1836~1987) 동안의 총합에 달하는 것을 보면, 그리 멀지 않아 보인다.

국가 간 특허의 흐름

제1국에 출원한 이후 소정 기간(특허 1년, 디자인 6월) 내에 제2국에 출원 시 파리협약에 따른 우선권을 주장하면, 제1국 출원일로 판단시점이 소급된다.

여러 국가에 복수의 출원을 진행하는 것은 핵심특허일 가능성이 높다.

제1국과 제2국 국가정보를 이용하면 아래와 같은 출원의 흐름을 파악할 수 있다.

이는 시장으로서의 매력도와 대응된다고 볼 수 있다.

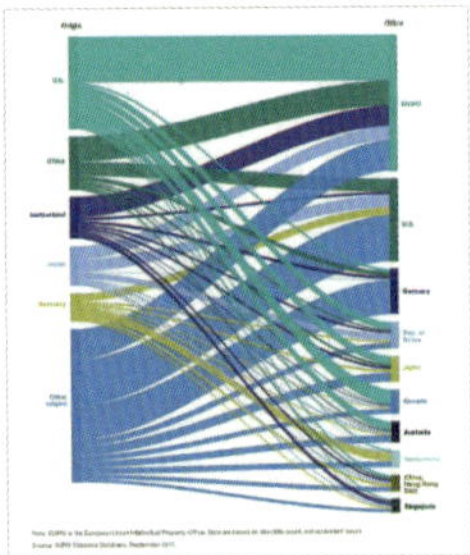

조약우선권 지정국의 흐름을 보여주는 생키 다이어그램(Sankey Diagram)[6]

이는 인터넷과 모바일 통신의 발달로 국가 간 경계가 허물어지고, 기술 융복합이 활발해지면서 이루어낸 엄청난 성과라고 할 수 있다. 기술 수준을 고려하지 않고 단순 수치만 놓고 비교하더라도 그 규모와 속도를 실감할 수 있다. 대부분의 빅데이터는 크다고는 할 수 있지만 기간이 짧은 경우가 많은데, 특허 빅데이터는 장기간 축적된 자료이기 때문에 더 큰 가치가 있다.

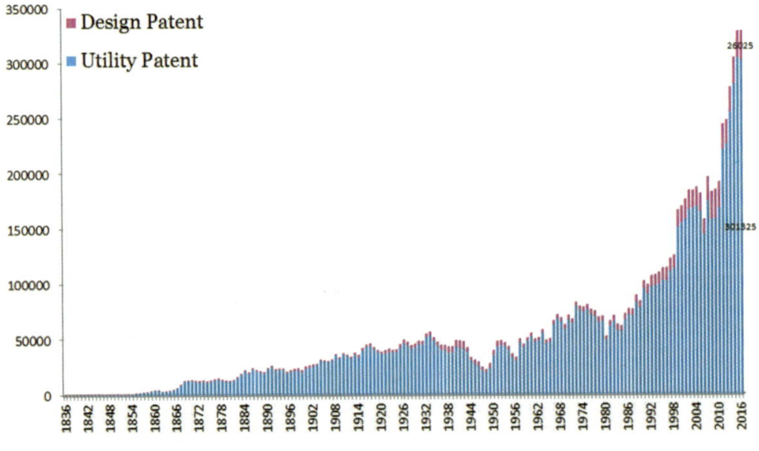

미국 등록특허 연도별 추이(1836~2016)[7]

1836년부터 발행된 미국 기술특허Utility Patent와 디자인특허Design Patent의 수를 연도별로 살펴보면, 2016년까지 미국 특허청에는 총 9,972,978건의 특허가 등록되었다. 이중 기술특허는 9,226,437건, 디자인특허는 746,541건에 이른다.

IP5(한국, 미국, 중국, 일본 및 유럽 5개국 특허청)의 국가별 특허출원 동향을 살펴보면 이 국가들이 전 세계 특허출원의 74%(2006년)~84%(2016년)의 점유율을 차지하고 있다. 2008년 베이징 올림픽 개최 이후 중국의 폭발적인 경제성장과 글로벌 특허소송의 긴장 상태, 그리고 특허관리전문회사NPEs 등의 출현으로 전 세계 특허 출원량은 전례 없는 변화의 갈림길에 서 있다. 지식재산권 분야에서 신흥강자로 급부상했던 일본은 1968년 처음으로 미국을 양적으로 추월하였다. 그러나 2005년 이후에는 하강 추세에 있다. 중국은 2010년 일본을 제치고 최다 출원국으로 등극하였다. 급기야 2011년에는 미국을 제치고 최다 출원국의 자리에 올랐다. 글로벌 특허출원은 2016년[8] 단일 연도에만 300만 건을 넘어섰으며, 특히 중국이 138만 건(46%)으로 압도적 비중을 차지한다.

NPEs(Non Practicing Entities) 특허관리전문회사
제조 등 생산 활동을 하지 않고 확보한 특허만으로 소송, 특허 실시계약 등의 방식으로 수익을 창출하는 특허관리전문회사이다. 부정적으로는 특허괴물(Patent Troll)이라고 불린다.

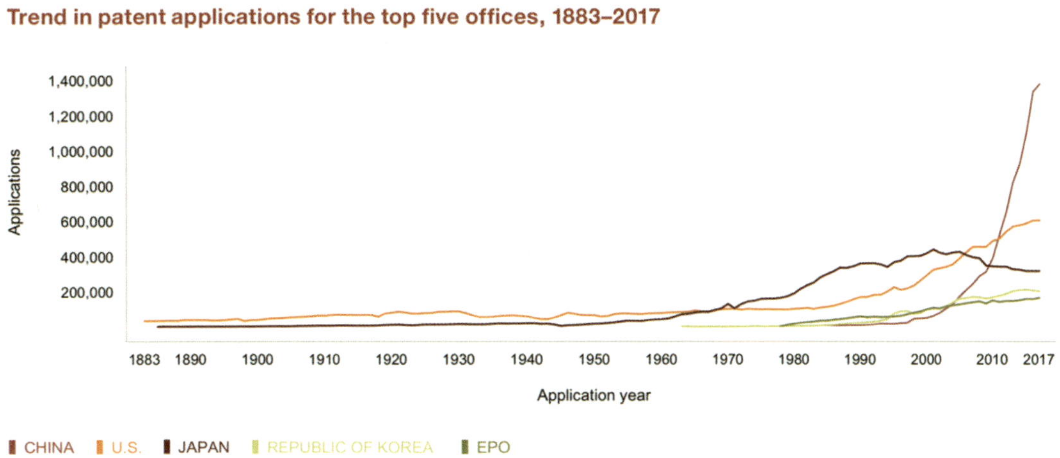

IP5 특허출원 동향[9] – 세계지식재산기구(WIPO, World Intellectual Property Indicators 2018)

특허공보에는 문자text와 도면drawings으로 구성된 출원서의 내용과 더불어 심사관이 검토한 인용문헌, 특허분류 정보 등이 수록되어 있다. 미국 특허청은 특허가 공고되면 심사관이 사용한 검색식, 출원인과 주고받은 대응 내용 등 출원경과이력Image File Wrapper도 모두 공개한다.

국내 지식재산권 무료 검색 서비스인 키프리스KIPRIS[10]를 이용한 검색 건수는 2014년 2,800만 건에서 2018년 5,492만 건으로 증가하였으며, 누적 검색 건수(1996~2018)[11]는 4.9억 건을 돌파하였다. 특허 검색 서비스에서도 데이터의 양과 질적인 차원에서 다양한 활용이 기대된다. 향후, 사용자들이 입력한 검색정보와 방문횟수 등은 기술 흐름을 파악하기 위한 로그 기록으로 활용될 가능성이 충분하다. 특허 양도, 실시권 설정과 같은 거래 정보와 심판·소송 등 분쟁 이력도 중요한 자료가 된다. 이처럼 특허에서 파생되는 데이터들은 규모, 다양성, 속도 등에서 풍부한 분석 가치를 지니고 있어 빅데이터로서의 자격이 충분하다.

특허, 살아 있는 생명체

> "Successful inventions are the very epitome of collective learning."
>
> - Aiden & Michel[12]

에레즈 에이든Erez Aiden, Uncharted, 2013의 말처럼, "성공적인 발명들은 집합적인 학습의 축소판"[13]이다. 발명은 새로운 지식을 생산해내고 일상에서 맞부딪히는 한계를 극복하기 위하여 진보된 과학기술

빅데이터의 핵심, 양질의 특허 데이터 확보

정보 품질Information quality은 데이터와 콘텐츠에 대한 품질을 말한다. 맛있는 요리를 만들기 위해서 재료 선별이 중요하듯, 빅데이터의 핵심은 양질의 데이터를 확보하는 것이다.

한국과학기술정보연구원[15]은 오픈데이터를 수집하고 선정할 때 고려해야 할 중요한 평가요소로 '권위와 신뢰성', '수록범위', '정확성', '완전성', '최신성', '일관성', 이 6가지를 선정하였다. 그렇다면, 특허 데이터는 양질의 정보원으로 가치가 있을까?

특허 데이터의 권위와 신뢰성

데이터 제공기관의 전문성과 명성이 있는가?

특허는 세계지식재산기구에 가입된 184개국이 협의하여 정한 정보를 제공하고 있다. 특허 정보는 새로운 기술에 관한 내용을 정부가 정한 일정한 양식에 맞게 구체적이고 명확하게 기술하도록 하고 있다. 정부가 정한 일정한 양식은 특허명세서 역할을 하면서 기술 설명을 추상화하지 않고 구체적이고 명확하게 요구하기 때문에 기술에 대한 내용을 파악하기 쉽다.

특허 데이터의 수록 범위

특정 분야에 편중되어 있지는 않은가? 정보가 구체적으로 명시되어 있는가?

특허는 국가 안위에 위협이 되는 국방 관련 특허를 제외하고 기술 분야 전반에 걸쳐 총망라되어 있기 때문에 오히려 다른 문헌에서 획득하기 어려운 분야의 자료까지 이용할 수 있다.

특허 데이터의 정확성

정보가 신뢰할 수 있는 기준으로 작성되는가?

특허는 방식심사와 실체심사를 거치는데, 방식심사를 통해 출원의 주체, 법령이 정한 요건 등 절차의 흠결 여부를 확인하고, 공고 내용을 일반인에게 공개하여 다시 한 번 문제가 없는지 확인하는 공중심사를 하기 때문에 정보의 정확성이 높다고 볼 수 있다. 또한 특허 데이터는 권리자 정보, 양도인, 양수인, 양수시기를 체계적이고 명확하게 명시하고 있어 해당 기술의 권리정보를 이해할 수 있고, 여러 특허의 권리정보를 통해 기업이나 국가의 기술 정도를 측정하는 지표로 활용할 수 있다.

특허 데이터의 완전성

데이터의 중요한 속성을 완벽하고 정확하게 표현하고 있는가? 데이터가 고유성(비 중복성)을 확보하고 있는가?

특허 데이터는 법적인 권리를 등록하므로, 특허의 출원부터 등록까지 모든 과정의 서류가 완전하게 작성되고 공개된다. 또한 특허의 중요한 요건상 '신규성'은 데이터의 유사도와 중복성을 사전에 심사하여 배제한다.

특허 데이터의 최신성

최근 자료의 규모와 추이 기록을 제공하는가?

특허 데이터는 주기적으로 새로운 특허나 업데이트된 정보를 공보의 형태로 발행하고 있다. 최신 첨단기술 정보를 담고 있을 뿐만 아니라 특허공개제도를 채택하고 있어 특허가 등록되기 이전 기술 수준과 기술개발의 동향을 확인할 수 있다.

특허 데이터의 일관성

데이터 구조 및 표현에 일관성이 있는가?

특허 데이터는 양식과 형식이 국가별로 표준화되어 있고, INID code의 사용으로 정보형태가 통일되어 있어 세계지식재산기구의 회원국은 같은 정보를 확인할 수 있다.

을 흡수하는 사회의 능력을 반영한다. 출원된 특허는 심사관에 의해 신규성novelty과 진보성non-obviousness 요건을 판단 받는다. 통과된 등록특허들은 순차적으로 쌓인 지층처럼 기술 진보의 역사를 투영한다. 특허는 향후 기술의 변화를 예측하기 위하여 가장 객관적인 지표로 활용할 수 있는 빅데이터라고 할 수 있다.

전통적인 통계 분석은 대부분 어떤 가설을 세우고 특정 기간에 수집한 데이터들을 기초로 분석한 후, 표와 차트chart 등을 이용하여 그 가설을 검증하는 절차를 거친다. 특허분석 분야도 기존의 방법으로 수행되고 있다. 그러나 특허는 실시간으로 생겨나고 소멸하는 동적dynamic 데이터인데다가 인간이 처리하기에는 너무나 복잡해지고 비대해졌다. 기존의 정적static인 기법만으로는 나날이 변천하는 특허에서 원하는 정보를 얻어내는 데 한계가 있다.

특허는 경쟁자들에 의해서 무효가 되기도 하며, 유지할 만한 가치가 없다고 판단되면 냉정하게 포기해야 하는 경우도 생긴다. 인기가 폭주하여 사고팔리는가 하면, 이리저리 인용되다가, 쓸쓸히 잊히기도 한다. 특허 빅데이터의 이러한 변화무쌍한 특징은 마치 살아 있는 유기체living organism를 보는 것 같다. 벤자민 프라이Benjamin J. Fry의 「유기적 정보 디자인*Organic Information Design, 2000*」[14]은 특허 빅데이터의 특징을 이해하는 데 영감을 제공한다.

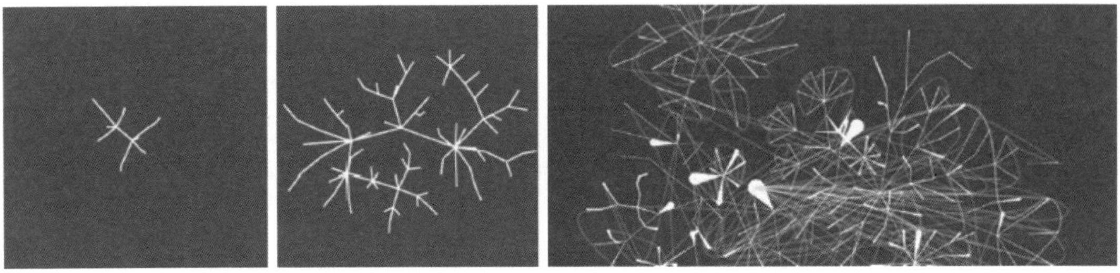

Anemone(Ben Fry, 1999) "웹사이트의 구조는 어떻게 변화하는가?, 웹사이트 방문자들은 어떤 경로로 이동하는가?"를 시각화했다.

벤자민 프라이는 MIT Media Lab의 존 마에다 교수 지도로 2004년 박사 졸업 후 "복잡한 문서들을 이해하기 위해 정보디자인과 기계학습을 결합하는 것"을 목표로 하는 컨설팅 회사 Fathom을 창업했다.
주요 저서 「*Visualizing Data*」(O'REILLY, 2007), 「*Processing*」(MIT Press, 2007).
그의 석사과정 프로젝트 Genome Valence는 영화 〈Hulk (2003)〉에서 제니퍼 코넬리의 컴퓨터 화면에 삽입되었다.

벤자민 프라이는 유기체organism의 9가지 속성을 이용하여 실시간으로 변화하는 방대한 데이터로부터 숨겨진 패턴을 파악할 수 있는 선구적인 정보 시각화 사례들을 소개했다. 아네모네Anemone, 1999 시각화 사례[16]는 "웹사이트의 구조는 어떻게 변화하는가? 웹사이트 방문자들은 어떤 경로로 이동하는가?"라는 질문에 대한 해석을 보여준다. 방문자들의 로그 기록에 기초하여 가지를 성장시켜 나가고, 방문자가 증가하는 곳은 굵기가 커진다. 방문자가 감소하면 가지가 점점 흐려지기 때문에 실시간으로 접속한 방문자들의 루트를 확인할 수 있다.

벤자민 프라이가 정리한 유기적 시스템의 속성들을 빗대어 특허 빅데이터의 라이프사이클 특징을 다음 그림과 같이 요약해볼 수 있다.

Structure(구조)

특허는 법령에 따른 규칙과 서식에 맞추어 지속적으로 생산된다. 그리고 과학·기술의 발전과 함께 창출된 특허들은 집중된다. 집중되

Structure (구조)	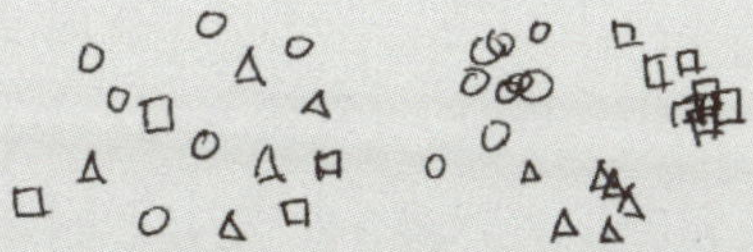	유사한 값들을 가진 노드들끼리 인접하여 복잡한 구조로 변화
Appearance (외관)	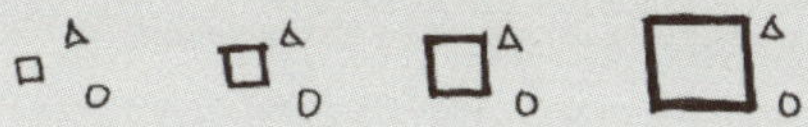	데이터의 변화하는 상태를 표시
Metabolism (신진대사)		입력된 데이터의 수준에 따른 노드들의 상태 표현
Growth (생장)	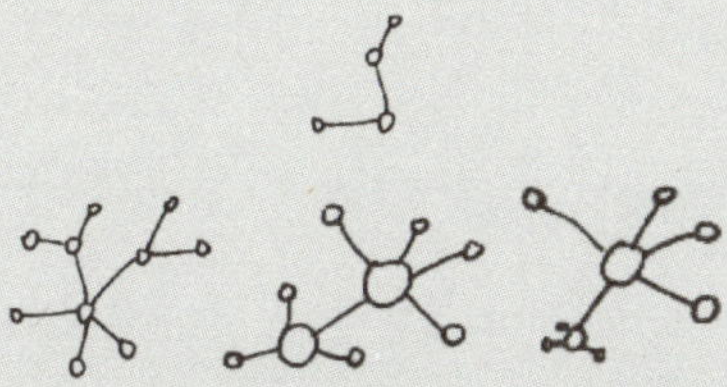	크기, 수의 증가 또는 감소 (물리적, 인지적 제한)
Homeostasis (항상성)		새로운 데이터 진입 시 균형의 유지
Responsiveness (반응성)	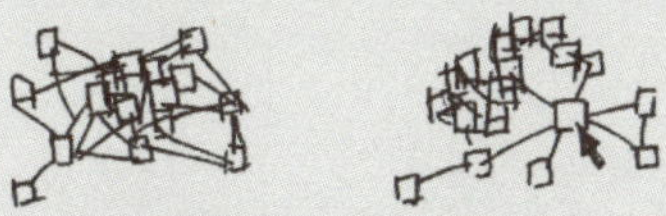	외부자극에 대한 반응, 사용자 탐색을 위한 시각적 피드백 제공 관련
Adaptation (적응)	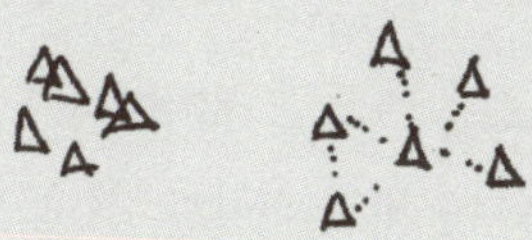	변화에 대한 적응 또는 습관화되지 않은 특이 반응, 패턴에 대한 대응
Movement (운동)	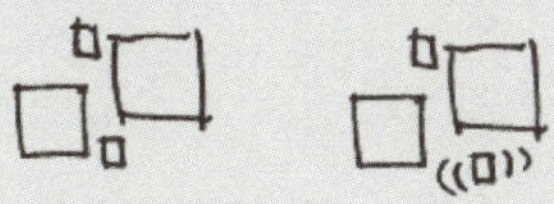	복합적인 관계에서의 변화, 미세한 움직임은 관심과 집중을 유도
Reproduction (재생산)		부모(parent)로부터 생성된 유사한 데이터

벤자민 프라이가 정보시각화에 응용한 유기적 시스템의 속성(Ben Fry, Organic Information Design, MIT, 2000)

면 동시에 분화differentiation된다. 특허분류는 분화된 발명들을 계층적으로 정리해보려는 작위적인 시도이다. 복수의 분류 코드는 이종분야의 융복합을 관찰해볼 수 있는 지표로 활용할 수 있다. 디지털화된 데이터베이스는 전형적인 필터링filtering 방식에 의해 분류 코드, 출원인, 발명의 명칭, 출원연도 및 키워드 등으로 보다 집합되고 구조화된 상태의 검색결과로서 확인할 수 있다. 최근에는 인용 정보, 검색 질의어, 이미지 인식 등을 이용한 빅데이터와 인공지능 검색이 시도되고 있다.

Appearance(외관)

특허는 등록 이후에도 무효심판에 의해 소멸하거나 청구범위의 축소 등 법적 상태legal status가 변화할 수 있다. 출원 공개 후 거절되거나 유지료를 미납하여 포기된 경우, 누구나 사용 가능한 공중의 영역public domain에 놓인다. 검토된 선행문헌들은 특허공보에 기록된다.

Metabolism(신진대사)

출원서 작성 시 잘 짜인 독립항과 종속항 체계는 아무리 강조해도 지나치지 않다. 똑같은 발명을 서로 다른 변리사가 작성할 경우에도 보호 범위는 제각각이다. 실제 소송에서 강한 특허는 발명이 아닌 작성자의 능력에 크게 의존한다. 새로운 발명의 등장(BM, 바이오)에 따라 특허청구범위의 작성방법과 보호범위 해석도 달라진다. 무효심판에 의해 일부 청구항이 소멸한 경우 보호범위는 축소된다. 하지만 선행문헌들과 차별점이 인정되어 살아남거나 정정된 청구항은 이전보다 더욱 견고해진다.

Growth(생장)

속지주의 원칙상, 해외에서도 효력을 발휘하려면 조약에 의한 우선권을 주장하면서 출원하여야 한다(실무에서는 패밀리 출원이라 칭함). 1군의 발명으로 인정되지 않을 때에는 분할출원Divisional Application을 고려한다. 유력한 선행문헌이 제시되는 경우, 청구항을 한정 또는 부가함으로써 보호 범위가 감축되기도 한다. 시계열적인 분석을 통해 그 기술 분야가 어느 정도의 성숙 단계에 있는지와 특허의 영향력을 가늠해볼 수 있다. 기업이 보유한 상표권 포트폴리오가 새로운 상품류와 서비스류로 확대되는 경우, 새로운 마케팅 전략을 취하는 징후로 볼 수 있다.

Reproduction(재생산)

미국의 경우, 출원계속 중이라면 개량된 시리즈 발명을 계속출원Continuation Application할 수 있다. 실무에서는 동일인에 의한 선출원을 모출원parent, 그 모출원을 기반으로 하는 계속출원은 자출원child이라 칭한다. 공지된 발명들을 선택적으로 결합하여 기능이나 효과면에서 차이가 인정되면 진보된 특허로서 데뷔하게 된다. 시장 반응이 좋은 디자인특허는 유행처럼 경쟁자들에 의해 재해석된 형상으로 변모해간다.

Responsiveness(반응성)

새로운 경쟁자가 등장하면 정보제공이나 무효심판 등으로 견제하고자 한다. 피아 식별self & non-self에 따른 반응이다. 비용이 많이 소요되는 심판·소송보다는 심사과정에서 제3자 정보제공이 적극적으로 활용되고 있다. 경고장을 받게 되는 경우, 비非침해 논리를 전개하기 위한 상호 공격과 방어가 이루어진다.

Adaptation(적응)

경쟁사의 출원 분야를 파악하였는데, 예측하지 않았던 분야에 대한 출원이 증가한다면 경쟁사가 무엇을 하고 있는지 대응해야 할 타이밍이다. FTO Free To Operate 리포트는 경쟁사의 핵심특허를 선제적으로 파악함으로써 제품 출시 또는 특허·기술 이전 시 침해 가능성과 자유실시 가능성을 면밀하게 검토한다는 측면에서 실제 시장에 적응하는 활동이라고 볼 수 있다.

Movement(운동)

특허권이 이전되거나 실시권이 설정될 때에는 그만한 이유가 있다. 기업들의 M&A, 특허 실시계약 활동은 단시간 내에 자사의 기술력을 보강하거나 융복합 제품을 개발하기 위한 징후이다. 기업이 소멸하여도 특허권 매각에 따라 누구에게 양도되느냐는 경쟁구도의 변화를 초래할 수 있다.

Homeostasis(항상성)

특허는 비용이다. 지출 예산의 범위 내에서 핵심특허를 선별하고 쓸모없는 특허를 폐기하는 등의 활동이 이루어진다. 경쟁사와의 불필요한 분쟁을 억제하기 위해 노력하면서 상대의 특허 공격 시 균형추를 맞출 수 있는 전략을 꾀한다. 때때로 이러한 특허들은 크로스-라이센스 cross-license 와 같은 합의에 활용된다.

오픈 데이터로서 특허의 가치

최근 '빅데이터'와 '인공지능'과 같은 화두가 지식재산권IP 분야에서 초미의 관심사로 떠올랐다. 지식재산권 위험요소를 최소화하기 위해서는 경쟁사의 핵심특허를 빠르게 파악하고 선제적으로 대응하는 것이 중요하다는 것을 기업들은 애플과 삼성 특허소송을 통해 집단적으로 학습하였다. 핵심특허를 효율적으로 선별하기 위해서는 기존과는 차별화된 적극적인 도구가 절실히 필요한 상황이다. 연구·개발 과정에서 전략적 투자를 위한 공백기술과 융복합 가능 분야를 탐색하기 위해서도 기존과는 다른 대안이 필요해졌다. 바닷가 모래알과 같이 많은 특허문서들의 규모는 기존의 분석기법으로는 대처할 수 없는 절박한 상태가 되고 있다.

특허공보는 오픈 데이터Open Data이기 때문에 사후 70년간 보호되는 저작물과 달리 자유롭게 특허공보를 활용할 수 있다. 인류의 기술적 진보가 담겨 있는 특허 문서들을 누구나 무료로 열람할 수 있는 혜택은 구글 북스Google Books의 사례와 대비된다.

2004년 12월, 구글의 공동설립자 래리 페이지Larry Page는 대학 도서관들의 협조를 얻어 인류가 축적해온 방대한 분량의 책들을 디지털화하기 위한 "Google Books Library" 프로젝트를 발표하였다. 이 프로젝트는 도서의 전체 내용을 스캔하고, 광학 문자인식 기술OCR: Optical Character Recognition을 이용하여 문자text로 전환하고 데이터베이스에 저장하여 사용자들이 인터넷에서 책을 검색할 수 있도록 하는 것을 목표로 하였다. 저작권이 만료된 책은 전체 내용을, 저작권이 유효한 경우에는 제목과 목차, 내용 일부에 대한 검색 서비스를 제공한다. 그러나 구글의 야심 찬 프로젝트는 2005년 초반부터 미국 작가협회The Authors Guild와 출판협회Association of American Publishers로부터 강력한 저작권 침해소송에 휘말리게 된다. 저작권이 만료되지 않은 서적을 스캔하고 제목, 목차, 일부 내용에 대해 검색 서비스를 제공하는 것이 주요 문제였다.

이에 대해 2016년 4월 미국 대법원은 미국 작가협회의 상고를 기각하면서 저작권이 만료되지 않은 저작물이라도 구글이 스캔된 도서의 단편snippets적인 검색 결과만을 보여주는 것은 저작물의 공정 이용fair-use에 해당하므로 저작권 침해가 아니라고 판결[17]하였다. 하지만 지난 10년 간 구글은 막대한 소송 비용을 지불해야 했고, 프로젝트 진행률은 당초 목표보다 훨씬 저하되었다. 2010년 기준 목표량은 1.3억 건이었으나 2018년까지 약 3,000만 권이 스캔[18]되었다고 알려져 있으며, 현재는 'Google Books'로 명칭이 통합되었다. 최근 구글이 특허Google Patent에 관심을 가지는 것은 이러한 맥락이 작용했을 것으로 보인다. 그럼에도 불구하고 구글 북스 프로젝트는 오래된 책들을 손쉽게 인터넷으로 검색할 수 있게 함으로써 지식의 민주화를 촉진한다는 호평을 받고 있다. 나아가 인문학 분야에서는 시도되지 않았던 빅데이터 분석을 촉진하기도 하였다.

DATA USA

2014년 Deloitte, Datawheel, Cesar Hidalgo Mit 미디어랩, Collective Learning 디렉터가 모여 일자리, 기술 등의 분야에서 미국이 직면한 중요한 문제를 이해하고 시각화하기 위한 서비스이다.[23]

구글은 Google Ngram Viewer[19]를 통하여 구글 북스가 보유한 1500~2008년 사이의 책들에서 사용자가 입력한 단어의 빈도를 계산하고, 연도별로 변화 추이를 그래프로 보여준다. 다만 단어의 의미가 시대마다 다르게 쓰이기도 하여 그 결과를 충분히 신뢰할 수

없다는 지적이 있기도 하다.

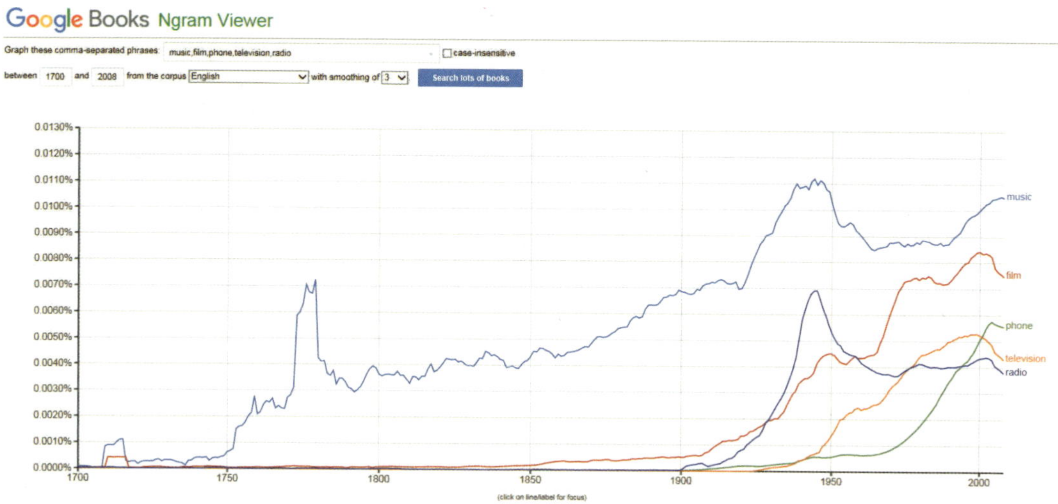

Google Books Ngram Viewer – "music, film, radio, television, phone"에 대한 1700~2008년까지의 책에 등장하는 단어의 빈도를 나타낸다.

위 그림은 'music, film, radio, television, phone'에 대한 1700~2008년까지의 책에 등장하는 단어의 빈도를 연도순으로 보여준다. music(파란색)과 radio(짙은 남색)에 상관관계가, film(빨간색)과 television(주황색)이 상관관계가 있을 것이라는 가설을 세워볼 수 있다. 만일 특허공보를 Google Ngram Viewer로 분석해볼 수 있다면, 무인항공기 같은 발명이 언제부터 '드론drone'으로 어휘가 고착화되었는지, 어느 시기에 어떠한 발명들이 생겨나고 소멸하는지를 보다 거시적인 관점에서 확인할 수 있을 것이다.

이러한 배경에서 미국 특허청과 같이 데이터 공개를 선도하는 관청들은 자국의 기업들과 발명가들이 원하는 특허공보를 효율적으로 검색할 수 있는 인프라 구축에도 심혈을 기울이고 있다. 미국 특

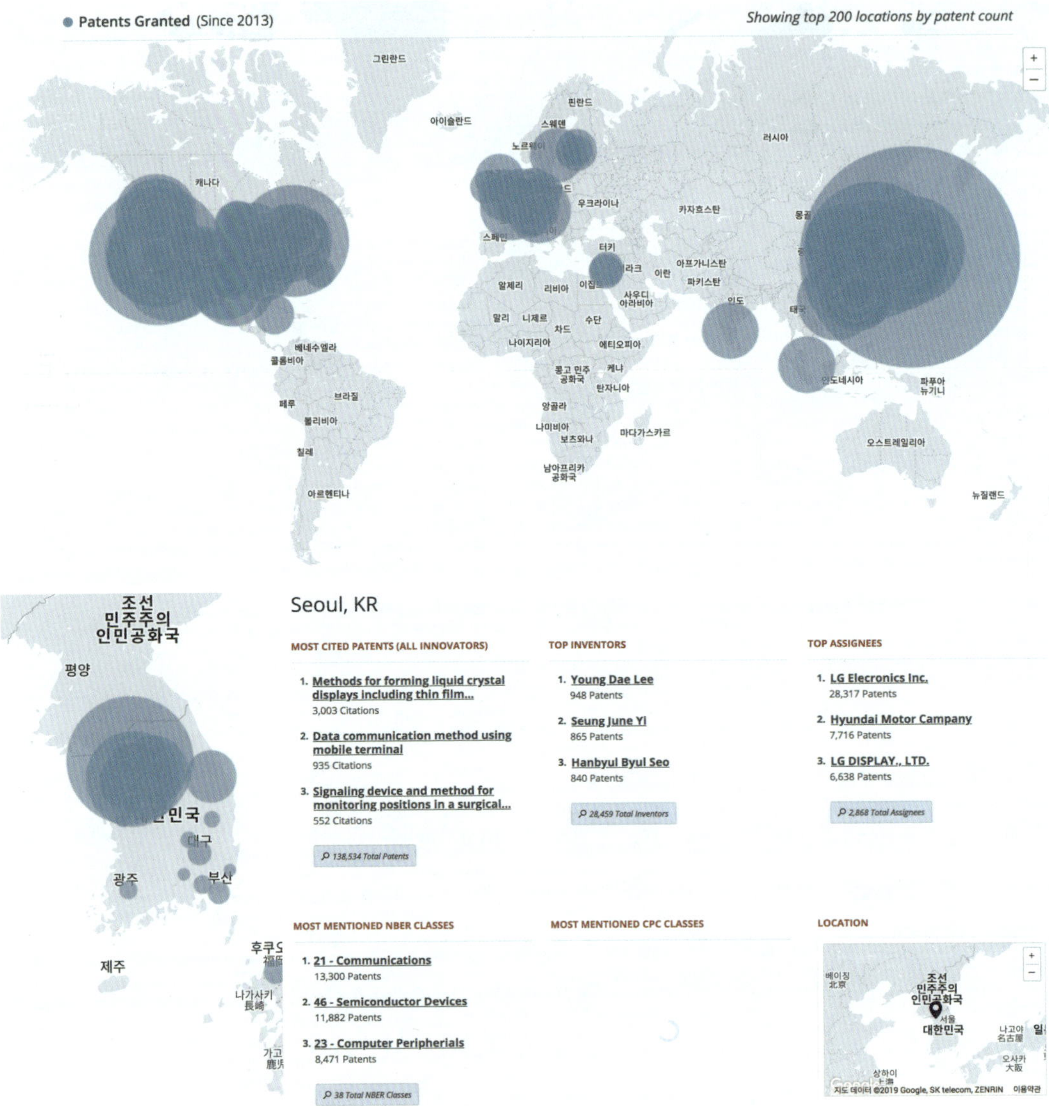

미국 특허청 PatentView "Where Innovation Happens" 기능을 통해 살펴본 한국의 혁신활동(사이트 내에서 자유로운 인터페이스를 통하여 나라별, 지역별 다인용 특허, 최다 출원자, 주요 특허기술 분야 등의 정보들을 직관적으로 살펴볼 수 있다.)[25]

허청은 일찍이 특허공보의 디지털화 계획을 추진하였다. 1976년 이후 문서들은 상세한 설명 단위까지 문자열 검색이 가능하고, 이전 문서들은 스캔된 이미지 검색이 가능하다. 나아가 미국 특허청은 구글 특허Google Patents,[20] ifi CLAIMS®[21]와 제휴하여 민간 무료검색 서비스 확대에도 기여하고 있다. 미국에는 특허 빅데이터의 전면적인 개방에 힘입어 Clarivate Analytics舊. 톰슨 이노베이션, LexisNexis® 등과 같은 막강한 민간 IP 업체들이 다수 포진해 있기도 하다.

2012년부터 미국 특허청의 주도로 시작된 PatentsView[22]는 여러 연구기관과 협력하여 미국 주별 특허활동 현황을 정보 시각화한 대표적인 사례이다. 특허가 혁신에 어떠한 도움을 주는지를 빅데이터에 근거하여 기업의 의사결정을 지원하겠다는 것이다.

최근에는 더욱 폭넓은 사용자들이 특허 정보 분석을 수행할 수 있도록 오픈 데이터 포털Open Data Portal beta[24] 서비스를 개시하고 즉각 활용 가능한 수준의 API를 제공하고 있다. 미국 특허청의 특허·상표 벌크 데이터로 분석한 프로젝트는 정보시각화 결과물을 온라인 플랫폼에서 공유할 수 있도록 사용자 환경이 구축되어 있다.

특허 빅데이터 시각화에 대한 노력은 빅데이터 속 숨겨진 의미를 직관적으로 찾아 전달하고, 데이터를 보는 사람들의 흥미를 유발시켜 특허 데이터를 통한 다양한 의사결정을 돕고자 하는 데 있다. 특히, 최근 빅데이터 시각화 기술은 빠르게 발전하고 있으며, 시각화 전용 프로그램인 태블로Tableau뿐만 아니라 이 책에서 소개하고 있는 게피Gephi와 같은 무료 소프트웨어로 데이터를 효과적으로 분석

태블로(Tableau)[26]
스탠퍼드 컴퓨터 과학부 박사과정이었던 크리스 스톨트(Christopher Stolte)[27]는 졸업 후 팻 핸라한(Pat Hanrahan)과 크리스찬 차보트(Christian Chabot)과 2003년 공동 설립한 회사. 데이터베이스 탐색과 시각화 도구로 최근 미국 특허청 및 세계지식재산기구의 주요 통계 프로젝트에 태블로가 많이 활용됨.

할 수 있다.

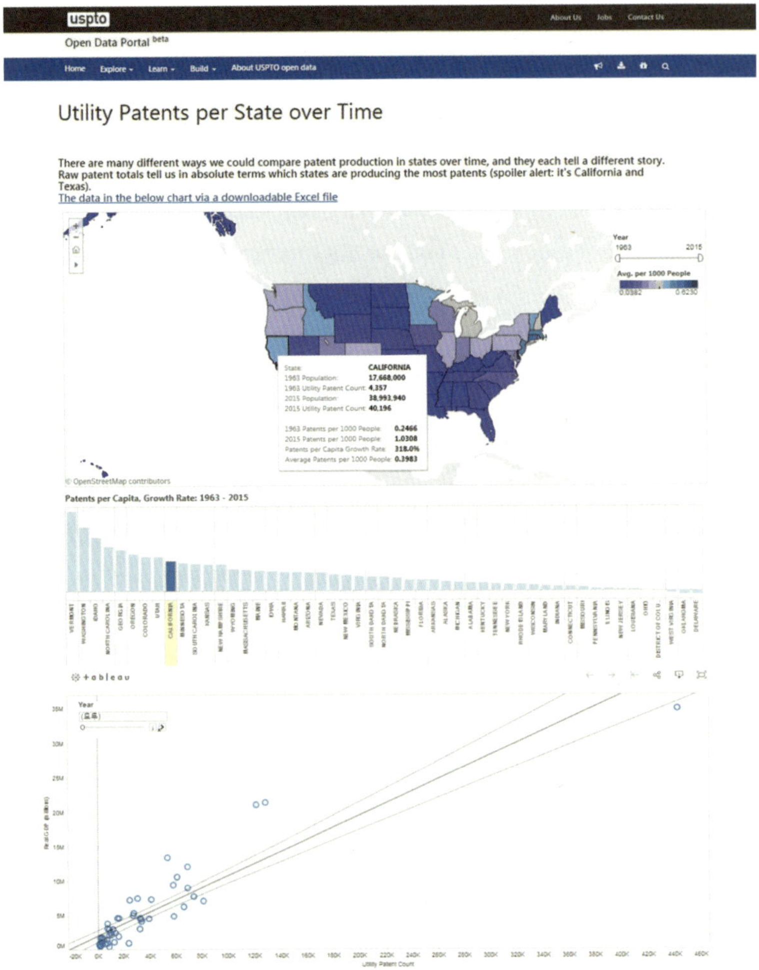

USPTO Open Data Portal 프로젝트 예시

위 그림은 미국 주별 특허 현황과 각 주의 GDP, 인구정보의 상관관계를 분석할 수 있도록 시각화 분석 도구인 태블로를 이용하여 공유한 프로젝트[28]를 소개하는 사이트의 모습이다.

1836, 특허청구범위Claim가 포함된 특허공보

특허는 경쟁관계 속에서 당대의 과학과 기술을 흡수하여 지속적으로 진화하는 생명체와 같다. 이러한 속성으로 인해 이를 관리하는 정책과 제도 역시 변화해왔다. 특허 빅데이터를 분석하면서 제도의 이력을 확인하는 것은 데이터를 이루는 인자들이 어떠한 가치를 가졌는지를 이해할 수 있는 단서이기에 간략히 소개하고자 한다.

특허제도의 기원에 관해서는 여러 가지 주장이 있지만, 국가 차원에서 최초로 제정된 베니스 특허법Venetian Patent Statute, 1474과 산업재산권의 보호에 관한 성문법인 영국 전매조례Statue of Monopolies, 1624가 주요한 연혁[30][31]으로 알려져 있다. 그렇다면, 특허청구범위Claim를 포함하는 오늘날의 비교적 규격화된 특허공보는 언제부터 시작된 것일까?

특허청구범위(또는 청구항)는 1836년 미국 특허법The Patent Act of 1836[32]

영국 특허(Pat. No.418, 1718)

영국 제임스 퍼클(James Puckle)이 고안한 방어용 무기

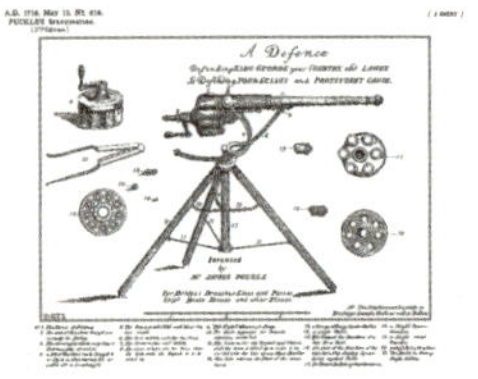

제정과 함께 출원서 필수 기재사항으로 도입되었다고 추정된다. 기술 수준이 높아짐에 따라 도면, 실물model 또는 상세한 설명description만으로는 침해 여부를 판단하기가 어려워졌고, 발명의 보호 범위를 공중에게 명확히 알리기 위하여 필수 구성요소들로 구조화된 권리요구서가 필요해진 것이다. 특허청구범위는 논문 등과 같은 일반 문서와는 다른 문체와 문법으로 작성되어 있어서, 일반인들이 특허 문서를 이해하는 데 어려움을 겪기도 한다.

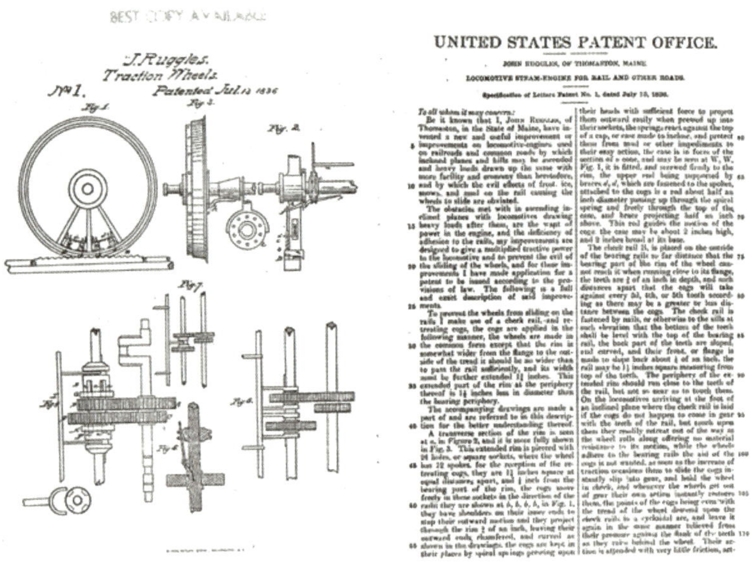

공식적인 특허번호가 기재된 미국 특허공보 제1호, 존 러글스, USPO, Specification of Letters Patent No.1, (1836.7.13.)

미국 특허청의 제1번 특허공보[33]를 살펴보자. 존 러글스John Ruggles의 철도 레일 등을 위한 증기기관 엔진Loco-motive Steam-Engine for rail and other roads, 1836.7.13이다. 총 4페이지로 구성된 특허공보를 살펴보면, 도면에 이은 첫 장에는 발명자(소재지 포함), 발명의 명칭, 특허

번호, 특허 일자와 같은 서지정보 및 상세한 설명이 있고, 이와는 별도로 맨 마지막에 3개의 청구항과 증인 사항이 기재되어 있음을 확인할 수 있다. 하지만 오늘날 미국 특허공보에 수록된 출원인, 양수인, 존속기간 조정, 출원번호, 특허분류정보, 참조문헌 및 요약은 포함되어 있지 않다. 참고로, 영국에서는 이미 1718년 도면과 이에 대한 간단한 설명이 부기된 명세서specification가 있었지만 특허청구범위가 쓰이진 않았다.

1790, 미국 특허제도의 시작

구글 특허Google Patents에서도 조회할 수 있는 존 러글스의 미국특허 No.1은 사실상 미국의 첫 번째 특허는 아니었다. 도대체 무슨 말인지 의아해할 독자가 있을 것 같다. 미국 특허제도의 역사와 숨겨진 이야기를 알고 나면, 시행착오를 통해 성장해온 미국 특허청의 현재를 어렴풋이 이해할 수 있게 된다.

미국은 독립선언(1776) 이후, 제임스 메디슨James Madison과 찰스 코츠워스 핀크니Charles Cotesworth Pinckney가 1787년 미국 연방헌법 제1조 8항 8절에 발명자와 저작자 보호를 위한 토대를 마련하였다. 1790년 4월 10일에는 최초로 전문 7조 특허법Patent Act of 1790[34]이 제정되었고, 국무장관이었던 토마스 제퍼슨Thomas Jefferson 등에게 특허 이사회Patent Board 초대 멤버로서 특허 등록여부 결정 권한이 주어졌다.

1790년부터 1793년까지 미국은 심사주의를 채택했으나, 심사과정에 많은 시간이 소요되고 지나치게 등록에 엄격하다는 비판이 있어 1793년 무심사주의로 전환되었다. 하지만 새롭고 유용하지 않은 발명에 대해서도 권리를 허여함에 따른 폐해 등이 지적되었다. 1836년에 이르러 전문적인 특허 심사관Patent Examiner에 의한 심사제도와 심사를 위한 선행기술 도서관 설립을 추진하여 근대 특허제도의 기틀을 마련하였다. 이후 1952년 특허법 전면 개정이 이루어졌고, 1980년대에는 적극적인 지식재산보호정책Pro-patent[35]을 추진하였다. 2011년 9월 16일 오바마 대통령이 서명한 "Leahy-Smith America Invents ActAIA"를 통해 선발명주의와 선출원주의가 융합된 제도에 이르게 되었다.

영국의 침공(1812–1815)에도 불타지 않은 유일한 건물, 미국 특허청

1812년 방화된 백악관 묘사

영국계 미국인, 미국 국회 의사당(1793~1800 준공)을 설계한 건축가이자 의사, 발명가였던 윌리엄 손튼 박사(Dr. William Thornton, 1759~1828)는 1802~1828년 미국 특허청의 초대 청장을 역임하였다.

1814년 영국의 침공으로 워싱턴 D.C의 정부 건물들이 대부분 타버렸음에도 특허청은 타지 않은 유일한 건물이었다. 그는 영국 원정대 관리들에게 "**특허문서들을 태워 버린다면 인류에게 공유된 지적 기록물을 모두 파괴하게 되는 일**"이라며 특허청을 태우지 말 것을 설득하였다고 전해진다.

한편, 미국 특허법이 제정된 이후 1790년 3건, 1791년 33건, 1792년 11건의 특허가 등록되었는데, 초대 대통령 조지 워싱턴과 토마스 제퍼슨, 에드먼드 랜돌프Edmund Jennings Randolph[36]에 의해 1790년 7월 31일 허여된 사실상 미국 최초의 특허US X1[37]는 사무엘 홉킨스Samuel Hopkins, 1743~1818의 "칼륨과 펄애쉬 제조를 위한 새로운 기구와 제법방법In the making of Potash and Pearl ash by a new Apparatus and Process" 발명이었다. 칼륨은 비료, 비누, 화약 등을 만드는 데 사용되는 원료로 미국 산업발전의 중요한 자원이었는데, 1955년에서야 특허 실시계약 안내서, 상세한 공개서와 함께 최초의 특허문서가 발견되었다.

사무엘 홉킨스의 1790년 특허문서에는 특허번호나 발명을 실시하기 위한 상세한 설명이 기재되지 않은 채, 특허를 교부받은 사항에 대해서만 적혀 있다. 당시 미국에서는 발명자와 특허 일자만으

로 실물 또는 특허문서를 조회할 만큼 특허의 개수가 많지 않아 관리가 쉬운 시대였다.

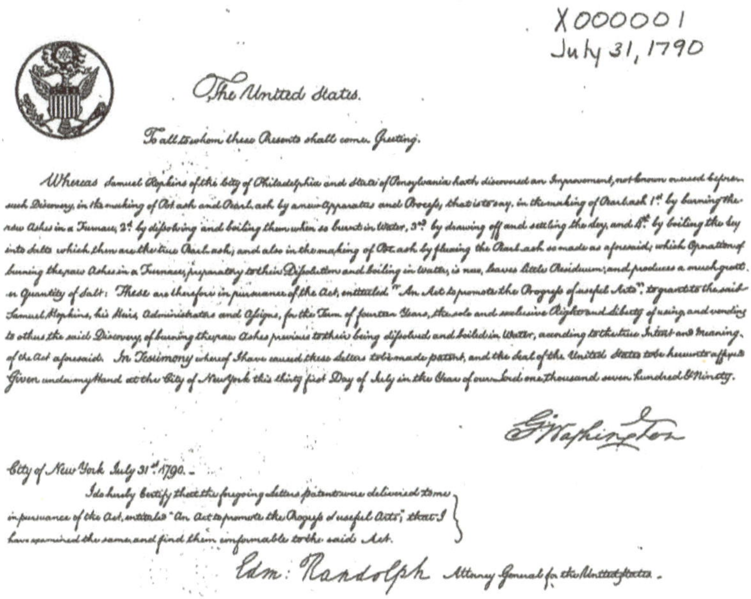
X000001
July 31, 1790

The United States.

To all to whom these Presents shall come. Greeting.

Whereas Samuel Hopkins of the City of Philadelphia and State of Pennsylvania hath discovered an Improvement, not known or used before such Discovery, in the making of Pot ash and Pearl ash by a new Apparatus and Process; that is to say, in the making of Pearl ash 1st by burning the raw Ashes in a Furnace, 2d by dissolving and boiling them when so burnt in Water, 3d by drawing off and settling the Ley, and 4th by boiling the Ley into Salts which then are the true Pearl ash; and also in the making of Pot ash by fluxing the Pearl ash so made as aforesaid; which Operation of burning the raw Ashes in a Furnace, preparatory to their Dissolution and boiling in Water, is new, leaves little Residuum, and produces a much greater Quantity of Salt: These are therefore in pursuance of the Act, entituled "An Act to promote the Progress of useful Arts", to grant to the said Samuel Hopkins, his Heirs, Administrators and Assigns, for the Term of fourteen Years, the sole and exclusive Right and Liberty of using, and vending to others the said Discovery, of burning the raw Ashes previous to their being dissolved and boiled in Water, according to the true Intent and meaning of the Act aforesaid. In Testimony whereof I have caused these Letters to be made patent, and the Seal of the United States to be hereunto affixed. Given under my Hand at the City of New York this thirty first Day of July in the Year of our Lord one thousand seven hundred & Ninety.

G Washington

City of New York July 31st 1790.

I do hereby Certify that the foregoing Letters patent were delivered to me in pursuance of the Act, entituled "An Act to promote the Progress of useful Arts"; that I have examined the same, and find them conformable to the said Act.

Edm: Randolph Attorney General for the United States.

사무엘 홉킨스, 최초의 미국 특허 US X1 (1790.07.31.)

미국 특허청과 2번의 대화재

1836년 화재가 발생하기 전에 특허청 직원 하나가 회사 규칙을 어기고 일부 문서를 집에 가지고 간 덕분에 "예술과 제조에 관한 레퍼토리 – volume 6번"만 남아 있고 168개 볼륨은 모두 소실되었다. 이후 1877년 미국 특허청은 2번째 대화재를 겪게 되지만 특허문서를 이중 보관한 덕에 소실되지 않았다. 다만, 136,000여 개의 실물 모델들은 대부분 훼손되었다.

USPTO 페이스북 발췌

1790년 설립된 특허 이사회Patent Board는 1802년 국무성the State Department 내의 독립된 특허청Patent Office으로 조직이 변경[38]되었다. 그런데 안타깝게도 1836년 대화재로 반세기 동안 쌓아온 기념비적인 특허문서와 방대하고 흥미로운 실물model collections들이 대부분 소실되었다. 미국 특허청은 당시 청장superintendent이었던 윌리엄 손튼의 노력으로 인해 영국의 침공(1812~1815)에도 타지 않고 살아남은 유일한 정부 건물이었는데도 말이다.

다시 1836, 미국 특허청 대화재와 특허 넘버링

미국 특허청 대화재[39]는 1836년 12월 15일 새벽 3시에 발생하였다. 당시 특허청은 워싱턴의 블로젯즈Blodget's 호텔에 있었으며 우체국도 같은 건물에 있었는데, 직원들이 지하실에 놓아둔 장작에 불이 붙고 말았다. 1820년 의회가 특허청 화재방지를 위한 소방차 구매 등을 허가하여 근처에 소방서가 있었지만, 16년이 지난 호스와 펌프는 낡은데다 추위에 무용지물이었기 때문에 양동이에 물을 받아서 화재를 진압해야 하는 상황이었다. 그로 인해 반세기 분량인 약 9,957건의 특허문서와 7,000여 개의 실물 모형이 불타버렸다. 화재로 잃어버린 특허문서 등을 원래 발명가로부터 복제본을 회수하려는 복원 예산이 1837년 3월 3일 책정되어 총 2,845건이 부분적으로 수집되었는데 이와 같은 방법으로 1790~1836년 사이에 회수된 특허공보는 번호 앞에 'X'를 붙여 "X-Patents"라 칭하고 있다.[40]

John Ruggles (1789~1874)
존 러글스는 발명가이자 상원의원, '미국 특허청'의 아버지로 존경받는 인물이다.
이와 관련하여, 미국 발명제도의 수립에 기여한 제3대 대통령 토마스 제퍼슨(Thomas Jefferson, 1743~1826)은 발명의 아버지(Father of Invention)로 불린다.
한편, 미국 제16대 대통령 에이브라함 링컨(Abraham Lincoln, 1809~1865)은 유일하게 발명 특허(US 6,469, Buoying Vessels over Shoals, 1849)를 보유했던 미국 대통령이었다. 링컨은 1859년 대통령 취임 전 연설에서 "The Patent System added the fuel of interest to the fire of genius.(특허 제도는 천재의 불꽃에 이익이라는 연료를 더하였다)"라는 유명한 말을 남겼다.

미국에서 특허번호가 부여된 것은 12월 대화재가 있기 전 미국 메인Maine 주 상원의원이자 특허위원회의 의장을 역임했던 존 러글스가 1836년 미국 특허청 재조직안을 청원하면서 비로소 시작되었다. 미국 특허청의 아버지로 불리는 존 러글스[41]의 개편안은 1836년 7월 4일 서명된 미국 특허법the Patent Act of 1836에 반영되었다. 발명가이기도 했던 존 러글스는 새로운 특허 넘버링 시스템 하에서 승인된 1836년 7월 13일 최초의 No.1 특허권을 허여받았다. 그는 특허청의 내화 설계를 위한 법안을 제안하기도 하였는데 불행하게도 그해 겨울 화재가 발생하고 만다.

미국 특허청은 매년 등록공보의 발행통계[42]를 공개하고 있으며, 1836년 7월 13일을 특허 원년으로 삼고 있다. 2016년 기준 기술특허는 9,226,437번, 디자인특허는 US D746,541번까지 할당되어 2018년 6월 19일 1천만 건을 돌파하였다. 특허번호 및 규격화된 서지사항의 도입은 전 세계 인용문헌의 체계적인 관리를 가능하게 한 것으로서 논문이나 여타 문학 분야에서는 유래를 찾기 힘들다. 예컨대 논문의 인용정보는 그 제목이 메타 데이터로서 관리되지만, 특허에서는 숫자가 참조를 위한 직접적인 정보The Number is the reference로 활용되는 독특한 시스템이다.

1947, 미국 특허 인용문헌의 기록

미국은 1836년부터 심사관에 의한 심사가 이루어졌다. 그렇다면, 특허문서에 심사관이 검색하고 검토한 인용문헌이 최초로 기록된 때는 언제일까? 이에 관한 명백한 문서를 발견하지 못하여, 구글 특허에서 조회한 결과 1946년 1월 26일 출원되어 1947년 1월 28일 등록된 미국 디자인특허 Des. 146,275가 최초로 특허공보에 인용문헌이 기록된 것으로 추정된다. 조미료 디스펜서 세트에 관한 디자인인데, 1935년 등록된 D.94,786을 심사관이 검토하였고, 존속기간은 7년이었음을 확인할 수 있다. 기술특허Utility Patent에서는 1943년 7월 13일 출원되어 1947년 2월 4일 등록된 US 2,415,068에 「특허번호-발명자-특허 일자」 정보가 수록되었다.

우리나라는 60여 년이 지난 2006년에서야 특허공보에 선행문헌을 수록하기 시작하였다. 인용문헌 DB는 인공지능 기술에 힘입어

인용문헌

인용문헌의 불필요한 데이터를 감소시키기 위해 각 문헌의 등급을 지정한다. 예를 들어 신규성[X], 진보성[Y], 기타 참조할 만한 문헌은 [A]와 같은 유형 코드를 사용하고 있다.
국내의 경우 특허공보에 수록된 선행문헌 중, 심사관이 의견제출통지서에서 활용한 문헌은 아스테릭스 기호(*)가 붙는다(특허: 10-1522833).

56)선행기술조사문헌
US20080015864 A1*
JP2008039928 A
JP2008090545 A
JP2009186989 A
*는 심사관에 의하여 인용된 문헌

빅데이터로서 엄청난 잠재적인 가치를 지니고 있는데 미국은 약 70년, 우리나라는 약 10년 간의 인용문헌 빅데이터를 보유하고 있는 셈이다.

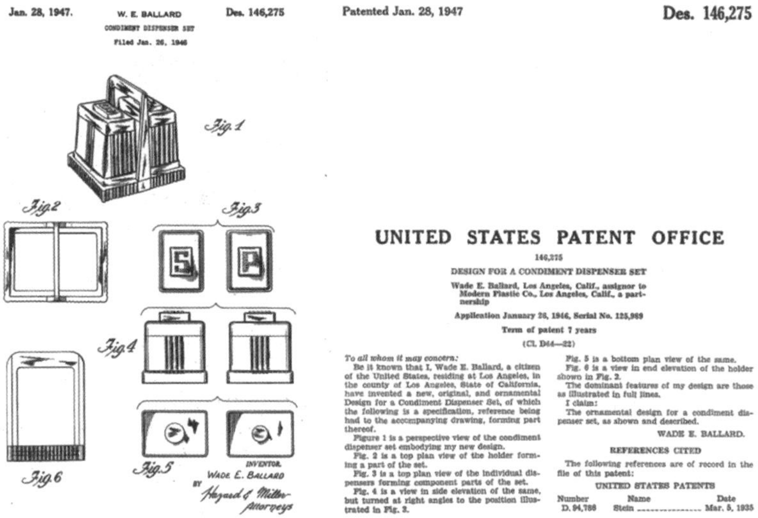
Jan. 28, 1947. W. E. BALLARD Des. 146,275

CONDIMENT DISPENSER SET

Filed Jan. 26, 1946

Fig. 1 Fig. 2 Fig. 3 Fig. 4 Fig. 5 Fig. 6

INVENTOR. WADE E. BALLARD

BY Hazard & Miller Attorneys

Patented Jan. 28, 1947 Des. 146,275

UNITED STATES PATENT OFFICE

146,275

DESIGN FOR A CONDIMENT DISPENSER SET

Wade E. Ballard, Los Angeles, Calif., assignor to Modern Plastic Co., Los Angeles, Calif., a partnership

Application January 26, 1946, Serial No. 125,989

Term of patent 7 years

(Cl. D44—22)

To all whom it may concern:

Be it known that I, Wade E. Ballard, a citizen of the United States, residing at Los Angeles, in the county of Los Angeles, State of California, have invented a new, original, and ornamental Design for a Condiment Dispenser Set, of which the following is a specification, reference being had to the accompanying drawing, forming part thereof.

Figure 1 is a perspective view of the condiment dispenser set embodying my new design.

Fig. 2 is a top plan view of the holder forming a part of the set.

Fig. 3 is a top plan view of the individual dispensers forming component parts of the set.

Fig. 4 is a view in side elevation of the same, but turned at right angles to the position illustrated in Fig. 3.

Fig. 5 is a bottom plan view of the same.

Fig. 6 is a view in end elevation of the holder shown in Fig. 2.

The dominant features of my design are those as illustrated in full lines.

I claim:

The ornamental design for a condiment dispenser set, as shown and described.

WADE E. BALLARD.

REFERENCES CITED

The following references are of record in the file of this patent:

UNITED STATES PATENTS

Number	Name	Date
D. 94,786	Stein	Mar. 5, 1935

인용문헌이 기록된 디자인특허 Des. 146,275

물론 미국의 특허 인용문헌 데이터베이스Data Base: 이하 DB에 대해 회의적인 시각도 있다. 미국만의 특유제도인 정보개시의무IDS: Information Disclosure Statement[43] 때문이다. 미국에 출원하는 경우, 해당 기술과 관련하여 출원인이 취득하고 있는 선행문헌과 타국에서 만들어진 심사보고서 등을 등록될 때까지 모두 미국 특허청에 제출하여야 한다. 미제출 시 불공정 행위로 취급받아 권리행사가 제한될 수 있다. 이러한 제도적 특성으로 인해 특허출원과 연관성이 낮은 선행문헌들까지 제출되어 인용문헌 DB에 불필요한 데이터가 많아진다.

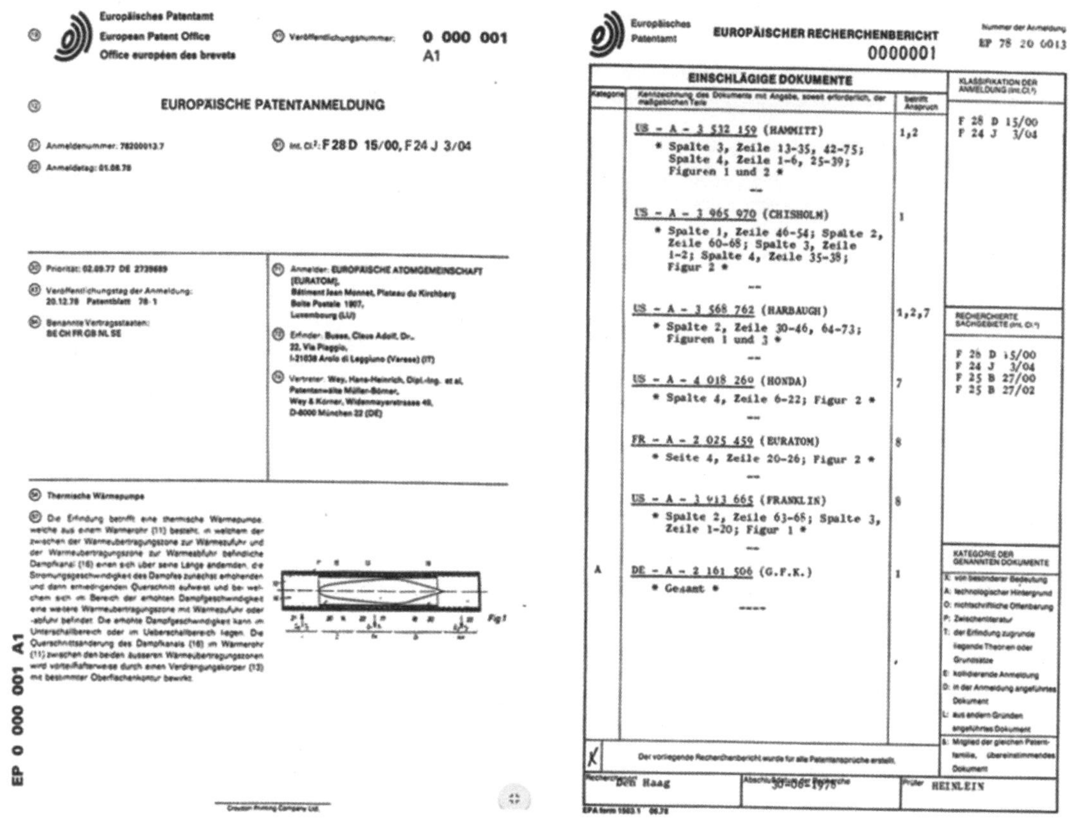

Europäisches Patentamt
European Patent Office
Office européen des brevets

Veröffentlichungsnummer: 0 000 001
A1

EUROPÄISCHE PATENTANMELDUNG

Int. Cl.²: F 28 D 15/00, F 24 J 3/04

Thermische Wärmepumpe

EP 0 000 001 A1

Europäisches Patentamt
EUROPÄISCHER RECHERCHENBERICHT
0000001
EP 78 20 0013

EINSCHLÄGIGE DOKUMENTE

Kategorie	Kennzeichnung des Dokuments mit Angabe, soweit erforderlich, der maßgeblichen Teile	betrifft Anspruch
	US - A - 3 532 159 (HAMMITT) * Spalte 3, Zeile 13-35, 42-75; Spalte 4, Zeile 1-6, 25-39; Figuren 1 und 2 *	1,2
	US - A - 3 965 970 (CHISHOLM) * Spalte 1, Zeile 46-54; Spalte 2, Zeile 60-68; Spalte 3, Zeile 1-2; Spalte 4, Zeile 35-38; Figur 2 *	1
	US - A - 3 568 762 (HARBAUGH) * Spalte 2, Zeile 30-46, 64-73; Figuren 1 und 3 *	1,2,7
	US - A - 4 018 260 (HONDA) * Spalte 4, Zeile 6-22; Figur 2 *	7
	FR - A - 2 025 459 (EURATOM) * Seite 4, Zeile 20-26; Figur 2 *	8
	US - A - 3 913 665 (FRANKLIN) * Spalte 2, Zeile 63-68; Spalte 3, Zeile 1-20; Figur 1 *	8
A	DE - A - 2 161 506 (G.F.K.) * Gesamt *	1

KLASSIFIKATION DER ANMELDUNG (Int. Cl.²): F 28 D 15/00, F 24 J 3/04

RECHERCHIERTE SACHGEBIETE (Int. Cl.²): F 28 D 15/00, F 24 J 3/04, F 25 B 27/00, F 25 B 27/02

Der vorliegende Recherchenbericht wurde für alle Patentansprüche erstellt.

Recherchenort: Den Haag — Prüfer: HEINLEIN

유럽특허청의 첫 번째 특허 EP000001 (1978.12.20. 등록) 표지와 검색보고서

한편, 독일 제국특허의 제1호 공보(DE0000001)는 1877년 7월 2일 등록된 적색 군청색상의 제조방법 특허였으며, 유럽의 통합된 특허제도에 따른 유럽특허청EPO: European Patent Office의 최초 특허는 독일 출원(1977.09.02.)에 근거한 우선권을 주장하여 1978년 12월 20일 등록된 EP0000001(A1)이다. 맨 마지막장에는 검색보고서ESR, European Search Report가 첨부되어 있다. 여기에는 각 청구항과 관련된 특허번호와 해당 문단 위치, 관련 정도, 특허분류 및 작성자 정보까지 망라

하여 수록되어 있다. 이러한 인용문헌 리스트는 현재 EPO 검색 사이트인 이스페이스넷Espacenet[44]에서 찾아볼 수 있다.

인용문헌을 검토하는 이들을 위해 선행문헌의 등급은 유형 코드에 의해 신규성은 [X], 진보성은 [Y], 기타 참조할 만한 문헌은 [A]와 같이 약속된 기호가 부여된다. 인공지능에 의한 유사특허 추천 알고리즘에서 이러한 등급 표시와 핵심정보의 위치 등은 검색효율 향상에 중요한 정보로 활용될 수 있다.

독일 제국특허공보 제1호
(1877.07.02. 등록, NURNBERGER ULTRAMARIN-FABRIK)
적색 군청 색상의 제조방법(Verfahren zur Herstellung einer rothen Ultramarinfarbe)

KAISERLICHES PATENTAMT.

PATENTSCHRIFT

№ 1.

JOH. ZELTNER

NURNBERGER ULTRAMARIN-FABRIK

VERFAHREN ZUR HERSTELLUNG EINER ROTHEN ULTRAMARINFARBE.

BERLIN

1946, 한국의 특허 제도와 오픈 데이터

우리나라는 1882년 실학자 지석영 선생이 지식재산권 제도에 대해 고종에게 상소문을 올렸다고 알려져 있으나 조선 말기 정치적 사정으로 도입되지 못하였다. 1885년 특허제도를 먼저 도입한 일본은 자국의 지식재산권 보호를 위하여 잠재적 수탈 대상국인 조선에 특허법 제정을 강요하였다. 일본의 강압적 요구로 1908년 8월 12일 일본칙령 제196호「한국 특허령韓國特許令」에 의해 통감부 특허국[45]을 설치하고 발명·의장·상표 및 저작권에 관한 한일조약을 체결한다. 이후 1910년 8월 22일 경술국치 때 일본은 한국 특허령을 폐지(일본칙령 제335호)하고 본격적으로 일본 특허법, 의장법 및 실용신안법을 직접 시행한다. 일제에서 해방된 이후에는 미美 군정에 의해「1946년 특허법」(군정법령 제91호)이 시행[46]되었다.

1946년 특허법 이후 우리나라 최초의 특허공보 책자에는 1948년 6월 20일에 실용특허 6건과 발명특허 4건의 출원공고 내용이 수록되어 있다. 발명특허 출원공고 제5호(유화염료 제조법)[47]와 실용특허 출원공고 제1호(아동용 보건차)[48]는 등록원부상 각각 발명특허 제1호와 실용특허 제1호로 등재되어 있다. 미장美匠 특허 등록 제1호(반 휘장 옷고름의 모양 및 색채의 결합)는 1948년 11월 20일에 공고되었다.

미 군정에 의한 특허법은 미국의 선발명주의 요소를 상당부분 포함하고 있어 우리 실정과는 맞지 않고 불분명한 규정이 많다는 이유로 1961년 특허법(법률 제950호, 1961.12.31. 시행)이 제정되었다. 1961년 특허법은 비록 일본 특허법을 답습한 한계가 있었으나, 선출원주의 도입과 신규성 및 공지 예외주장 등을 규정하면서 특허와 의장을 분리하는 등 지금의 특허법 체계를 확립한 것이라고 볼 수 있다.

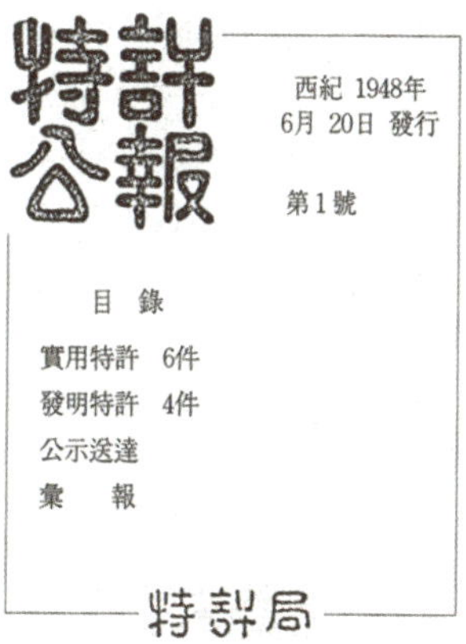
特許公報

西紀 1948年 6月 20日 發行

第1號

目 錄

實用特許 6件

發明特許 4件

公示送達

彙 報

特許局

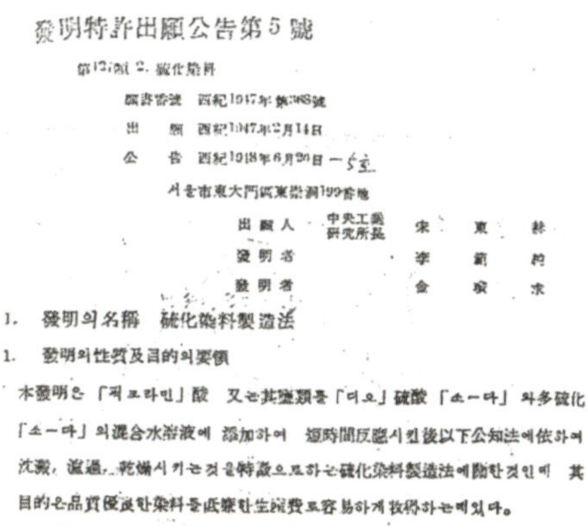
發明特許出願公告第5號

第127類 2. 硫化染料

願書番號 西紀1947年 第368號

出 願 西紀1947年2月14日

公 告 西紀1948年6月20日 — 5호

서울市東大門區東崇洞199番地

出願人 中央工業研究所長 宋 東 [illegible]

發明者 李 範 [illegible]

發明者 金 [illegible] 求

1. 發明의名稱 硫化染料製造法

1. 發明의性質及目的의要領

本發明은 「피크라민」酸 又는其鹽類를 「디오」硫酸 「소-다」와多硫化「소-다」의混合水溶液에 添加하여 短時間反應시킨後以下公知法에依하여 沈澱, 濾過, 乾燥시키는것을特徵으로하는硫化染料製造法에關한것인데 其目的은品質優良한染料를低廉한生産費로容易하게獲得하는데있다。

우리나라 최초의 발명특허 등록 제1호(출원공고 5호)

(중앙공업연구소 이범순 · 김찬구, 유화염료 제조법, 1948.6.20. 공고, 원서번호 1947년 제368호, 1948.11.20. 등록)

註) 심사결과에 따른 출원공고후 이의신청제도가 있었으며 등록순서에 따라 특허등록번호 부여

조직적 측면에서는 광복 직후 1946년 1월 22일 특허원이 설립되어 미국 특허제도를 차용하였다.[49] 이후, 상공부 특허국(1949.05.23.)이 개국되고 저작권 업무는 신설된 공보처로 이관되었다. 1961년 국가재건최고회의의 주도 하에 특허법 전면 개정으로 특허국은 특

허제도의 기틀을 잡게 된다. 그리고 정부조직법 제정에 따라 상공부 외청인 오늘의 특허청(1977.03.12.)이 발족되었다. 이후, 세계지식재산기구 가입(1979), 공업소유권의 보호를 위한 파리조약 가입(1980.05.04.) 및 PCT 특허협력조약 가입(1984)을 추진하고 기존의 심판소와 항고심판소를 통합한 특허심판원(1998.03)을 설치했다.

특허문서의 전자화를 위해 특허청에 전산개발과가 최초로 설치된 것은 1997년 5월 22일이었고, 데이터관리센터는 2002년 5월 발족하였다. 대한민국은 김대중 정부의 적극적인 지원으로 1999년 세계 최초로 인터넷 기반의 특허넷 시스템을 개통하였다. 1977년 개청 당시 2.5만여 건에 불과하던 지식재산권 출원량은 2018년 54만여 건(세계 4위)으로 약 21배 증가하였다.

특허청 산하 한국발명진흥회 부설기관으로 1995년 7월 특허기술정보센터(현재 한국특허정보원,[50] 2001년 독립 법인화)가 설립되면서 1996년 7월 특허정보검색 키프리스KIPRIS[51]의 상용화 서비스가 시작되었다. 키프리스는 1998년 9월 인터넷 기반 서비스로 국내 최초로 제공되었고, 2000년 1월부터 무료 서비스로 전환되었다. 검색을 넘어선 대규모 특허분석을 위한 대용량 벌크데이터 다운로드 서비스인 KIPRIS plus는 2010년 10월부터 개시되었다.

한편, 심사과정에서 검색·추출된 인용문헌 정보는 2006년부터 등록특허공보에 공식적으로 수록을 시작하였다. 2011년부터는 IP5 관청 간 인용정보 DB 교환 프로젝트가 추진되었고, 2015년부터 IP5 각 관청의 패밀리 특허출원에 대한 심사 진행 정보와 인용정보

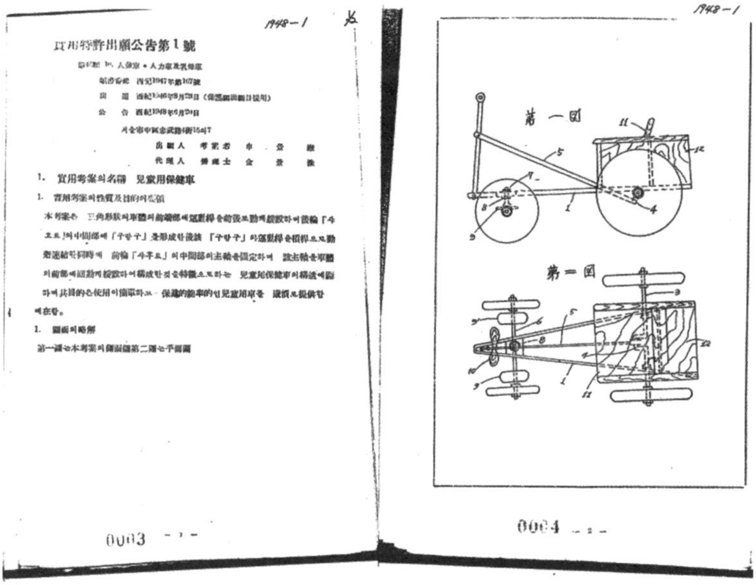

實用特許出願公告第1號

1. 實用考案의名稱 兒童用保健車

1. 圖面의略解

0003

0004

실용특허 출원공고 제1호 – 아동용 보건차, 신경철

(1947.8.23. 출원 / 1948.6.20. 공고, 실용특허등록 제1호)

美匠第1類 13雜

願書番號 檀紀4280年 第655號

出 願 檀紀4280年 11月 4日

特 許 檀紀4281年 11月 20日

서울市 東大門區 新設洞 202番地

出 願 人 考案者 崔 昌 祿

代 理 人 辨理士 金 景 洙

1. 美匠考案의 名稱 「반휘장선고름」의 模様及色彩의 結合

1. 美匠을 表現한 物品 반휘장옷고름

1. 考案의 性質及的의 要領

本考案은 圖面에 表示한 바와 如히 옷고름 (x)의 表裏양面에 金色 「福」 (y) 及 「壽」 (z) 多樣化文字를 配하고 隔一로 金色 菊花模樣 (1)을 配하여 「반휘장옷고름」의 美匠을 表現함.

1. 圖面의 略解

第一圖는 本考案의 要部를 表示한 正面圖

1. 美匠特許請求의 範圍

圖面에 表示하고 前項에 記載한 바와 如한 「반휘장옷고름」의 模様及色彩의 結合

제一도

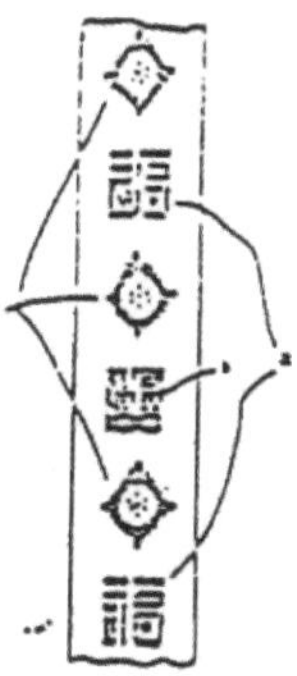

미장(美匠)특허 등록 제1호(반휘장 옷고름)(최창록, 1947.11.4. 출원, 1948.11.20. 등록)

를 조회할 수 있는 국제심사정보 통합조회서비스OPD: One Portal Dossier[52]가 제공되고 있다.

그러나 키프리스에서 인용·피인용 선행특허에 하이퍼링크 기능을 도입한 것은 2017년 5월이었다. 늦은 감은 있지만 초보적인 인공지능 기술을 적용하고, 유사특허 및 검색식 추천 등의 기능이 추가되면서 혁신적인 변화를 꾀하고 있다. 상표와 디자인 분야는 아직 인용문헌 데이터베이스의 체계적인 관리와 공개가 이루어지고 있지 않다. 다만 2016년 12월부터 상표 중간서류철, 2017년 10월부터 디자인 중간서류철의 제한적 열람이 가능해진 것은 행정절차의 공정성과 투명성을 높이기 위한 중요한 첫걸음으로 평가된다.

우리나라의 특허청구범위는 1946년 특허법부터 존재하였지만, 오늘날과 같은 독립항과 종속항 등 청구항 다항제 기재가 가능해진 것은 파리조약 가입에 따른 1981년 9월 1일 시행법[53] 이후이다. 파리협약 가입에 따른 후속 조치로서 개정된 1980년 특허법은 외국법제와의 조화 및 고도화되는 발명 내용을 계층적으로 구조화하기 위한 목적으로 특허청구범위 다항제 기재방법을 도입하였다.

데이터로서 특허공보 이해하기 03

특허공보는 무엇인가

특허법은 새로운 발명을 고안해내고, 이를 출원하여 등록받은 발명가에게 일정 기간 독점적 배타권을 부여함으로써 발명을 보호하고 장려한다. 지속적인 혁신활동이 가능하도록 경제적 이익을 취할 수 있는 기회를 마련해주고, 경쟁자들의 모방적인 상업 활동에 대해서는 침해를 금지하고 손해배상을 청구할 수 있는 강력한 권한을 줌으로써 시장에서의 리드 타임lead time을 확보하도록 돕는다. 하지만 이러한 독점적 권리행사는 자칫 시장을 경직시키고 선행특허에 기반한 기술의 진보를 저해할 수 있다. 특허법은 이러한 한계점을 보완하기 위해 기술공개에 대한 대가로서 독점적 권리를 부여하고 있다. 즉, 특허는 노하우처럼 비공개로 유지할 수 없고 등록되면 발명의 내용을 등록특허공보의 형태로 전부 공개시킴으로써, 발명의 이용을 도모한다. 보호와 이용이라는 대립적이면서 상보적인 프레임 속에서 특허는 기술발전을 촉진시키고, 국가 차원에서는 산업발전을 달성할 수 있는 효과적인 수단으로 자리 매김해왔다.

칼 벤츠(Kahl Benz)의 페이턴트 모터바겐(Patent Motor-Wagen)[54] 특허는?

기본적으로 특허공보는 발명의 목적, 구성 및 효과에 대한 설명이 상세하게 서술된 기술 설명서이다. 종래의 문제점을 지적하고, 이를 해결하기 위한 원리에 대하여, 당업자가 쉽게 실시할 수 있도록 방법, 절차와 다양한 실시 예가 구체적으로 기재되어 있다. 동시에 그 권리범위를 명확하게 하기 위하여 청구항, 권리자, 존속기간 등의 정보가 수록된 권리 요구서라고 할 수 있다. 또한 출원인, 출원번호, 인용문헌, 우선권 번호 등 IP 관리를 위한 서지정보를 포함하고 있다. 권리 발생 후에도 권리양도, 청구항의 정정, 재심사, 심판 등의 추가 정보가 생성될 수 있어 특허 전全 주기에 걸친 특허 정보는 매우 다양하다.

한편, 특허공보는 원칙적으로 심사를 거쳐 등록되면 비로소 발행된다. 이를 통상 등록특허공보(B1)로 칭한다. 하지만 특허청의 심사량이 많아 심사가 적체되면 공보 발행이 지연될 수 있다. 기술수준이 높아지고 출원건수가 급증하고 있어 심사지연은 각국 특허청의 최대 현안이 되었다. 특히 우리나라나 일본의 경우, 미국과 달리 심사청구제도가 있어 심사착수 시점을 3년까지 유예할 수도 있다. 대기업들은 비용 절약을 위해 심사청구를 하지 않고 출원을 진행한 다음 추후 시장상황을 주시하다가 핵심특허만을 선별하여 심사청구하는 전략을 취하기도 한다. 이렇게 등록특허공보의 발행이 늦어지면 동일 기술에 대한 중복투자나 중복연구를 초래할 수 있다. 또한 제3자에 대한 공개가 늦어져 기술촉진이 둔화될 우려도 있다. 이러한 문제점을 해소하기 위하여 심사청구 여부와 상관없이 출원일로부터 1년 6개월이 경과하면 최초 출원서의 내용을 강제로 전부 공개하는 출원공개제도가 있다. 등록특허공보(B1)와 구별하여

1년 6개월 후에 강제로 자동 공개되는 것은 공개특허공보(A)로 지칭한다.

독일 제국특허 No.37435

(1886.01.29 등록, Benz & co.)

가스엔진으로 구동되는 운송수단(FAHRZEUG MIT GASMOTOR-ENBETRIEB)

KAISERLICHES PATENTAMT.

PATENTSCHRIFT

— № 37435 —

BENZ & CO. in MANNHEIM.

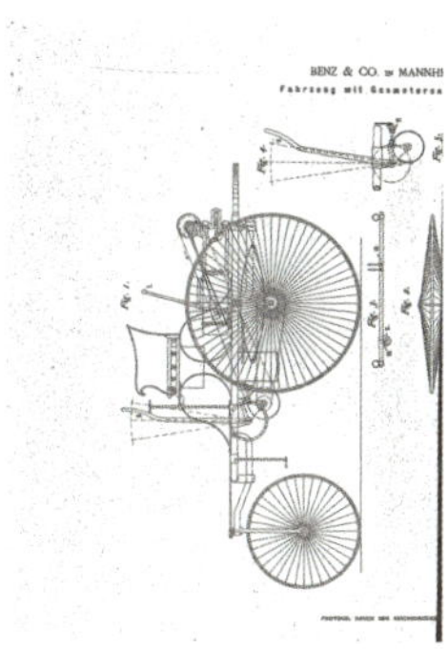

이례적으로 미국은 다른 국가보다 늦은 1999년 11월 29일 개정법 이후에서야 출원공개제도를 도입했다. 미국만의 독특한 존속기간 계산방법과 계속출원Continuation Application 제도에 따른 소위 '잠수함 특허' 문제와 심각한 심사처리 적체로 미국 내에서의 등록공보 발행이 지연되자 미국 발명자들은 오히려 정보의 공유 면에서 뒤처지게 되었다. 또한 미국 출원을 기초로 타국으로 조약우선권주장 출원하였으나 미국 심사과정에서 거절된 경우, 타국에서는 출원공개가 되어 개량발명이 이루어지는데도 정작 미국에서는 공개가 되지 않아 발명을 접하는 기회가 적어지는 정보격차를 해소하고자 2000년 11월 29일 이후 미국 출원부터 출원공개 대상이 되었다.[55] 한편, 우리나라는 1980년 5월 1일 파리협약 가입 후 최초로 심사청구제도(특허법 제59조)와 출원공개제도(특허법 제64조)를 채택하였다.

국내의 경우, 공보가 발행되는 시점은 산업재산권(특허권, 실용신안권, 디자인권, 상표권)의 유형에 따라 다르다. 기술에 관한 특허는 1년 6개월이 경과되면 발행되는 공개특허공보와 등록되면 발행되는 등록특허공보가 있음을 앞에서 언급하였다. 반면, 디자인보호법에는 별도의 심사청구제도가 없어 심사 후 등록되면 디자인공보가 발행된다. 상표의 경우, 출원 후 수일 내에 조회 가능하다. 상표법은 새로운 창작에 대한 보상이 아닌 식별표지의 선점과 혼동방지에 목적을 두면서 저촉 가능성 있는 상표의 등록을 걸러내는 역할을 한다. 상표출원 사실이 심사착수 전에 공개되면 일반인들도 조회가 가능해

US009967644B2

(12) 공보종류
대표발명자

(12) **United States Patent**
Chawan et al.

(10) 특허번호
(45) 특허일

(10) **Patent No.: US 9,967,644 B2**
(45) **Date of Patent: *May 8, 2018**

(54) 발명의 명칭

(54) **MAGNETIC RETENTION OF EARBUD WITHIN CAVITY**

(71) 출원인

(71) Applicant: **Apple Inc.**, Cupertino, CA (US)

(72) Inventors: **Arun D. Chawan**, San Francisco, CA (US); **Rico L. Zörkendörfer**, San Francisco, CA (US); **Kurt Stiehl**, Los Gatos, CA (US); **Lee M. Panecki**, San Francisco, CA (US); **Shannon X. Yang** Sunnyvale, CA (US); **Daniel Max Strongwater**, San Francisco, CA (US); **Marcus Albonico**, San Francisco, CA (US); **Benjamin A. Cousins**, Campbell, CA (US); **Eric S. Jol**, San Jose, CA (US); **Daniel C. Wagman**, Scotts Valley, CA (US)

(72) 발명자

(73) Assignee: **Apple Inc.**, Cupertino, CA (US)

(*) Notice: Subject to any disclaimer, the term of this patent is extended or adjusted under 35 U.S.C. 154(b) by 0 days. days.

This patent is subject to a terminal disclaimer.

(73) 양수인

(21) Appl. No.: **15/588,444**

(21) 출원번호

(22) Filed: **May 5, 2017**

(22) 출원일

(65) **Prior Publication Data**

US 2017/0245038 A1 Aug. 24, 2017

(65) 공개번호, 공개일

Related U.S. Application Data

(63) Continuation of application No. 15/273,691, filed on Sep. 22, 2016.

(Continued)

(63) 계속출원현황

(51) **Int. Cl.**

H04R 1/10 (2006.01)
H04R 1/34 (2006.01)

(Continued)

(51) 국제분류코드(IPC)

(52) **U.S. Cl.**

CPC ***H04R 1/1016*** (2013.01); ***A45C 11/00*** (2013.01); ***A45C 13/005*** (2013.01); ***A45C 13/02*** (2013.01);

(Continued)

(52) 국가분류코드(USPC)

(58) **Field of Classification Search**

CPC .. H04R 1/1016; H04R 1/1025; H04R 1/1058; H04R 2420/07; H02J 7/0044; H02J 7/025; H02J 7/027; A45C 2011/001

See application file for complete search history.

(58) 검색영역

(56) **References Cited**

U.S. PATENT DOCUMENTS

3,297,933 A 1/1967 McCarthy
3,892,638 A 7/1975 Stevens et al.

(Continued)

FOREIGN PATENT DOCUMENTS

CN 1706171 12/2005
CN 101641969 2/2010

(Continued)

OTHER PUBLICATIONS

US 9,794,673, 10/2017, Chawan et al. (withdrawn)

(Continued)

Primary Examiner — Joshua Kaufman

(56) 선행기술
자국 특허문헌
타국 특허문헌
심사관 정보

(74) *Attorney, Agent, or Firm* — Kilpatrick Townsend and Stockton, LLP

(74) 대리인

(57) **ABSTRACT**

A case for an earbud includes a receiving cavity sized and shaped to accept the earbud within the receiving cavity. The case includes one or more housing magnetic components configured to magnetically attract and secure the earbud within the receiving cavity. The one or more housing magnetic components can be configured to form a Halbach array to increase the magnetic force of the one or more housing magnetic components. The earbud includes a speaker magnet and a separate magnetic element that are arranged to be

(Continued)

(57) 요약문

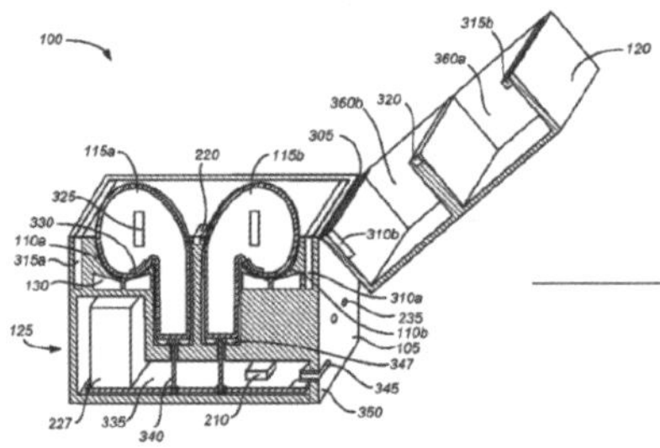

대표 도면

애플의 'AirPods' 미국 특허 공보(US 9,967,644)

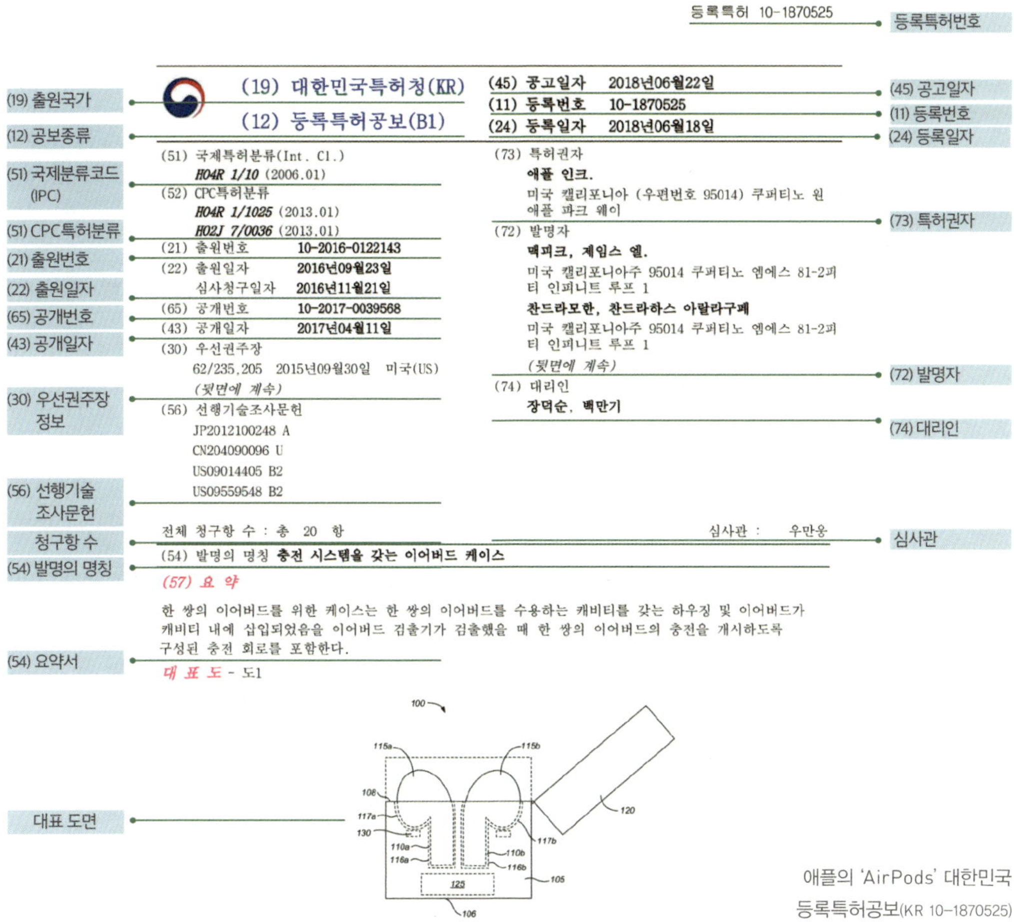

등록특허 10-1870525

(19) 대한민국특허청(KR)
(12) 등록특허공보(B1)

(45) 공고일자 2018년06월22일
(11) 등록번호 10-1870525
(24) 등록일자 2018년06월18일

(51) 국제특허분류(Int. Cl.)
H04R 1/10 (2006.01)
(52) CPC특허분류
H04R 1/1025 (2013.01)
H02J 7/0036 (2013.01)
(21) 출원번호 10-2016-0122143
(22) 출원일자 2016년09월23일
심사청구일자 2016년11월21일
(65) 공개번호 10-2017-0039568
(43) 공개일자 2017년04월11일
(30) 우선권주장
62/235,205 2015년09월30일 미국(US)
(뒷면에 계속)
(56) 선행기술조사문헌
JP2012100248 A
CN204090096 U
US09014405 B2
US09559548 B2

(73) 특허권자
애플 인크.
미국 캘리포니아 (우편번호 95014) 쿠퍼티노 원 애플 파크 웨이
(72) 발명자
맥피크, 제임스 엠.
미국 캘리포니아주 95014 쿠퍼티노 엠에스 81-2피티 인피니트 루프 1
찬드라모한, 찬드라하스 아말라구페
미국 캘리포니아주 95014 쿠퍼티노 엠에스 81-2피티 인피니트 루프 1
(뒷면에 계속)
(74) 대리인
장덕순, 백만기

전체 청구항 수 : 총 20 항 심사관 : 우만옹

(54) 발명의 명칭 **충전 시스템을 갖는 이어버드 케이스**

(57) 요 약

한 쌍의 이어버드를 위한 케이스는 한 쌍의 이어버드를 수용하는 캐비티를 갖는 하우징 및 이어버드가 캐비티 내에 삽입되었음을 이어버드 검출기가 검출했을 때 한 쌍의 이어버드의 충전을 개시하도록 구성된 충전 회로를 포함한다.

대 표 도 - 도1

애플의 'AirPods' 대한민국 등록특허공보(KR 10-1870525)

대표적인 INID Code

공보	서지 정보	(12)공보종류(기술특허, 디자인권, 상표권 등), (13)공보형태(A, B, A1, B2 등), (19)출원국가, (22)출원일, (21)출원번호[한국], (21)특허번호[미국], (43)공개일, (65)공개번호, (45)공고일, (11)등록번호, (30)우선권 정보 (우선권 주장일, 우선권 주장번호, 우선일), 심사청구일자, (86)국제출원번호, (87)국제출원정보 (국제공개일, 국제공개번호), 출원인 국적, 출원인 주소, (72)발명자, 발명자 국적, 발명자 주소, 청구범위, (74)대리인, 대리인 주소, 상태(공개/등록/취하/거절), (75)발명자 겸 출원인[미국], (81)지정국[PCT], (84)지정국[EP], (85)번역문 제출일자[한국]
	기술 정보	(54)발명의 명칭, 상세한 설명, (57)요약서, 도면, 도면의 설명, (51)국제분류 코드 (IPC분류), 선진특허분류 (CPC분류), (52)CPC특허분류, (56)선행기술, 선행기술(심사관), 선행특허기술, 선행특허 외 기술
	권리 정보	청구항, 대표 청구항, 독립항, 종속항, (73)특허권자, 양수인, 양수일, 권리존속기간, 패밀리 특허, 패밀리 특허 출원국가

지면서 제3자 정보제공을 통한 공중public 심사가 이루어진다. 상표는 심사 후 거절이유가 없으면 출원공고 상표공보가 발행되고 2개월 동안 제3자 이의신청 여부를 기다린 후, 설정등록에 의해 등록공고 상표공보가 마지막에 발행된다. 권리기간은 특허권은 20년, 실용신안권 10년, 디자인권은 20년까지이며, 상표권은 불사용에 의해 취소되지 않는 한, 10년씩 갱신을 통해 반영구적인 권리를 가질 수 있다.

복잡해 보이는 특허공보 쉽게 읽기

특허공보는 세계지식재산기구에서 표준화한 형식과 자국 특허청에서 개별적으로 추가한 정보가 결합하여 이루어져 있으므로 그 규칙을 알아두면 큰 어려움 없이 이해할 수 있다. 우리에게 '무선 이어폰'으로 알려진 애플의 'AirPods'의 미국 특허공보(US 9,967,644)를 보면서 특허공보에 대해 알아보도록 하자.

INID Code
서지사항의 식별코드
Internationally agreed Numbers for the Identification of Data

특허 정보는 국가별로 각국의 언어로 발간되고 있어 이를 정확히 이해하기가 쉽지 않다. WIPO는 특허문서에 국제적으로 정해진 번호를 부여하여, 특허 발행국이나 특허문서에 관계없이 원하는 서지 정보 및 기술적 정보를 확인할 수 있도록 하였다.

INID 코드에 따라서 특허공보의 주요 정보((12)특허 국명과 종류, 대표 발명자, (10)특허번호, (45)특허일)를 읽을 수 있다. 애플의 'AirPods' 특허(US 7,931,449)는 미국에 등록되어 있으며, 등록일은 2018년 5월 8일, 대표 출원인은 Chawan임을 확인할 수 있다. 출원인과 양수인이 동일하게 'Apple Inc., Cupertino, CA (S)'인 것으로 보아 애플에서 출원한 것을 확인할 수 있다. 만약 출원인과 양수인이 다르다면 출원상태(특허가 등록되기 전)에서 애플이 구매했다고 볼 수 있다. 이러한 경우 매우 중요한 특허일 가능성이 있다. 또 일반적인 특허의 경우 공개일이 18개월 정도 소요되는데, US 9,967,644특허는 출원일

(2017.5.5.)부터 공개일(2017.8.24.)까지 4개월 소요된 것으로 볼 때 이것은 애플이 '우선심사 청구제도'를 통해 긴급하게 등록할 필요가 있는 중요한 특허로 확인된다. 그리고 (63) 계속출원 현황을 살펴보면, US 9,967,644특허가 단독의 특허가 아닌 기존 특허를 보강하기 위한 계속출원 특허임을 확인할 수 있다. 이러한 경우 하나의 특허만 보고 권리를 분석할 수 없으며, 해당 특허 전체를 조회하여 분석할 필요가 있다. 이와는 별도로 미국 특허공보에는 수록되어 있지 않지만 심사관의 검색 질의어나 검토한 문헌들을 인터넷에서 열람할 수 있다.

애플 특허소송은 드릴 비트의 나비효과?

디자인 권리에 대한 용어는 나라마다 조금씩 차이가 있다. 우리나라는 해방직후 미군정 하에서는 '미장특허美匠特許'를 사용하다가 1961년부터는 일본의 법제를 차용하여 '의장법意匠法, 의장권'이라는 명칭을 사용하였다. 그러다가 국제적 추세와 업계 현실을 반영하여 2005년 개정법에서 '디자인보호법, 디자인권'으로 용어를 정비하였다. 유럽은 '등록 공동체 디자인RCD : Registered Community Design'이라는 명칭을 사용하고 있고, 미국은 특허의 한 유형으로서 '디자인특허Design Patent'라는 용어를 사용한다. 이 책에서는 주로 미국 디자인특허 빅데이터를 사용하여 분석이 이루어졌기에 '디자인특허'로 칭하고 있다.

디자인특허공보를 확인해보면 기술특허와 같이 INID 코드를 사용하므로 기술특허공보의 구성과 큰 차이는 없다. 하지만 내용상

US00D801314S

(12) **United States Design Patent** — (12) 공보종류
Akana et al. — 대표발명자

(10) **Patent No.:** **US D801,314 S** — (10) 특허번호
(45) **Date of Patent:** ** **Oct. 31, 2017** — (45) 특허일

(54) **PAIR OF EARPHONES** — (54) 발명의 명칭

(71) Applicant: **Apple Inc.**, Cupertino, CA (US) — (71) 출원인

(72) Inventors: **Jody Akana**, San Francisco, CA (US); **Molly Anderson**, San Francisco, CA (US); **Bartley K. Andre**, Palo Alto, CA (US); **Shota Aoyagi**, San Francisco, CA (US); **Anthony Michael Ashcroft**, San Francisco, CA (US); **Marine C. Bataille**, San Francisco, CA (US); **Jeremy Bataillou**, San Francisco, CA (US); **Daniel J. Coster**, San Francisco, CA (US); **Daniele De Iuliis**, San Francisco, CA (US); **Markus Diebel**, San Francisco, CA (US); **M. Evans Hankey**, San Francisco, CA (US); **Julian Hoenig**, San Francisco, CA (US); **Richard P. Howarth**, San Francisco, CA (US); **Jonathan P. Ive**, San Francisco (CA); **Julian Jaede**, San Francisco, CA (US); **Duncan Robert Kerr**, San Francisco, CA (US); **Peter Russell-Clarke**, San Francisco, CA (US); **Benjamin Andrew Shaffer**, San Jose, CA (US); **Mikael Silvanto**, San Francisco, CA (US); **Christopher J. Stringer**, Woodside, CA (US); **Sung-Ho Tan**, San Francisco, CA (US); **Clement Tissandier**, San Francisco, CA (US); **Eugene Antony Whang**, San Francisco, CA (US); **Rico Zörkendörfer**, San Francisco, CA (US) — (72) 발명자

(73) Assignee: **Apple Inc.**, Cupertino, CA (US) — (73) 양수인

(**) Term: **15 Years** — (**) 권리기간

(21) Appl. No.: **29/576,706** — (21) 출원번호

(22) Filed: **Sep. 6, 2016** — (22) 출원일

(51) **LOC (10) Cl.** .... **14-01** — (51) 로카르노분류

(52) **U.S. Cl.**
USPC .... **D14/223**; D14/205 — (52) 국제분류 코드(IPC)

(58) **Field of Classification Search**
USPC D14/223, 205, 188, 192; D24/174; 181/129, 130, 135; 379/430, 431;
(Continued) — (58) 검색영역

(56) **References Cited** — (56) 선행기술

U.S. PATENT DOCUMENTS — 자국 특허문헌

2,148,477 A 2/1939 Koch
2,595,489 A 5/1952 Rutter et al.
(Continued)

FOREIGN PATENT DOCUMENTS — 타국 특허문헌

CN 301938367 S 5/2012
CN 302414771 S 4/2013
(Continued)

OTHER PUBLICATIONS — 비특허문헌

iBlink WLP3 Earbuds—100Hz-10kHz, Noise Isolation, 3.5mm Jack, LED Light (Pink), White, TigerDirect.com, accessed at http://www.tigerdirect.com/applications/SearchTools/item-details.asp?EdpNo=3988300&csid=_61, last accessed on Jan. 31, 2013; 4 pages.
(Continued)

Primary Examiner — Paula Allen Greene
(74) *Attorney, Agent, or Firm* — Sterne, Kessler, Goldstein & Fox P.L.L.C.

(57) **CLAIM** — (57) 청구항

The ornamental design for a pair of earphones, as shown and described.

DESCRIPTION — 설명

FIG. **1** is a front perspective view of a pair of earphones showing the claimed design;
FIG. **2** is a bottom perspective view thereof;
FIG. **3** is a front view thereof;
FIG. **4** is a rear view thereof;
FIG. **5** is a left side view thereof;
FIG. **6** is a right side view thereof;
(Continued)

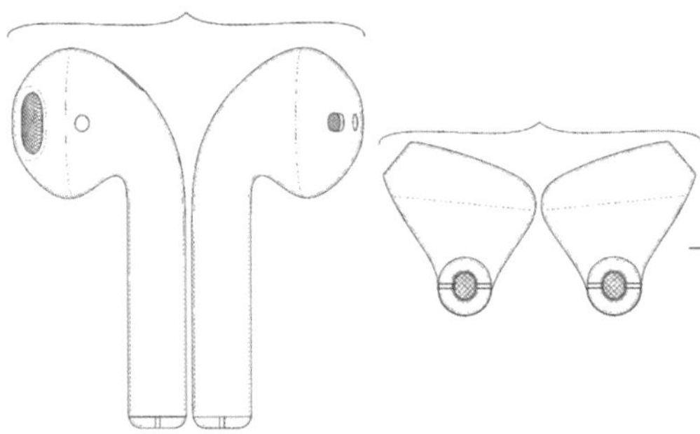

대표 도면

애플의 'AirPods' 미국 디자인특허공보 (US D801,314)

양한 표현에 의해 도면이 작성된 점에서 기술특허 도면과 구별된다. 기술특허는 언어로 서술된 특허청구범위(청구항)에 의해 권리범위가 결정되지만, 디자인특허는 이미지 자체인 도면에 의해 권리범위가 결정된다. 기술특허에 첨부되는 도면은 언어로 기재된 특허청구범위를 이해하기 위한 보조적인 역할만 수행한다. 즉, 기술특허의 침해판단은 제3자가 실시하고 있는 기술이 특허청구범위에 기재된 구성요소들을 전부 그대로 포함하고 있는지 여부AER : All Element Rule(구성요건 완비의 원칙)에 따라 논리적으로 결정되지만, 디자인특허는 도면을 기초로 전체 외관상 심미감을 판단하는 과정이 수반된다. 따라서 어느 일부분을 변형하여 전체 외관상 다른 느낌이 들도록 회피설계한다면 디자인특허는 자칫 무력화되기 쉽다. 이러한 한계점을 보완하기 위하여 디자인특허는 점선(파선)과 실선을 혼용하여 도면을 표현할 수 있는 실무와 법제도가 출현하게 되었다. 점선 부분으로 표현된 형상들은 다른 형상으로 대체되더라도 실선 부분이 같으면 디자인 침해로 간주하는 부분디자인Partial Claiming 제도가 바로 그것이다.

미국에서 1975년 출원된 드릴 비트(US D257,511)는 점선으로 드릴의 나사산을 표현하고, 실선으로 비트의 머리부를 도시하였으나 미국 특허청은 이를 거절하였다. 디자인 권리범위의 대상에서 점선으로 표현된 부분을 제외함으로써 오히려 보호범위를 넓히려는 선언적 표현disclaimer인 셈인데, 1980년 이를 항소법원[56]에서 인정하고 등록을 허락하여 준 것이다.

2011년 제기된 애플과 삼성 특허소송에서 애플에게 유리한 국면

부분디자인(Partial Claiming)
디자인 도면을 그릴 때, 기존의 디자인과 차별화되는 부분을 실선으로 도시하고, 나머지 부분은 점선으로 도시하는 출원 전략을 말한다.

미국에서는 19세기 후반에도 디자인특허 도면에서 점선을 이용한 예가 관찰된다. 이러한 실무가 확립된 것은 1980년 드릴 비트 디자인특허 거절에 대한 항소 판결(In Re ZAHN, , 617 F.2d 261, C.C.P.A 1980)에서 적법한 것으로 인정하면서부터이다.

부분디자인 제도는 디자인특허의 보호범위를 확대하기 위한 전략으로 자리 잡고 있다.

일본은 1999년, 우리나라는 2001년 부분디자인 제도를 입법적으로 도입하였다.

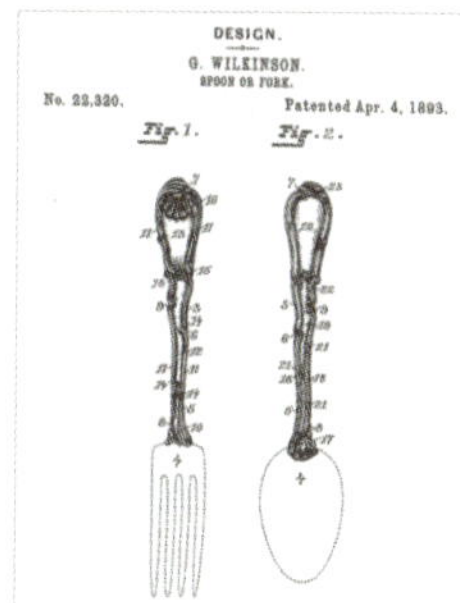

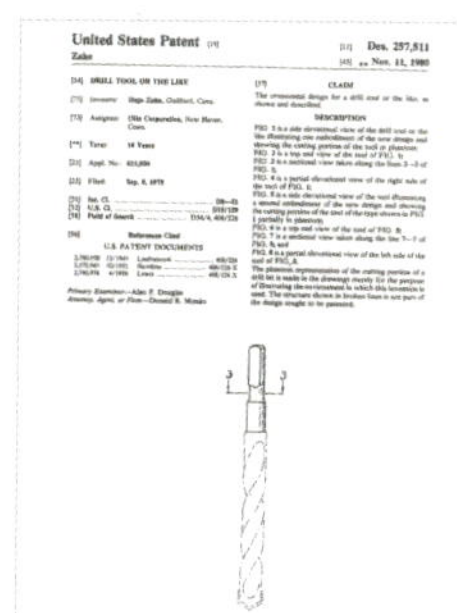

을 안겨준 애플의 디자인특허들은 바로 1980년 판례법상 인정된 부분디자인 출원전략을 십분 활용하여 비축해 두었던 IP자산[57]이었다. 애플은 2001년 아이맥 출시때만 해도, 점선을 이용한 부분디자인을 사용하지 않았고, 변형 가능한 실시 예를 모두 실선으로 표

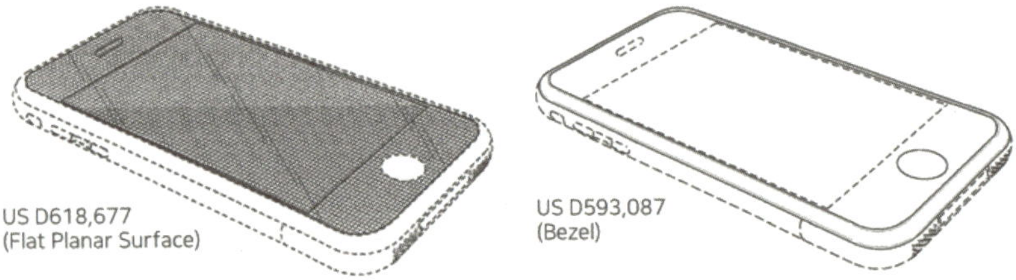

US D618,677
(Flat Planar Surface)

US D593,087
(Bezel)

애플 아이폰을 위한 미국 디자인특허(부분디자인)

US D604,305(GUI)

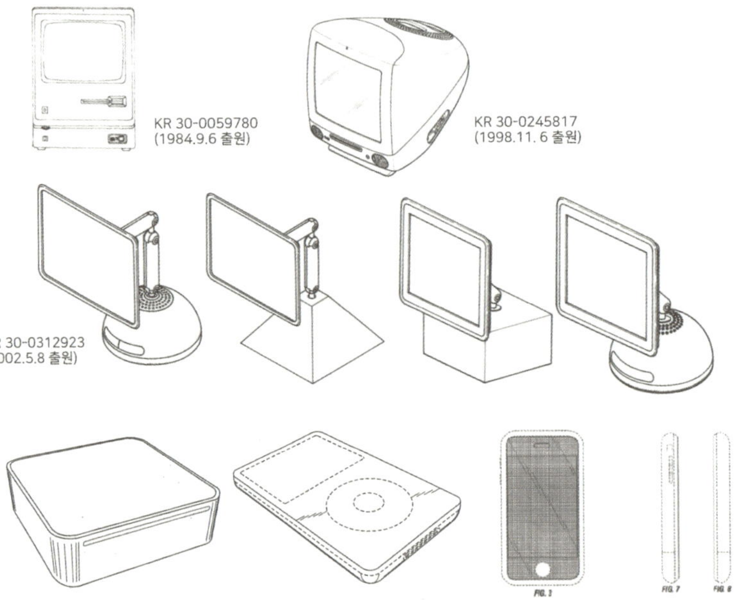

KR 30-0059780
(1984.9.6 출원)

KR 30-0245817
(1998.11. 6 출원)

KR 30-0312923
(2002.5.8 출원)

KR 30-0400542
(2005.5. 2 출원)

KR 30-0420237
(2005.10.18 출원)

US D618,677
(2008.11.18 출원)

애플의 디자인특허 포트폴리오 변화(2005년경부터 본격적으로 부분디자인 활용)

현하였다. 경쟁자들은 변형된 실시 예를 회피설계했고, 지재권 확보를 위한 예산이 허비된 경험이 있었다. 애플은 2005년 미니맥, 아이팟에서 본격적으로 부분디자인을 활용하기 시작하였는데, 그로부터 불과 2년 후인 2007년 출원한 아이폰 디자인특허로 삼성으로부터 천문학적인 손해배상금을 받아낼 수 있었다.

디자인과 상표는 특허와 어떻게 다른가

특허권, 디자인권 및 상표권은 보호하는 대상에 따라 구분된다. 특허권의 보호대상은 발명이다. 발명이란 자연법칙을 이용한 기술적 사상의 창작으로서 고도高度한 것이라고 정의(특허법 제2조)되어 있기는 하지만, 언어로 기재할 수 있는 기술이라면 대부분 특허 대상에 해당한다. 제조물, 통신기술, 2차 전지 제법, 의약품 등 적용되는 분야가 무궁무진하다. 한편, 특허발명의 보호범위(특허법 제97조)는 청구범위에 적혀 있는 사항에 따라 정해진다. 만일 특허공보의 상세한 설명이나 도면에 제3자 실시발명과 동일한 것이 기재되어 있다고 하더라도 청구항과 차이가 있다면 특허 침해가 아니다. 특허도면은 어디까지나 발명을 이해하기 위한 보조적 수단일 뿐 필수사항은 아니다.

이때 물품의 외관appearance 자체는 디자인권으로 보호할 수 있다. 디자인은 물품(물품의 부분 또는 글자체를 포함)의 형상, 모양, 색채 또는 이들을 결합한 것으로서 시각을 통하여 미감을 일으키게 하는 것을 의미(디자인보호법 제2조)한다. 디자인등록출원서에는 물품의 명칭, 국제분류, 디자인의 설명과 함께 도면들이 첨부된다. 디자인의 보호

특허 분석에 활용되는 주요 용어 이해하기

특허 등록을 위한 출원 명세서는 기술 해설서이면서 권리 요구서이다.

심사를 거쳐 발행되는 특허공보에는 인적사항과 출원일과 같은 ①서지정보와 함께 심사과정에서 사용된 분류, 인용문헌 등의 ②기술정보가 부가된다. 아울러 최초 출원서에서 요구하였던 특허청구범위는 심사관이 제시한 선행기술과의 대비를 통해 보다 한정된 내용으로 최종 확정되어 ③권리정보가 담긴다. 이러한 정보들은 단독으로 또는 서로 연계하여 분석이 이루어지게 된다. 이제, 특허 빅데이터를 분석하는 주요 용어들을 살펴보도록 하자. 시행착오를 거쳤던 사항이나 풍부한 분석을 위해 필요한 제도의 특징도 함께 소개한다.

출원국가 INID Code: 19

출원국가는 특허출원서가 제출된 접수 관청이 속한 국가나 기관을 나타낸다. 창작과 동시에 베른 협약에 의해 국제적 효력이 발생하는 저작권법과는 달리, 특허는 속지주의를 채택하고 있다. 따라서 국내에서 등록된 특허는 국내에서만 효력이 미친다. 외국에서도 권리행사를 하려면 각국에서 개별 심사를 받아 특허를 확보하여야 한다. 각국 심사관이 제시한 선행문헌들이나 등록요건에 대한 판단수준이 다르기 때문에 각국의 특허는 권리범위가 제각각 다를 수 있다. 출원국가에 따라 실시요건이나 침해판단 방법이 달라지기도 한다. 출원국가는 국가코드 2자리 문자로 식별된다. 예를 들면 KR(한국), US(미국), EP(유럽), JP(일본), CN(중국) 등과 같이 사용한다.

특허공보 유형코드 INID Code: 12, 13

출원에서부터 심사를 거쳐 최종 등록되는 과정에서 공개공보, 등록공보 등의 문헌들이 발행된다. 이들을 식별하고 관리하기 위해 유형코드kind code[62]가 부여된다. 관청에 따라 차이는 있으나 (A)는 1년 6개월이 경과하면 발행되는 출원공개공보, (B)는 심사 후 최종 발행되는 등록특허공보를 나타낸다. 유형코드 뒤에 숫자가 붙으면 추가적인 의미를 내포한다. 유럽특허청EPO의 경우, 등록 전에도 심사관의 검색리포트ESR: European Search Report가 첨부된 출원공개공보가 발행될 수 있는데 검색리포트가 있는 경우에는 (A1), 없는 경우에는 (A2)와 같은 형식으로 발행된다. 또한 최초 등록공보는 (B1), 등록 후 정정공보는 (B2)와 같은 유형코드가 부여된다. 각국 관청에 따라 유형코드의 사용 용도가 다를 수 있으니 확인이 필요하다.

출원번호 Application Number, INID Code: 21

출원되면 접수 순서에 따라 출원번호가 부여된다. 한국을 포함한 대부분의 국가에서는 국가코드(2자리 문자), 출원연도(4자리 숫자), 일련번호(변수, 최대 7자리 숫자)로 이루어져 있다(예: WO2010035018). 그러나 국내에서 사용하는 출원번호는 조금 다른데 권리번호(2자리 숫자), 출원연도(4자리 숫자), 일련번호(7자리 숫자)의 조합으로 구성되어 있다(예: 1020110036647). 권리번호는 특허(10), 실용신안(20), 디자인(30), 상표(40)로 구분하고 있다. 한국은 국가코드와 권리번호를 혼용하고, 영국(유럽)은 출원연도의 정보가 2자리 숫자 또는 4자리 숫자로 혼용하면서 일련번호 7자리 중 앞자리에 0이 있으면 삭제하고 사용하기도 하므로 데이터 처리 시 주의가 필요하다.

출원번호는 대부분 국가가 13자리 고정 문자길이를 유지하고 있으나 12개의 국가/단체(호주, 독일, 중국, 브라질, 우크라이나, 걸프협력회의, 헝가리, 인도, 이탈리아, 멕시코, OAPI, WIPO)는 다른 형식으로 표기한다.[63]

대한민국 특허청의 공보 번호체계

번호	권리번호	연도	일련번호	자리 값
출원번호	2자리	4자리	7자리	–
공개번호	2자리	4자리	7자리	–
공고번호	2자리	4자리	7자리	–
등록번호	2자리	–	7자리	0000

미국, 한국, 영국(유럽)의 출원번호 비교

구분	미국	한국	영국	유럽특허청
출원 번호	US20100254800	KR20110036647	GB0817362	EP20090785510
		1020110036647	GB20080017362	

출원일 Filing Date, INID Code: 22

출원일은 특허의 유효성을 판단하는 데 중요한 정보이다. 출원일 이전에 선공지된 선행문헌으로 신규성 및 진보성 등의 등록요건을 판단받기 때문이다. 특허공보가 발행되기 전이라도 선출원된 특허 발명과 동일한 발명이 포함된 타인의 후출원에 대해서는 선출원주의FTF: First To File에 따라 후출원의 등록을 불허한다. 대부분의 선출원주의 국가에서는 실제 발명일이 아니라 관청에 제출한 출원일을 근거로 선후 관계를 판단한다.

출원일을 분석하는 경우, 출원일 그대로를 쓰기보다는 연도로 변환하여 분석하기 때문에 출원연도를 별도의 필드로 생성하여 분석한다. 때에 따라 분기별, 월별, 일자별로 분석을 진행하기도 하고 출원의 선후 관계만을 확인하기도 한다.

참고로 미국의 경우, 2013년 미국 발명법AIA: America Invents Acts 발효 이전에는 공개되지 않은 발명이라도 출원일보다 앞서는 실제 발명일이 입증되면 이를 기준으로 선후 출원의 유효성을 판단하는 선발명주의FTI: First To Invent 시스템이었다. 현재는 선출원주의와 선발명주의를 혼합한 형태인 선발명자-선출원주의FITF: First Inventor To File 정책을 취하고 있다. 즉, 원칙적으로 유효 출원일 기준으로 선·후출원 관계를 판단한다. 다만, 제3자보다 후출원한 경우라도 제3자보다 먼저 발명을 공개하고 출원하였다면, 먼저 발명하고 공개까지 한 자에게 등록을 허여하는 것이다. 이를 실무에서는 FTPFirst To Publish라고 칭하기도 한다.[64] 선공개 여부와 상관없이 출원일자만으로 선·후 출원의 경합을 처리하는 선출원주의 국가와 다른 점이다.

나아가 미국은 가출원provisional application과 계속출원continuation application 제도가 있다. 청구항이 작성되지 않은 논문이라도 가출원을 진행한 다음, 1년 이내에 청구항을 작성하여 정규 출원한 경우 공통으로 기재된 사항은 가출원일로 판단시점이 소급된다. 계속출원의 경우에도 선출원이 등록되기 전에 후속 출원을 진행하면 선출원에 공통으로 기재되어 있던 청구항은 판단시점이 소급될 수 있다.

한편, 출원일은 존속기간의 기산점으로서 해당 특허가 존속기간이 만료되어 자유롭게 실시가능한 기술인지를 파악하는 데 활용된다. 또한 인용문헌과 특허공보의 출원일자를 비교하면 기술분야별 선행기술 활용 범위 등을 파악할 수 있는 지표로도 활용할 수 있다.

발명의 명칭 Title, INID Code: 54

발명의 내용을 간단 명료하게 전달하기 위하여 발명의 명칭이 기재된다. 발명의 명칭은 특허청구범위의 말미와 일치하면 특별한 제약은 없다. 실무에서 발명의 명칭을 작성하는 전략[65]은 크게 2가지가 있다. 첫째는 기술을 매우 포괄적으로 기재하여 발명을 숨기는 소극적 방법이다. 둘째는 발명의 핵심을 명확하게 기재하는 적극적 방법이다. 전자는 경쟁사가 자사의 특허를 쉽게 탐지하지 못하도록 하려는 의도가 있는 전략이다. 그러나 시리즈 특허가 많아지면, 권리자조차 특허관리가 불가능해질 우려가 있다. 발명의 명칭을 모호하게 작성하여 검색결과에서 의도적으로 누락시키려는 전략이 여전히 사용되고 있지만 검색 서비스는 그러한 누락을 허용하지 않는 방향으로 전환되고 있다. 그래서 "기술공개를 통한 혁신 성과의 공유라는 특허 시스템의 합목적성을 방해하고 침해한다"라고 주장하면서 특허공보의 전달력과 의사소통을 강조하는 주장(정우성, 「특허실무론」, 2017)은 설득력이 있다.

도면 Drawings

도면은 문자로 설명된 발명의 내용을 시각적으로 쉽게 이해시키기 위하여 사용된다. 기술특허의 경우, 도면 부호(숫자)가 지시선과 함께 부기되어 있다. 화학 또는 생명공학 관련 특허의 도면에는 화학 구조식이 포함되는데, 최근 기계학습에 의한 비전 인식vision recognition 기술이 향상되어 유사 구조식 검색에 적극 활용되고 있다.

한편, 도면에 부기된 도면 부호만으로는 어떤 구성에 해당하는지 파악되지 않는다. 이를 이해하려면 도면과 함께 발명을 실시하기 위한 구체적인 내용을 독해하여 대비하여야 하는데 상당한 시간이 소요된다. 향후 도면의 도면 부호와 이에 대응하는 구체적인 구성요소를 자동으로 매칭시켜 도면에 표시하는 기능에 대해서도 검토해볼 만하다.

공개번호 Prior Publication, INID Code: 65

공개번호는 강제적인 출원공개제도에 의해 출원 후 18개월(특허, 실용신안)이 지나면 최초 출원 명세서의 내용을 출원공개공보로 발행할 때 부여되는 것이다. 한국의 공개번호는 출원번호와 같이 국가번호(2자리 문자)+공개년도(4자리 숫자)+일련번호(7자리 숫자)로 구성되어 있다(한국은 국가번호 대신 권리번호를 혼용하기도 함). 출원공개공보가 발행되지 않고 곧바로 등록특허공보가 발행되는 경우도 있다. 실시 등을 이유로 우선심사신청하는 경우 조기에 등록되므로 출원공개공보를 발행하지 않는다. 최근에는 특허심사기간이 단축되어 출원공개공보와 등록특허공보가 중복 발행되는 경우가 줄어들고 있다. 한편, 디자인특허의 경우 강제적인 출원공개제도가 없으므로 등록결정 후 설정등록료를 납부하면 등록디자인 공보가 발행된다. 거절되면 공보가 발행되지 않는다. 하지만 기술특허의 경우는 최종 거절된 경우라도, 1년 6개월이 경과하면 출원공개공보는 발행된다. 거절되었더라도 공개된 출원공개공보는 후출원의 등록을 막을 수 있는 문헌으로서 역할을 하게 된다. 단, 1년 6개월이 경과되기 전에 특허출원을 취하하면 출원공개공보는 발행되지 않는다. 1년 6개월이 경과하지 않거나 등록되기 전이라도 제3자 실시에 대해 보상금청구권을 행사하기 위한 목적으로 조기 출원공개신청을 하는 경우도 있다.

공개일자 Publication Date, INID Code: 43

공개일자는 특허출원일로부터 1년 6개월(특허, 실용신안)이 경과하여 공개되는 시점이다. 단, 우선권 주장의 기초가 되는 출원이 있는 경우에는 우선일을 기준으로 1년 6개월 경과 후 출원공개공보가 발행된다.

특허번호(등록번호) Patent Number, INID Code: 10, 11

심사관은 심사에 착수하여 거절이유가 있는 경우 의견제출통지서를 발송하고 이에 대해서 보정서 또는 의견서 제출기회를 부여한다. 선행기술과의 대비를 통해 특허청구범위를 한정하여 거절이유가 해소된 경우 등록결정 상태가 된다. 이후 출원인이 설정등록료를 납부하면 등록특허공보와 함께 특허번호patent number가 부여된다. 대한민국의 등록번호는 [권리번호(2자리 숫자) + 일련번호(7자리 숫자)]이다. 미국특허 등록번호의 경우 기술특허Utility patent는 7자리 일련번호로 되어 있으며, 디자인특허Design patent의 경우 구분기호("D") + 일련번호(6자리 숫자+"S")로 표기된다.

특허일자(공고일자) Date of Patent, INID Code: 45

등록특허공보가 발행된 일자를 말한다. 우리나라는 설정등록료를 납부한 날은 등록일자, 실제 등록특허공보가 발행된 날은 공고일자로 구분하고 있지만, 설정등록으로 권리의 효력이 발생하며 공지된 것으로 간주한다. 미국 특허공보에는 이러한 구분 없이 공보가 발행된 날만을 특허일자로 사용하고 있다. 출원일과 특허일 사이의 간격이 매우 짧은 특허는 우선심사신청 등에 의해 조기 등록된 건일 가능성이 높다. 이런 경우는 이미 제품을 출시하고 제3자 실시를 견제하기 위한 목적으로 조기 등록되었을 가능성이 높다고 볼 수 있다.

우선권주장 번호 Foreign Application Priority Data, INID Code: 30

특허의 속지주의 원칙상, 각국에서 특허를 획득하기 위해서는 개별 국가에 각각 출원하여야 한다. 하지만 번역이나 경제적 비용 등의 문제로 동시에 여러 국가에 출원하는 것은 현실적으로 어렵다. 이를 해소하기 위한 것이 공업소유권의 보호를 위한 파리협약(1883)이다. 제1국에 출원한 후 1년(특허) 또는 6개월(상표, 디자인) 이내에 제2국에 출원하면서 조약에 따른 우선권을 주장하면, 공통 기재사항의 범위 내에서 등록요건 등의 판단시점이 제1국 출원일로 소급된다. 우선권 주장 시에는 제1국 국가와 출원일, 정규출원으로 부여받은 출원번호를 기재하게 되는데, 이때 제1국 출원번호가 우선권주장 번호이다. 조약우선권이 수반된 출원들은 상당한 비용을 투입하는 것이므로 특허의 중요도를 판단하는 핵심적인 지표 중의 하나로 평가받는다.

공업소유권 보호를 위한 파리협약(1883)
19세기는 산업혁명으로 제조업의 생산력이 내국 수요를 넘어서게 되며, 해외 시장을 선점하기 위한 열강들의 경쟁이 치열한 시기였다.
국제 무역이 활성화되면서 각국은 기술을 과시하기 위해 경쟁적으로 세계 박람회를 개최하였다.
정보의 교류에 제약이 있는 시절에 박람회는 기술을 촉진하는데 상당한 역할을 하였지만, 전시품을 관람한 이들이 자기 나라로 돌아가 모방품을 판매하는 것이 성행하였다.
이에 국제적인 법을 만들기 위해 협의를 시작했으나 각국 정책의 차이로 통일적인 법제정이 어렵다는 인식을 하고 타협점을 찾아 1883년 3월 20일 파리에서 조약을 체결하였다.
우리나라는 1980년 파리협약에 가입하면서 특허청구범위 다항제, 출원공개제도 등을 도입하였다.

관련된 미국 출원번호 Related U.S. Application Data, INID Code: 60, 63

한편, 미국 출원들 간에도 내국domestic 우선권 주장이 인정된다. 미국에 선출원을 진행한 후 1년 이내에 후속 출원을 제출하면서 자국의 선출원에 대해 우선권 주장을 하는 경우, 공통 기재된 사항은 선출원의 출원일자인 우선일로 판단시점이 소급된다.

미국 특허공보의 경우, 조약우선권 주장에 따른 해외 우선권 주장 번호와는 별도로 미국 가출원provisional Application 등에 기초하여 1년 이내에 정규출원을 하거나 선출원의 특허 발행일 전에 내국 우선권을 주장하며 계속출원continuation application을 진행하는 경우에는 그 기초가 되는 관련된 미국 출원번호가 기재된다.

패밀리 특허 Family Patent

패밀리 특허는 특정 출원의 기술적 내용과 연관하여 국내 외에 출원한 타출원들을 일컫는 집합 용어이다. 앞서 설명한 우선권 주장이 패밀리 특허를 수집하는 정보가 된다. 패밀리 특허가 많다는 것은 여러 국가에 제품을 출시하거나 경쟁사의 실시가 예상되는 시장의 규모가 크다는 것을 반증할 수 있기 때문에 '시장확보지수'로 활용된다.

다만, 각국에 진입한 패밀리 특허들의 권리범위는 반드시 동일하지 않을 수 있다. 각 관청의 심사결과에 대응하여 특허청구범위가 보정되는 수준이 다를 수 있기 때문이다. 패밀리 특허에 대한 IP5 주요국의 심사진행 정보는 OPD One Portal Dossier 국제심사정보 통합조회서비스[66]에서 확인할 수 있다.

국제특허분류 IPC: International Patent Classification, INID Code: 51

특허분류는 각 분야별 세부 기술요소들을 계층화하여 지정하는 코드이다. 행정적으로는 심사관 배정에 사용되고, 특허공보를 체계적으로 정리함으로써 효율적인 검색을 지원한다. 국제특허분류는 100여 개의 국가가 사용하고 있어 동일 기준으로 국가별 출원동향, 주력 기술분야 등의 정보를 얻을 수 있다. 국제특허분류의 번호체계를 이해하는 것은 분석의 범위를 결정하는 기준이 되기 때문에 매우 중요하다. 하나의 기술이 1개 분류 코드에 1:1 대응될 수도 있지만 최근의 기술들은 대

국제특허분류의 구조 예시 F16K 1/00 (or 1/02)

분류기호	F	–	16	K	1/100	1/20
구분	섹션	서브섹션	클래스	서브클래스	메인그룹	서브그룹
분류타이틀	기계공학	공업일반	기계요소	밸브	리프트밸브	나사스핀들

국제특허분류 섹션 구분

섹션	내용	섹션	내용	섹션	내용
A	생활필수품	B	처리조작, 운수	C	화학, 야금
D	섬유, 종이	E	고정구조물	F	기계공학, 조명, 가열, 무기, 폭파
G	물리학	H	전기		

부분 복수의 분류 코드가 지정된다. 예를 들어, 터치패드 기술은 스마트폰과 같은 휴대용 영상기기에 쓰이지만 자동차의 컨트롤러에도 적용될 수 있다. 국제특허분류는 산업을 기준으로 기술을 분류하고 있지만, 기술들이 여러 산업에 걸쳐 융합되고 있는 추세여서 국제특허분류의 한계점이 지적되기도 한다.

미국 특허분류 USPC, INID Code: 52

미국특허분류USPC: US Patent Classification는 미국이 자국의 특허분류를 위해 만든 것으로, 국제특허분류IPC가 만들어지기 이전(1831)부터 사용하던 분류체계이다. 미국 특허분류는 산업을 기준으로 분류한 국제특허분류와는 달리 기능을 중심으로 기술을 분류하고 있어 선행기술을 조사하는 데 더 정확하다는 평가가 있다. 또한 디자인특허에 관한 형태, 기능상 분류도 포함하고 있어 국제특허분류의 부족한 부분을 보완하고 있다. 기술 환경의 변화로 특허분류체계가 약 5년마다 변경되는데, 미국특허분류는 최초 출원 시 부여된 특허분류Original의 정보와 최신 변경된 특허분류Current를 별도로 제공하고 있어 특허 분석에 중요한 정보를 제공하고 있다.[67]

선진특허분류 CPC: Cooperative Patent Classification, INID Code: 52

CPC는 국제특허분류IPC보다 세분화된 가장 최근의 분류체계이다. 기존 IPC분류는 새롭게 출현하는 기술에 대해서는 충분히 세분화되지 않아서 일본, 미국 등 주요국들은 독자적인 특허분류체계를 병행하여 사용하고 있는 실정이었다. 이런 이유로 국제특허분류의 한계를 극복하고자 유럽특허청과 미국 특허청이 협력하여 2012년 CPC 분류 코드를 개발[68]하였다. 우리나라는 2015년부터 CPC와 IPC 분류 코드를 함께 부여하고 있다. 복수로 지정되는 분류 코드들의 상관관계 등을 분석하면 융복합 기술들의 흐름을 분석할 수 있을 것이다. 또한 새롭게 등장하는 분류 코드나 이들의 조합은 신성장 기술들을 파악할 수 있을 것으로 기대되는 지표이기도 하다. 예컨대, 어느 기업이 종래 보유하고 있던 특허들의 분류 코드 집합에 있지 않던 새로운 분류 코드가 지정된 특허가 등장한다면 경쟁사에서는 촉각을 곤두세울 만한 고급 정보가 될 수 있다.

출원인 및 국적INID Code: 71

출원인applicant은 특허 출원서를 제출한 자로서, 등록되면 해당 권리를 행사하게 되는 예비적 주체를 말한다. 발명자와 출원인이 동일한 경우가 많지만, 회사의 경우 직무발명 내규 등에 따라 발명자들로부터 특허 받을 수 있는 권리를 양도assignment 받아 기업이 출원인으로 기재된다. 경쟁이 치열한 분야에서는 의도적으로 회사 명의로 출원하지 않고 개인 발명자로 출원하여 등록받은 후 권리를 양도받는 전략도 활용하고 있다.

한편, 최초 출원 시 기재된 출원인 정보가 그대로 데이터베이스에 저장되기 때문에 특허분석에서 가장 많은 데이터 오류가 있는 사항이기도 하다. 예를 들면, '삼성전자', '㈜삼성전자', '삼성전자 주식회사' 등 동일 출원인이지만 다르게 표현되는 경우도 있으므로 분석 시 데이터 가공이 필요하다. 이를 해소하기 위해서는 숫자로 식별되는 특허고객번호 코드를 사용하는 것이 가장 확실하다. 출원인 정보는 특정 분야의 경쟁자 현황, 기술 포화도와 지배력을 파악하는 데 요긴하게 사용된다.

미국 출원인 정보

미국의 경우, 2013년 이전의 선발명주의(pre-AIA)에서는 출원인(applicant) 정보가 없고, 발명자 명의로만 출원서를 제출할 수 있었다.
다만, 발명자(inventor)(A)의 이름으로 출원하고, 특허받을 수 있는 권리를 회사(B)에 양도할 경우, 발명자(A)는 양도인(assignor)이 되고, 회사(B)는 양수인(assignee)이 되었다. 양수인은 권리자(owner)로서의 지위를 갖는다.
2013년 이전의 특허 데이터에 출원인(applicant) 필드값이 누락된 경우에는, 양수인 또는 발명자를 확인하여 정리한다.
출원인의 국적이 기재되어 있지 않은 경우에는 최초 우선권 국가로 간주하여 정리한다.

발명자Inventor, INID Code: 72

발명자는 실제 발명에 참여한 자연인이다. 발명자 성명과 함께 주소를 기재하도록 하고 있다. 주소를 통해 국적 정보를 취득할 수 있고, 기술분류 코드와 발명자 정보를 연계하면 핵심 발명자와 발명자 네트워크 분석이 가능하다. 우리나라는 실질적으로 발명에 기여한 사람이 아닌 다른 사람을 발명자로 기재하더라도 심사과정상 큰 문제가 되지 않는다. 하지만 미국에서는 발명자가 아닌 사람을 공동발명자co-inventor로 허위 기재하는 경우 권리행사를 못 할 수도 있다. 따라서 국내 특허법 운용 실정상 국내 특허의 발명자 정보를 이용한 분석 결과에 대해서는 신뢰성을 검토할 필요가 있다.

양수인Assignee, INID Code: 73

양수인assignee은 미국 특허공보에서 독특하게 사용되는 용어이다. 대부분의 국가는 권리자owner, Rights holder를 사용한다. 2013년 발효된 미국 발명법AIA 이전에는 발명자가 별도의 양도 행위가 없는 한 양수인이 되었다. 기업의 출원이라도 발명자 명의로 출원이 이루어지고, 이후 기업이 특허받을 수 있는 권리를 양도받아 양수인이 되었다. 미국 발명법 이후에는 기업이 출원인applicant으로서 직접 제출이 가능하다. 별도의 양도행위가 없는 한 출원인이 양수인이 된다.

한편, 최초 출원 시 기재된 출원인과 특허등록 당시의 양수인이 변경된 경우라면 눈여겨볼 필요가 있다. 기업명이 바뀐 경우가 아니라면 인수합병 등으로 특허를 매입한 경우일 수 있다. 치밀한 기업들은 아예 타인의 명의로 특허등록까지 마친 후 권리양도를 통해 양수인이 되는 전략을 사용하기도 한다. 권리양도 이력이 많은 경우는 특허분석 시 가치가 높은 특허로 추정된다. 미국 특허청에서는 특허번호나 양도인, 양수인 정보를 이용하여 특허 양도 검색Patent Assignment Search[69]이 가능하다는 점은 부러운 일이다. 우리에겐 아직 미국만큼의 권리이전이나 이를 검색할 수 있는 데이터베이스가 미약하다. 권리 이전이 활발하다는 것은 특허활동이 활발하다는 것을 방증한다.

인용문헌References Cited, INID Code: 56

인용문헌에는 크게 전방인용문헌Backward Citation과 후방인용문헌Forward Citation으로 구분한다. 전방인용문헌은 발명 시점에서 특허가 인용한 선행문헌을 말하며, 후방인용문헌은 특허공보가 공개된 후 해당 특허공보를 인용한 특허문헌을 지칭한다. 전방인용문헌의 경우 기술, 특허 또는 기업의 영향력 지표로 사용되고 있으며, 후방인용문헌은 기술의 혁신성, 기술가치, 특허의 중요성, 기술의 전파경로 및 파급성 측정의 지표로 사용되고 있다. 인용문헌은 특허 인용정보가 담긴 특허문

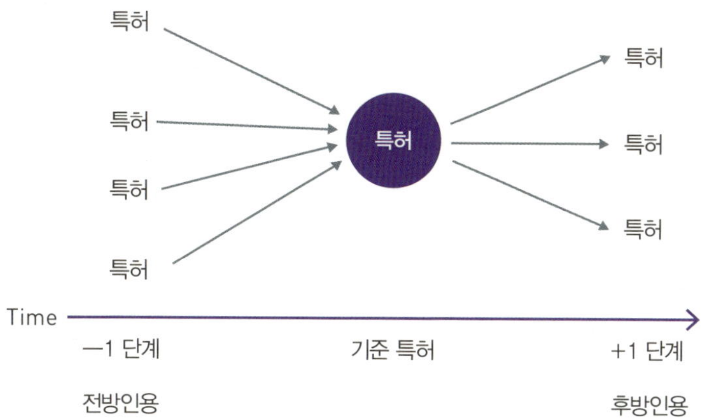

선행기술인용(전방인용문헌, Backward Citation)과 후행기술인용(후방인용문헌, Forward Citation)의 구분.

헌Patent Document과 특허를 제외한 간행물, 도서, 논문, 인터넷 기사 등의 정보가 담긴 비특허문헌Non-patent Document으로 구분된다. 또 인용문헌에는 출원인이 선행기술로서 기재한 것과 심사관이 검색에 의해 채택한 선행기술이 있다. 심사관이 인용한 문헌은 해당 문헌정보에 아스테릭스 기호(*)가 부기되어 있다. 미국의 경우에는 출원인이 출원발명과 직간접적으로 관련이 있는 선행문헌들을 제출해야 하는 의무IDS: Information Disclosure Statement가 있다. 일정 기간 내에 제출하지 않으면 권리가 무효화될 수 있는 중요한 실무절차이다. 만일 한국에 먼저 출원하고, 미국에 우선권 주장 출원하였다면 한국 심사관이 제시한 선행문헌들은 모두 미국 심사관에게 제출하여야 한다. 특히, 심사관이 의견제출통지서OA: Office Action를 통해 신규성 또는 진보성 결여를 주장한 선행 특허문헌은 매우 중요한 지위를 갖는다. 언급된 선행 특허문헌으로부터 진보성을 인정받기 위하여 특허 청구범위에 포함된 구성요소가 한정되거나 추가되어 권리범위가 축소되는 경우가 많기 때문이다. 수록된 인용 문헌이 많은 경우, 해당 기술은 제품화 단계에 근접해 있거나, 복잡하고 경쟁이 치열한 것일 가능성이 높다.

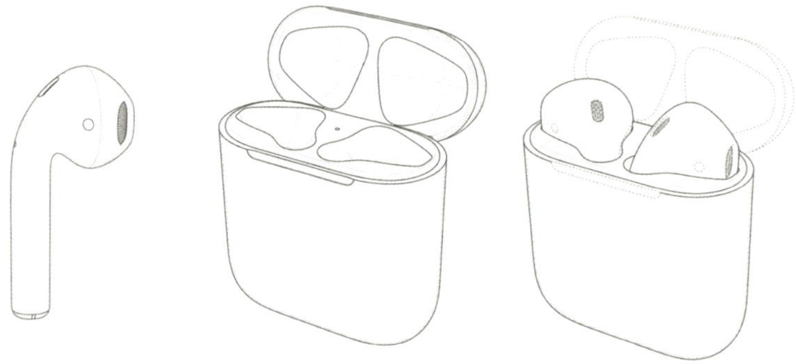

KR 30-0925343　　KR 30-0938902　　KR 30-0927270

APPLE AirPods의 등록디자인 예시

디자인특허도 권리범위를 조절할 수 있다?!

기술특허는 언어로 표현된 청구항으로 침해를 판단한다. 반면, 디자인특허는 도면에 표현된 전체적인 외관으로 침해를 판단하므로 보호범위가 협소해질 수 있다. 이를 보완하기 위해 보호범위를 다양하게 설정할 수 있는 부분디자인(Partial Claiming) 제도가 마련되어 있다. 다만, 중국은 2018년 현재 부분디자인 제도 미도입 상태이므로 모두 실선으로 표현해야 한다(향후 중국전리법 개정으로 부분디자인 도입 예정).

범위는 도면이 가장 결정적인 영향을 끼친다. 디자인권자는 업으로서 등록디자인 또는 이와 유사한 디자인을 실시할 권리를 독점한다(디자인보호법 제92조).

특허는 새로운 기술에 기반하는 것이어서 상품화에 이르기 전에 출원되어 있는 경우가 많다. 따라서 최종 상품화 단계에서는 디자인이 수정되어 있을 가능성이 높다. 그리고 형상 그 자체를 언어로 완벽하게 묘사하여 청구항을 작성하는 것이 매우 어려운 경우(예: 애플 에어팟의 둥근 형상이나 이어폰의 형상을 말로 표현해보라)도 있다. 한편, 특허출원에서는 실제 제품개발 단계에서 완성된 디자인의 노출을 줄이기 위하여 의도적으로 추상적인 개념도 정도로 도면을 표현하기도 한다. 특허는 1년 6개월이 지나면 강제로 공개되므로 디자인이 노출되는 것을 최소화하기 위한 방편이라고 할 수 있다. 물론 제3자 입장에서는 기술특허에 비해 디자인특허를 회피설계하기가 더 쉽다. 그래서 '기술특허와 디자인특허를 중첩적으로 보유할 필요가 있나?'라고 생각할 수도 있다. 그러나 혁신기업들은 이 둘을 모두 확보하기 위해 노력한다. 기술특허는 선행기술로 인하여 무효가 될 가능성이 상존한다. 하지만 디자인특허는 동일 또는 유사한 선행 디자인이 있지 않는 한, 그 외관은 살아남아 효력을 발휘할 수 있다는 강점이 있다.

마지막으로, 상표는 자신의 상품이나 서비스를 타인과 식별되도록 하기 위해 사용하는 표장으로, 수요자의 혼동을 방지하는 역할을 한다. 그리고 상표권자는 지정상품에 관하여 등록상표를 사용할 권리를 독점(상표법 제89조)한다. 따라서 상표공보를 확인할 때의 핵심은 '지정상품'과 '등록상표'이다. 제3자가 동일 또는 유사한 표장을 지정상품과 전혀 다른 상품에 사용하는 경우, 부정경쟁방지법은 별론으로 하고 상표법상 침해는 아니다. 최대 존속기간이 정해진 특허나 디자인과 달리 상표는 10년씩 갱신할 수 있는 영구적인 권리라는 점이 큰 차이점이다. 사업에 착수하기 위해 선결되어야 하는 권리 특성상, 특허나 디자인에 비해 심사 속도가 빠른 편이다.

다음 그림과 같이, 문자만으로 이루어진 상표(문자상표), 도형만으로 이루어진 상표(도형상표), 문자와 도형이 결합된 상표(도형문자 결합상표)가 있으며, 장기간 사용에 의해 누구나 출처표시를 알 수 있는 형상은 입체상표(예: 코카콜라)로도 등록될 수 있다. 실무에서는 도형과 문자가 결합된 상표나 색채가 적용된 상표의 보호범위는 문자만으로 이루어진 흑백상표보다 협소하다고 해석하고 있다. 애플처럼 저명해진 브랜드라면, 도형만으로 이루어져 궁극의 경지에 이른 상표를 획득할 수 있다.

상표법상 상표(Trademark)

상표는 "자기의 상품과 타인의 상품을 식별하기 위하여 사용하는 표장"(상표법 제2조 제1항 제1호)을 말한다. 표장은 "기호, 문자, 도형, 소리, 냄새, 입체적 형상, 홀로그램 · 동작 또는 색채 등으로서 그 구성이나 표현방식에 상관없이 상품의 출처를 나타내기 위하여 사용하는 모든 표시(상표법 제2조 제1항 제2호)"이다.

(190) 대한민국특허청(KR)
상표공보
AIRPODS

상표공보 예시

상표와 서비스표

상표는 제1류~제34류, 서비스표는 제35류~제45류에 해당한다. 아래 그래프는 애플, 삼성, 화웨이의 국제분류를 연도별로 정리하였다. 상표뿐만 아니라 서비스표에 대한 출원이 지속적으로 이루어지고 있음을 표시한다.[58]

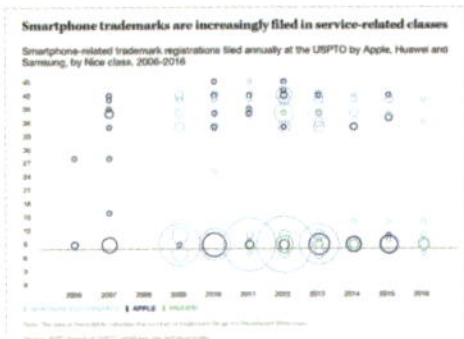

KR 40-0750256

KR 45-0072874

KR 40-0817494

KR 41-0087929

KR 40-0750252

KR 45-0021850

KR 40-2017-0087274

KR 41-0039409

KR 40-0587515

KR 40-1120152

KR 40-1203646

KR 40-0000543

다양한 유형의 등록상표 예시

한편, 상품이나 서비스의 구분은 니스NICE 국제상품분류를 채택하고 있다. 제1류부터 제34류까지는 상품goods이며, 제35류부터 제45류까지는 서비스services에 해당한다. 예를 들어, 스타벅스가 매장에서 커피를 즉석 제조 판매하기 위해 지정해야 할 것은 제43류(커피전문점업)이다. 하지만 캔에 담긴 커피나 볶은 원두커피를 다른 할인매장에 전시 판매하기 위해서는 제30류(커피음료, 원두커피콩) 지정이 추가로 필요하다.

1개 분류 내에는 다수의 상품 또는 서비스를 지정할 수 있으나, 국제분류를 복수로 사용할 경우에는 분류 단위로 수수료가 배가된다. 과거에는 국제분류 내에 지정상품 전체를 기입해도 수수료가 많이 발생하지 않았지만, 현재는 지정상품 20개를 초과할 경우 가산금이 부과된다. 상표공보를 분석할 때, 실제 사용하지 않는 지정상품은 상당한 부담으로 작용한다. 출원인 입장에서는 실제 사용하는 상품 이외에도 사용이 예상되는 상품도 지정해놓는 것이 비용을 절약할 수 있는 방법이기는 하다. 그러나 전혀 사용하지 않는 상품을 지정해놓고 3년 이상 국내에서 사용하지 않을 경우, 제3자에 의해 당해 지정상품에 대한 상표등록이 취소될 수도 있다.

특정 상품분류의 상표공보들에 기재된 지역정보를 이용하면 신생 브랜드의 현황 등을 지리적으로 파악할 수도 있다. 연도별 상품분류의 분포추이를 관찰하면, 산업분야의 특성도 파악할 수 있을 것이다. 또한 경쟁사들의 상표나 서비스표의 확장 양상을 보다 객관적으로 파악할 수 있는 등 흥미로운 연구 주제들이 산재해 있다.

청구항, "Legally, Less is More!"

특허의 보호범위는 청구항(또는 특허청구범위)에 의해 결정된다. 청구항Claim, INID Code: 57은 구성요소들의 유기적인 결합으로 이루어져 있다. 구성요소들은 물리적인 형체일 수도 있지만, 전기신호, 분자식, 수식과 같은 개념이거나 문제를 해결하기 위한 절차나 방법 등을 서술하는 무형의 것일 수도 있다. 청구항에 묘사된 모든 수식어는 보호범위를 한정하는 데 영향을 끼친다. 그야말로 문구 하나하나가 중요하며 불필요한 단어들을 끼워 넣어서는 안 된다.

독립 청구항의 단어 개수 변화

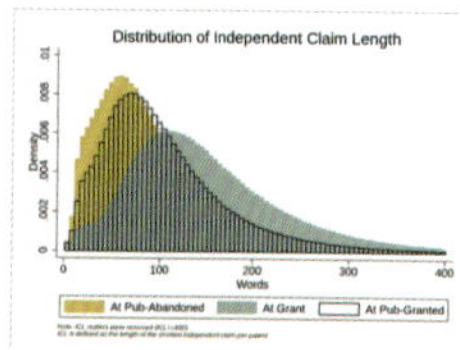

https://www.uspto.gov

최초 출원서에 기재된 독립 청구항과 최종 등록된 독립 청구항의 단어 개수를 비교한 그래프[59]이다. 선행기술로부터 진보성 결여가 문제되는 최초 청구항은 구성요소의 추가, 한정 등을 통해 권리범위가 좁아진다.
독립 청구항의 단어 개수는 권리범위를 가늠해볼 수 있는 지표가 될 수 있다.

청구항에 동원되는 용어들은 지나치게 좁게 해석되지 않으면서도 다양한 실시예를 포괄할 수 있는 개념적 어휘들 또는 기능적 의미를 갖는 수단들로 탈바꿈된다. 물론 청구항에 추상적으로 사용된 용어들은 발명의 상세한 설명에 의해 충분히 뒷받침되어야 한다. 특허공보의 독해나 키워드 검색이 어려운 이유는 청구항의 활용력을 극대화하려는 실무자들의 정신적 노고가 담겨 있기 때문이기도 하다.

이처럼 특허청구범위는 선행기술과의 대비를 통해 차별화되는 필수 구성요소들을 선별, 정제하여 작성된다. 구성요소들이 많을수록 권리범위는 좁게 해석되는데, 특허 실무에서는 권리범위의 이러한 특징을 다기재 협범위多記載 狹範圍라고 표현한다. 디자인 분야의 슬로건[60]을 차용하자면 "Legally, Less is More"라고 정리할 수 있다.

특허청구범위의 보정
최초 출원서에 기재된 청구항(예: A+B)은 1년 6개월 경과 후 출원공개공보에 그대로 공개된다. 심사관이 선행기술(예: A+B+C)을 근거로 진보성 결여를 주장할 경우, 대체적으로 등록을 위하여 구성요소를 추가하는 보정(예: A+B+D, A+B+C+D)을 하여 등록특허공보가 발행된다. 만일, A+B+C+D로 보정하여 등록되었다면, 제3자가 A+B+D를 실시하는 상황에 대해서는 침해 주장을 하기 어렵게 된다.

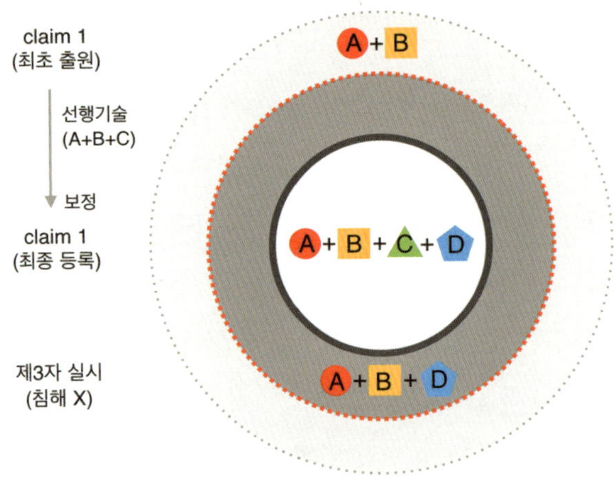

보정에 의한 특허청구범위의 변화

반면, 청구항에 기재된 구성요소들이 얼마 되지 않아 권리범위가 지나치게 넓게 해석되면, 등록 가능성은 낮아지고 설령 등록되더라도 나중에 발견된 선행기술로 인하여 무효가 될 가능성이 높아진다. 심사관이 제시한 선행기술을 고려하여 최초 출원된 특허청구범위를 한정, 부가함으로써 그 범위를 적정 수준으로 조정하는 것은 변리사와 같은 특허전문가의 중요한 역량이기도 하다. 최종 등록 시 보정에 의하여 추가된 구성요소는 발명의 핵심사항일 가능성이 매우 높다. 향후 인공지능을 이용한 특허분류 및 검색에서 중요하게 보아야 하는 정보이다.

독립항Independent Claim과 종속항Dependent Claim

특허출원서에 기재되는 청구항은 보호하고자 하는 기술 수준에 따라 복수의 청구항들로 구성될 수 있다. 우리나라는 1980년 파리협약에 가입하면서 1개의 청구항만을 사용하는 단항제에서 복수의 청구항을 허용하는 다항제로 전환하여 국제적 추세에 합류하였다. 이와 함께 출원공개, 심사청구 및 보정(신규사항 추가 금지) 제도도 함께 신설하였다. 한편, 청구항은 형식적으로 다른 청구항을 인용하는지 여부에 따라 크게 독립항과 종속항으로 나뉜다. 독립항은 다른 청구항을 인용하지 않는 청구항이다. 종속항은 다른 독립항 또는 종속항을 인용하며(예: 제1항에 있어서, ~) 구성요소를 추가하거나 한정하는 청구항이다. 내용적으로는 특허대상에 따라 물건product과 방법method 청구항으로 나뉜다. 물건발명과 방법발명은 서로 독립적인 청구항으로 작성되어야 한다.

청구항 계층분석(Claim Chart)
청구항이 많아지면, 독립항과 종속항을 파악하기 어려워진다. 트리구조 형식으로 청구항들의 연결관계를 시각화해주는 서비스들이 제공되고 있으니 참조하면 된다.

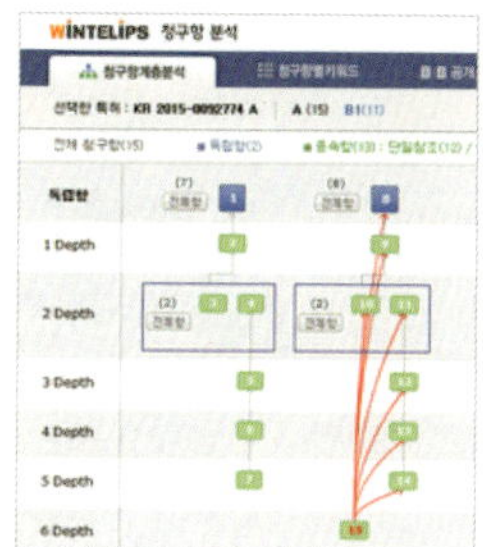

WINTELIPS 청구항 분석

다항제는 고도화되는 발명의 내용을 계층적으로 구조화할 수 있는 장점이 있으며, 침해여부 판단 시 독립항과 종속항 구별의 실익이 있다. 독립항(예: A+B)이 등록 가능한 경우에는 필연적으로 종속항(예: A+B+C)도 등록 가능하므로, 심사관 입장에서는 독립항을 심사하여 등록이 가능하면 종속항은 유효한 것으로 추정한다. 독립항과 종속항을 구분하는 상세한 이유에 대해서는 후술하도록 한다.

청구항 수

청구항 수는 독립항과 종속항들의 합이다. 각각의 청구항은 등록 후 유효성에 대해 개별적으로 판단받기 때문에 무효심판이 제기될 경우 무효를 주장하는 제3자의 입증 부담을 가중시킨다. 권리자 입장에서는 핵심발명에 대해 충분한 청구항들을 확보하고 싶어하지만, 청구항 수에 따라 심사청구료나 등록유지료 등 막대한 비용이 투입되므로 발명의 중요도에 따라 청구항 수를 조절하게 된다. 따라서 독립항과 종속항을 합한 청구항 수가 많다면 보호범위를 다각적으로 모색한 것이고, 핵심특허일 가능성이 높다고 추정할 수 있다. 나아가 독립항은 등록가능성과 침해판단에서 종속항보다 더 비중이 높게 판단되므로 종속항을 제외한 독립항들의 합도 중요한 분석 지표가 될 수 있다.

침해판단의 열쇠, 구성요소 완비의 원칙AER

특허권의 보호범위는 특허청구범위(청구항)에 의해 정하여진다. 특허권자의 허락 없이 특허발명의 구성요소들을 그대로 또는 포함하여 상업적으로 실시하는 경우에는 특허침해에 해당한다. 특허권자는 침해금지청구는 물론 손해배상을 청구할 수 있다. 그러면 침해는 어떻게 판단하는지 살펴보자. 기본적인 판단방법은 구성요소 완비의 원칙AER: All Element Rule이다.

음악이나 소설과 같은 저작물에 관한 저작권은 음악의 일부만 모방하여도 저작권 침해에 해당할 수 있다. 그러나 특허에 있어서는 저작권 침해판단과는 다른 나름의 룰이 확립되어 있다. 원칙적으로 청구항에 기재된 구성요소들을 모두 포함하고 있는 경우에 특허침해가 성립된다. 그래서 등록특허공보의 청구항에 나열된 구성요소들 중 일부를 생략하거나 일부를 다른 구성으로 바꾸어 실시하는 경우에는 원칙적으로 특허침해라고 간주하지 않는다. 다음 그림을 예시로 설명해보겠다.

등록특허의 청구항 1은 A+B+C로 구성된 독립항이고, 청구항 2는 "제1항에 있어서, D를 더 포함하는" 종속항(A+B+C+D)이다. 청구항 3은 다른 청구항을 인용하지 않는 독립항(A+B+E)이라고 가정해보자. 만일, 제3자가 아래 ① 내지 ⑧과 같이 실시하고 있다고 하면 특허침해에 해당할까?

비용이 많이 드는데도, 여러 개의 청구항을 작성하는 이유는?
예시에서, 청구항 2는 종속항으로서 구성 D를 추가하는 것이다. 이때, 청구항 2에 "제1항에 있어서"라는 문구를 기재함으로써, 구성요소(A+B+C)에 관한 구체적인 기재를 생략할 수 있다.
종속항 기재방법은 이처럼 복잡한 발명의 계층구조를 보다 간결하게 작성할 수 있게 하고, 보는 이가 쉽게 이해할 수 있도록 돕는다.
이때, 청구항 2와 3의 역할은 예비적이다. 만일, 청구항 1이 제3자에 의해 무효가 되더라도 청구항 2와 3은 개별적으로 판단받으므로 선행기술로부터 살아남을 수 있는 가능성이 있기 때문이다.

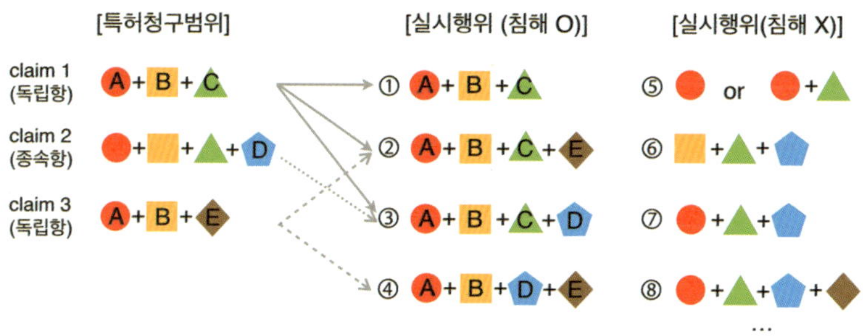

구성요소 완비의 원칙 적용 예시

등록특허에 포함된 청구항들은 개별적인 권리에 해당하므로 구성요소 완비의 원칙을 적용할 때에도 청구항별로 판단하게 된다. 먼저 청구항 1을 보면, ①은 그대로 실시하고 있어 침해이다. ②와 ③은 청구항 1의 구성(A+B+C)에 다른 구성(E or D)을 더 결합하였지만, 청구항 1의 구성요소들을 모두 포함하고 있으므로 침해이다. 하지만 ④는 구성(C)가 결여되어 있어 청구항 1의 침해는 아니다. 마찬가지로 ⑤ 내지 ⑧ 역시 청구항 1의 구성요소들 모두를 포함하고 있지 않으므로 침해가 아니다. 마찬가지로 청구항 2를 판단해보면, 실시 예 ③만 침해에 해당하고, 나머지는 모두 침해가 아니다. 한편, 청구항 3은 구성(A+B+E)로 이루어진 독립항으로서, 실시 예 ②와 ④를 커버할 수 있다. 비록 청구항 1, 2, 3이 보호범위가 겹치기는 하지만, 청구항이 다각적으로 구성되면 누릴 수 있는 효과가 있다. 다양한 회피설계를 사전 차단시킬 수 있고, 일부가 무효되더라도 생존할 수 있어 특허 방어력을 강화시켜주기 때문이다. 심지어 대량의 청구항은 경쟁사가 분석할 의지를 꺾는다.

애플 AirPods

에어팟은 한 쌍의 무선 이어폰과 이를 수납함과 동시에 충전이 가능한 케이스로 이루어져 있다. 한 쌍의 무선 이어폰은 스마트폰 등과 블루투스 페어링이 가능하다. 등록특허 제10-1870525호는 에어팟의 여러 기능적 특징 중에서 덮개가 열리고 닫힘에 따라 무선 이어폰의 페어링 기능을 온오프 시키거나 충전시키는 것에 관한다. 무선통신 온오프 제어를 위한 버튼이 이어폰이나 케이스에 필요 없어지므로 디자인을 단순화할 뿐만 아니라 사용성을 향상시키고, 전력을 최소화하는 1석 3조의 효과가 있다.

애플 AirPods[61]

읽기 어려운 청구항, 입체적으로 보는 팁

특허공보를 처음 접하면 상당히 당황스럽다. 평소 쓰는 문체나 어법과는 많이 다르기 때문이다. 일상에서 사용하는 용어들보다는 상위 개념으로 쓰여 있기도 하지만, 단어들이 계층적인 구조로 꼬리에 꼬리를 물고 배치되어 있기 때문에 해독하기가 매우 어렵다. 특허공보의 분량이 너무 많아 전체 내용을 읽어볼 시간적 여유가 없다면 아래 3가지 팁을 참고하여 청구항을 보길 바란다. 청구항을 입체적으로 볼 수 있는 나름의 노하우를 소개한다.

① 구성요소 추출하기('상기(the)'가 붙는 구성들을 제외)

다음 청구항은 애플 AirPods®와 관련한 대한민국 등록특허(KR10-1870525)의 청구항 1이다. 편의상 주요 단어들은 색상을 적용하였다. 먼저, 특허 청구항에 보이는 '상기'라는 단어가 독해 포인트이다. 구성요소로서 처음 등장한 명사名詞에는 붙지 않지만, 2번째 이후에 등장하는 구성요소는 반드시 '상기'가 앞에 붙어야 한다. '상기'는 미국 등록특허(US 10,182,282)의 claim 1을 참조하면, 한글에는 없는 정관사定冠詞인 'the'에 해당한다. 실무에서는 'said', 'the said' 등으로 기재하기도 한다. 반복하여 등장하는 '상기'가 붙어 있지 않고 처음 등장하는 구성요소(명사)는 녹색으로 표시하였다.

완벽하게 이해되지 않더라도 필수 구성요소들을 체크하면 대략적인 윤곽이 나온다. 청구항 1의 말미를 보면 청구항 1은 '케이스'에 관한 것이고, 대략적으로 '하우징(공동)+덮개+덮개센서+충전시스템(케이스 배터리+충전 회로부)+무선통신장치 회로부'를 포함하여 이

[청구항 1] // KR 10-1870525

이어버드(earbud)를 위한 케이스로서,
상기 이어버드를 수용하도록 구성된 공동을 갖는 하우징 ;

덮개 - 상기 덮개는 상기 하우징에 부착되고, 상기 덮개가 상기 공동 위로 정렬되는 폐쇄 위치와, 상기 덮개가 상기 공동으로부터 변위되는 개방 위치 사이에서 동작 가능함 -;

상기 덮개가 상기 폐쇄 위치에 있는 경우와 상기 덮개가 상기 개방 위치에 있는 경우를 검출하도록 구성된 덮개 센서 - 상기 덮개 센서의 적어도 일부는 상기 하우징에 부착됨 -;

충전 시스템 - 상기 충전 시스템은, 케이스 배터리 및 상기 이어버드가 상기 공동 내에 배치된 경우 상기 이어버드를 충전하도록 구성된 충전 회로부를 포함함 -; 및

상기 덮개 센서에 결합되고, 상기 덮개가 상기 개방 위치로부터 상기 폐쇄 위치로 이동함을 상기 덮개 센서가 검출한 경우 상기 이어버드의 무선 통신장치를 턴 오프(OFF)시키도록 구성된 회로부를 포함하는 케이스.

루어진다. 우리말은 어순상, 구성요소들이 문단의 끝에 오는 경우가 많은 것도 참고하길 바란다. 반면, 영어로 작성된 청구항은 독해가 오히려 수월할 수 있다. 필수 구성요소들은 대부분 문단이나 줄의 맨 앞에 위치한다. 처음 등장할 때는 부정관사不定冠詞인 'a' 또는 'an'이 명사 앞에 붙거나, 복수인 경우에는 관사가 붙지 않는다. 2회째 등장부터는 정관사 'the'가 전치한다. 따라서, 영문 청구항을 읽을 때에는 부정 관사가 붙은 명사들만을 동그라미 체크해가면서 구조를 이해하는 것도 괜찮은 팁이다. 구성요소들을 읽을 때 콜론(:), 세미콜론(;), '및(and)'과 같은 용어도 눈여겨보면 도움이 된다. '및(and)'은 마지막 구성요소와 그 직전의 구성요소를 나눌 때 통상 활

[Claim 1] // US 10,182,282

A case for an earbud, the case comprising:

a housing having a cavity configured to receive the earbud;

a lid attached to the housing and operable between a closed position where the lid is aligned over the cavity and an open position where the lid is displaced from the cavity;

a lid sensor, at least a portion of which is affixed to the housing, configured to detect when the lid is in the closed position and when the lid is in the open position; and

a charging system including a case battery, and
charging circuitry configured to charge the earbud when the earbud is positioned in the cavity; and circuitry coupled to the lid sensor and configured to turn off a wireless radio contained within the earbud when the lid sensor detects the lid is moved from the open position to the closed position.

용된다. 구성요소가 간단할 경우에는 콤마(,)로 병렬하여 설명하지만, 구성요소를 수식하는 한정어구가 길 경우에는 구성요소 간 세미콜론(;)으로 실무상 구분하기도 한다.

영문으로 작성된 위 청구항을 보면 'comprising:'은 '~을 포함하는' 정도로 번역되며, 실무상 개방형 청구항open claim이라고 불린다. 화학 분야에서는 종종 'consisting of'라는 기재(폐쇄형 청구항closed claim)를 볼 수 있으며 이는 '~로 이루어지는' 정도로 번역된다. 화학 분야에서는 오로지 특정 물질들의 반응에 의해서만 특정 효과를 달성하는 경우가 있어 기계분야 등과는 결합관계를 표현하는 용어를 구별하여 사용한다.

② 위치, 연결관계나 동작, 한정요소 등을 파악하기
('~하는', '~구비된', 'where', 'wherein' 등에 초점)

다음으로, 구성요소들의 결합관계나 한정사항 등을 살펴본다. 구성요소들의 상호관계, 작동 이벤트나 이들의 제어방법 등에 주안점을 두고 살펴보는 단계이다. 특히 영문 청구항에서는 구성요소를 한정하기 위해 'where' 등으로 한정하는 문장들이 따라붙는다. 심사관이 제시한 선행기술 때문에 청구항을 보정하는 경우에는 'wherein' 이하의 문단이 핵심특징이므로 보다 주의를 갖고 읽어야 한다.

에어팟에 관한 위 특허에서는 하우징에 부착된 덮개가 열리고 닫히는 과정을 각각 '개방 위치a open position' 및 '폐쇄 위치a closed position'로 정의하였다. 그리고 마지막 문단에 동작에 관한 한정사항이 기재되어 있다. 쉽게 말하자면, 케이스의 덮개가 닫히면(개방 위치에서 폐쇄 위치로 전환될 때), 이어버드(상세한 설명에는 한 쌍의 페어링 가능한 무선 이어폰이 예시됨)의 무선통신장치를 턴-오프시키는 것에 관한다. 그리고 이어버드가 하우징의 공동cavity에 배치되면 충전할 수 있는 케이스가 발명의 특징임을 파악할 수 있다.

③ 상세한 설명 및 도면을 대조하여 청구항 다시 해석하기

마지막으로 도면들 중, 청구항과 관련이 있을 것으로 예상되는 것을 고르고 숫자와 지시선으로 표현된 도면의 부호들과 청구항의 구성요소들을 매칭시켜 보는 단계이다. 분야마다 차이가 있으나, 기계나 전자 분야 특허에서는 도면이 청구항을 이해하는 데 참조가 된다. 다만, 청구항의 구성요소들에 숫자로 표현된 도면 부호를 병기하는 경우도 있으나 이는 임의적 사항이다. 자칫 도면과 같은 실시예로만 한정 해석될 우려가 있어서 대부분의 경우 청구항에는 도면 부호를 병기하지 않는다.

구성요소의 도면부호 찾기

청구항을 파악하기 위해서 도면에 지시선과 함께 기입된 도면부호(숫자)에 구성요소를 기재하면서 같이 보면 더욱 이해가 쉽다.
도면부호와 매칭되는 구성요소는 발명의 상세한 설명에서 ctrl+F로 찾는다. 향후, 자동으로 도면부호에 명칭을 병기하는 기능이 도입될 수 있을 것으로 보인다.

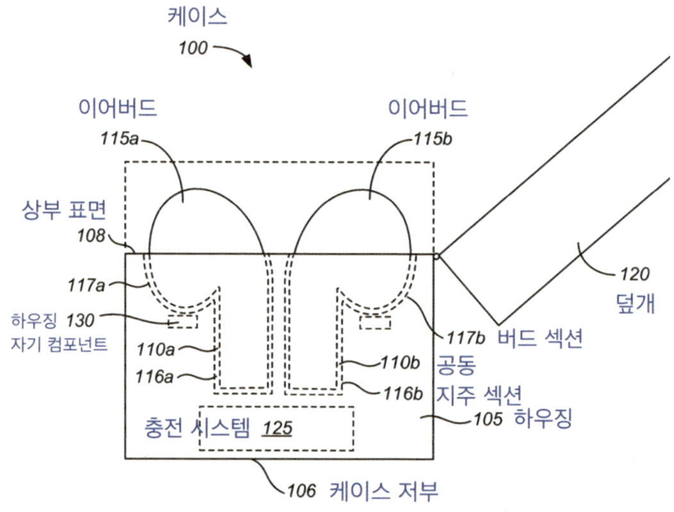

KR 10-1870525

한편, 청구항에서 구성요소를 새롭게 정의하거나, 기능적 용어를 사용하는 경우에는 상세한 설명의 해당 부분을 탐색해본다. 다음 청구항에서는 최초 출원 시 '한 쌍의 무선 이어폰'이라고 기재하지 않고 '한 쌍의 이어버드earbud'라고 기재했다가, 마지막에는 '이어버드'로 보정되어 등록되었다. 보정 이유는 여러 가지가 있겠지만, 상세한 설명에는 구성요소를 정의하는 문단과 다양한 실시 예가 기재되어 있다.

Data
미주

1 Meeting of Intellectual Property Offices (IPOs) on ICT Strategies and Artificial Intelligence (AI) for IP Administration (2018.5)
http://www.wipo.int/meetings/en/details.jsp?meeting_id=46586&la=EN#docs

2 Mckinsey Global Institute (2011). Big data: The next frontier for innovation, competition, and productivity

3 Gartner: https://www.gartner.com/newsroom/id/1731916 (2011.6.27.)

4 미국 등록특허 1천만 건 돌파:
https://10millionpatents.uspto.gov/media-kit.html

5 새로운 특허증 표지 디자인:
https://www.uspto.gov/about-us/news-updates/uspto-unveils-new-patent-cover-design-south-southwest-sxsw

6 World Intellectual Property Indicators 2018 (WIPO):
https://www.wipo.int/publications/en/details.jsp?id=4369

7 미국 등록특허 연도별 추이:
https://www.uspto.gov/web/offices/ac/ido/oeip/taf/issuyear.htm

8 2016년 기준 특허출원 USPTO : 605,571 / JPO : 318,381 / KIPO : 208,830 / CNIPO : 1,381,594

9 IP5 특허출원 동향:
https://www.wipo.int/publications/en/details.jsp?id=4369&plang=EN

10 국내 지식재산권 무료 검색 서비스인 키프리스: http://www.kipris.or.kr/

11 키프리스 누적 검색 건수:
http://www.kipris.or.kr/khome/statDataA.do?method=statData

12 Uncharted, Big Data as a Lens on Human Culture (2013), pp.165

13 Erez Aiden & Jean-Baptiste Michel, UNCHARTED, Big Data as a Lens on Human Culture (2013), p.165-166

14 Benjamin J. Fry, Organic Information Design, Master of Science in Media Arts and Sciences at the MIT, 2000 (http://benfry.com/)

15 현미환, 이혜진, 김혜선, 박진호(2014). 개방형 데이터(Open Data) 평가를 위한 오픈 데이터 측정지표 현황 분석, kisti 지식리포트, 42호. 서울: 한국과학기술정보원

16 아네모네(Anemone, 1999) 시각화 사례: http://benfry.com/anemone

17 미국 대법원 구글 저작권 판결(2016.4):
https://en.wikipedia.org/wiki/Authors_Guild,_Inc._v._Google,_Inc.

18 Google Books: https://en.wikipedia.org/wiki/Google_Books

19 Google Books Ngram Viewer, https://books.google.com/ngrams

UNCHARED(2013)의 저자인 Erez Aiden & Jean-Baptiste Michel의 2009년 초기 프로토타입 "Bookworm"을 기초로 2010년 12월 구글의 Jon Orwant 와 Will Brockman 에 의해 개발되었다. 위 책에는 "아직 차트화되지 않은 것을 차트화하여(by charting the uncharted) 역사를 이해하겠다는 희망이 담겨 있다.

20 Google Patents: http://www.google.com/patents

21 CLAIMS®: https://www.ificlaims.com

22 PatentsView: http://www.patentsview.org/web/#viz/comparisons

23 DATA DNA: https://datausa.io

24 USPTO PatentView "Where Innovation Happens": http://www.patentsview.org/web/#viz/locations

25 Open Data Portal beta: https://www.uspto.gov/learning-and-resources/open-data-and-mobility

26 Tableau: https://www.tableau.com

27 Christopher Stolte: http://graphics.stanford.edu/~cstolte/

28 USPTO Open Data Portal: https://developer.uspto.gov/visualization/utility-patents-state-over-time

29 The Patent Act of 1836 (Pub.L. 24-357) 3면, 2번째 단락 이하 참조
"he shall fully explain the principle and the several modes in which he has contemplated the application of that principle or character by which it may be distinguished from other inventions ; and shall particulary specify and point out the part, improvement, or combination, which he claims as his own invention or discovery"
1836년 특허법 시행일 전인 1836년 2월 25일 등록된 US 9430X (Revolving Gun, SAMUEL COLT)의 특허공보 말미에도 특허청구범위가 기재되어 있기는 하였다.
https://patentimages.storage.googleapis.com/37/1c/ce/90e94ae4362ca4/USX9430.pdf

30 영국 전매조례 주요 연혁: https://en.wikipedia.org/wiki/James_Puckle (영국의 1718 특허공보 참조, 상세한 설명 표기)

31 윤권순, 베니스 특허법 분석을 통한 특허제도 본질에 대한 고찰, 지식재산연구 제1권 제1호 (2006)

32 미국 특허법 (1836): http://www.legisworks.org/congress/24/session-1/chap-357.pdf

33 미국 특허청(United States of Patent Office)의 No.1 특허: https://patents.google.com/patent/US1

34 미국 최초의 전문 7조 특허법: http://legisworks.org/sal/1/stats/STATUTE-1-

Pg109.pdf, https://en.wikipedia.org/wiki/Patent_Act_of_1790

35 미국의 Pro-patent 정책과 특허법 개혁안, 김원준, Intellectual Property 21(2010년 4월호)

36 The First Patent:
http://www.me.utexas.edu/~longoria/paynter/hmp/The_First_Patent.html

37 미국 최초의 특허: https://patents.google.com/patent/USX1

38 1849년 내무성(Department of Interior)로, 1925년 상무성(Department of Commerce)로 옮겨지고, 1975년 상표 심사기능이 추가되어 오늘의 미국 특허상표청(USPTO : United States Patent and Trademark Office)로 변경되었음 (이해영, 미국 특허법, 한빛지적소유권센터 2012년 제4판)

39 미국 특허청 대화재: https://en.wikipedia.org/wiki/1836_U.S._Patent_Office_fire

40 X-Patents: https://en.wikipedia.org/wiki/X-Patent

41 존 러글스: https://en.wikipedia.org/wiki/John_Ruggles

42 Table of Issue Years and Patent Numbers, Since 1836
https://www.uspto.gov/web/offices/ac/ido/oeip/taf/issuyear.htm

43 미국은 출원인이 미국 특허청에 대한 신의성실의무(duty of candor and good faith)를 위반하였음을 특허소송에서 항변하여 특허권 행사를 저지할 수 있는 소위 불공정 행위(inequitable conduct) 법리가 판례에 의해 확립되어 있다. IDS에 대한 제출 방식은 37 CFR 1.56, 1.97, 1.98에 규정되어 있다(이해영, 미국특허법 제3장 V. 정보개시의무 참조).

44 이스페이스넷: https://worldwide.espacenet.com/?locale=en_EP

45 일제시기 건축도면 컬렉션 대한제국 행정시설
http://theme.archives.go.kr/next/place/observatory.do?flag=01

46 임병웅, 이지 특허법, 제2장 제2절 특허제도의 연혁 참조

47 발명특허 출원공고 제5호(중앙공업연구소 이범순 · 김찬구, 유화염료 제조법, 1948.6.20. 공고, 원서번호 1947년 제368호, 1948.11.20. 등록) 註) 심사결과에 따른 출원공고 후 이의신청제도가 있었으며 등록순서에 따라 특허등록번호 부여

48 실용특허 출원공고 제1호(신경철, 아동용 보건차, 원서번호 1947년 167호, 1948.11.20. 등록)

49 http://www.kipo.go.kr/kpo/user.tdf?a=user.html.HtmlApp&c=6005&catmenu=m07_02_02

50 한국특허정보원: http://www.kipi.or.kr/EgovPageLink.do?link=/main/sub01/sub0103

51 특허청 특허 정보넷 키프리스(KIPRIS : Korea Intellectual Property Rights Information Service)
http://www.kipris.or.kr/khome/kipris/kipris.jsp#chapter2

52 심사진행정보 통합조회서비스(OPD): http://kopd.kipo.go.kr/

53 특허법 제8조(특허출원) [시행 1981.9.1.] [법률 제3325호, 1980.12.31., 일부개정], 특허법 시행령 제2조(특허청구의 범위의 기재방법) [시행 1981.9.1.] [대통령령 제10428호, 1981.7.30., 일부개정] 참조
https://www.reedtech.com/products-services/intellectual-property-solutions/lexis-nexis-patentoptimizer/
https://blog.naver.com/wipsmaster/220506221374

54 https://en.wikipedia.org/wiki/Benz_Patent-Motorwagen

55 이해영, 미국특허법 VII. 출원공개제도 참조

56 디자인 권리범위의 대상에서 점선으로 표현된 부분을 제외함:
https://casetext.com/case/application-of-zahn

57 The Bizarre Patent History Behind The Apple v. Samsung Battle:
https://www.fastcompany.com/3062728/the-bizarre-patent-cases-that-could-make-apple-399-million

58 WIPO Report 2017 Intangible Capital in Global Value Chains:
http://www.wipo.int/publications/en/details.jps?id=4225&plang=EN

59 독립 청구항의 단어 개수 비교:
https://www.uspto.gov/learning-and-resources/electronic-data-products/patent-claims-research-dataset

60 로버트 브라운이 시집(Andrea del Sarto)에 사용(1855)한 문구를, 건축가였던 미스 반 데어 로에가 1947년 사용하여 건축과 디자인 분야에서 널리 인용되고 있다. 김지훈(디자인지식재산권 저자, 안그라픽스, 2013)은 인용구 앞에 "Legally"를 추가하여 디자인권의 보호범위를 설명한 바 있다.

61 APPLE AirPods: https://apple.co.kr

62 Kind code: http://abpat.kipris.or.kr/abpat/biblio/po/POCD1010.jsp?cntry=ep

63 출원번호 체계: https://goo.gl/JazHVf

64 이에 대해서는 이해영, 미국특허법(II) p.62 참조

65 정우성, 특허실무지식 I, 특허문서론(에이콘출판사, 2017) 343-349면 참조

66 국제심사정보 통합조회서비스: https://kopd.kipo.go.kr

67 미국특허분류: https://www.uspto.gov/web/patents/classification/

68 CPC 분류 코드: http://www.cooperativepatentclassification.org//index.html

69 특허 양도 검색: https://assignment.uspto.gov/

Network
특허 네트워크 분석과 시각화

게피를 이용하여 그려낸 특허 네트워크는 기존에 볼 수 없었던 경이로운 체험이었다. 인간의 지각 능력으로는 헤아릴 수 없었던 '복잡계'를 알고리즘이 현상해낸 순간이었다.

– 6장 중에서 –

특허 빅데이터 분석시대의 서막

특허는 기술진보의 역사를 압축적으로 기록해온 보관소 역할을 하면서 엄청난 속도와 양으로 데이터의 크기가 증가하였다. 특허 전全 주기에 걸쳐 다양한 절차적 정보가 파생되고 있어 빅데이터의 기본적인 특징 — 규모, 다양성, 속도, 정확성 — 을 충분히 갖추고 있다. 그럼에도 불구하고 '특허 빅데이터'라는 용어나 '정보 시각화를 통한 분석'이 본격적으로 시작된 것은 그리 오래되지 않았다.

종래의 분석은 사용자가 특허 검색용 데이터베이스에 접속하고, 검색 필드에 질의어를 입력하여 나온 검색 결과를 열람한다. 경우에 따라서 이들을 엑셀의 통계 그래프로 표현하거나 핵심특허 리스트에 대한 정성적 판단을 하는 정도였다. 이것은 마치 우물에서 물을 길어 올리는 것과 같은 반복적이고 지루한 과정이다.

물론 2010년 초반에도 톰슨 이노베이션(현. 클래리베이트 애널리티틱스)의 ThemeScape Map®[2]과 같이 기술분류를 기초로 2차원 지도에 경쟁 특허들을 맵핑[3]하는 것과 같은 고급 서비스가 존재하기는 하였

Clarivate Analytics
Patent ThemeScape Map
ThemeScape Map[1]
선별된 특허들을 기술분류나 권리자 정보를 기초로 군집화하여 이를 2차원 등고선 지도에 보여주는 분석 서비스이다.
공백기술과 경쟁사 특허 점유상태를 파악하는 데 용이하다.

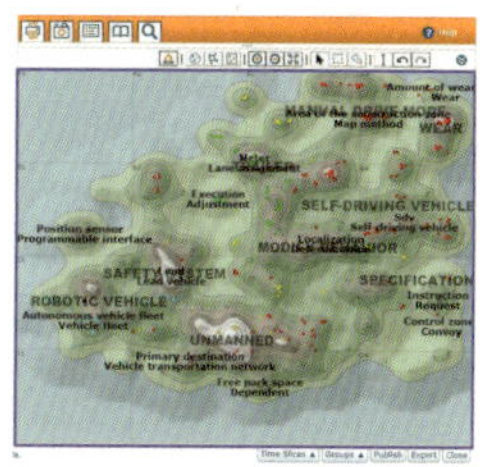

다. 그러나 특허 빅데이터 자체가 즉시 활용할 수 있는 형식의 오픈 데이터로는 공급되지 않던 시절이었다. 특허 빅데이터가 개방되면서 처리속도가 향상되고 다양한 시각화 기법이 실험적으로 도입되었고 이로 인해 특허 빅데이터 분석은 비로소 추진력을 얻기 시작했다.

최적의 시각화 도구를 찾아서

2010년 특허법인에서 수행한 분석사례[4]를 소개한다. 고객사의 주력 물품(예: 헤어아이론)에 대한 지식재산권을 수집, 분석하는 과제였다. 검색한 특허와 인터넷으로 수집한 실제 상품들을 정리하는 것 자체가 쉽지 않았고, 게다가 이로부터 변화의 흐름을 탐지해내고 경쟁사의 IP전략을 분석한다는 것은 제한된 시간과 인력으로는 매우 벅찬 상황이었다. 한편, 최종 결과물을 종이와 같은 인쇄 매체로 전달할 경우 고객 측에서의 활용도는 떨어질 것이 명백했다. 그 당시에도 특허청에서 발주하는 특허맵 사업들의 최종보고서는 두꺼운 책자였다. 분석자가 특허를 검토하면서 경험한 통찰력을 전달하기에는 미흡한 수단이라고 느껴졌다.

2010년만 해도 특허법인에서는 핵심특허의 '기술흐름도'를 작성하기 위해 주로 엑셀을 사용하였다. 핵심특허를 추출하는 과정 자체는 상당한 노력과 전문성이 요구되므로 이를 폄하하는 것은 아니다. 하지만 이러한 그래프를 작성하는 데 너무나 많은 시간이 낭비되었다. 기술흐름도를 대형으로 출력하여 고객사에 전달하기도 하였는데, 이를 직접 활용하여야 하는 고객 측에서는 지면상에 출력

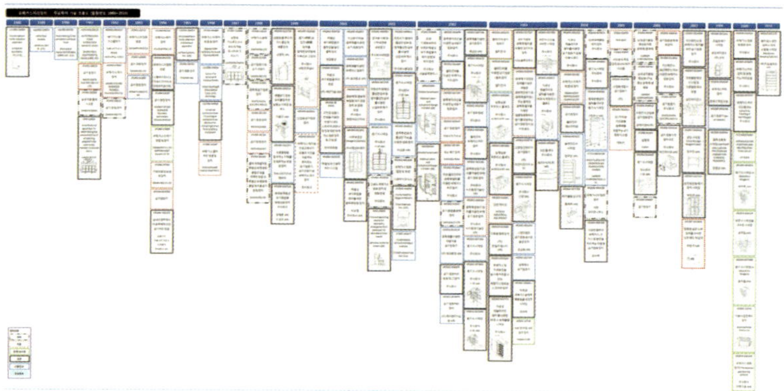

핵심특허 기술흐름도(MS Excel 작성)

WIPS의 WINTELIPS[6]에서 제공하는 기술 발전도 리포트

검색된 특허들로부터 추출한 핵심특허들의 썸네일 도면과 기본 정보를 연도별로 자동 정리해주는 리포트이다.
보유기술에 대한 장벽특허나 소멸된 원천특허들을 파악하는 데 실무적으로 많이 사용되고 있다.

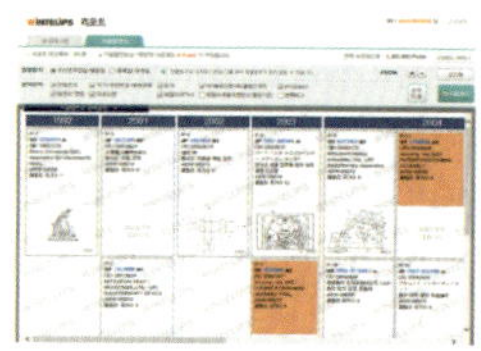

된 특허들의 상세 내용을 확인하기 위해서 다시 컴퓨터 앞에 앉아야 하는 번거로움이 있었다. 또한 기술흐름도는 종이라는 한계 때문에 오래도록 제대로 활용되지 못하였다. 지금은 윈텔립스의 기술발전도 리포트[5]와 같이 자동화된 도구가 있지만, 사용자와의 상호작용, 확대, 축소 등의 사용성 면에서는 아직 개선의 여지가 많다.

마이크로소프트 엑셀Microsoft Excel은 여전히 데이터를 정제하는 데 탁월한 도구지만 엑셀에서 제공하는 정적인 통계 그래프만으로는 특허·디자인 분석에 한계가 있다. 그렇다고 수집한 자료들을 윈도우 탐색기를 이용하여 선형적으로 확인하는 것으로는 효과적인 분석이 어려웠다. 방대한 데이터를 분석하여 파악한 내용을 A4 용지 안에만 담는 것도 어려운 일이었다. 이러한 사정 때문에 분석자에게 통찰을 위한 기회를 제공하면서도 고객 자신도 분석과정에 직접 참여하게 할 수 있는 새로운 무언가가 절실하였다.

디자인특허의 속성상 도면과 서지정보를 실시간으로, 동적으로 탐색하고 시각화할 수 있는 도구가 있는지 찾아내고 그것을 시도해 보는 일에 프로젝트 초반 상당 기간을 투입하였다.

뜻밖의 만남, Microsoft Livelabs Pivot

때마침 우연히 보게 된 2010년 TED 강연에서 실마리를 찾을 수 있었다. 마이크로소프트 라이브랩스Microsoft Livelabs의 디렉터였던 게리 플레이크Gary Flake가 베타 테스트를 겨우 거친 'Microsoft Livelabs Pivot'을 소개하는 장면이었다. 온라인 이미지들을 각각의 속성에 따라 정렬하는 도구였는데 많은 양의 썸네일 이미지를 매끄럽게 확대zoom-in, 축소zoom-out하고, 이동panning 할 수 있는 인터랙션 도구였다. 마이크로소프트 엑셀의 써드파티 플러그인 프로그램[8]으로 제작되었으며, 엑셀에서는 어려웠던 교차분석을 사용자가 쉽게 사용할 수 있다는 장점이 있었다. 당시 기술로서는 상당히 획기적이었는데, 그 순간 '저 이미지들이 특허공보나 디자인 대표도면이라면 어떨까?'라는 생각이 스쳤다. 베타 버전이라 많은 결함이 있었지만, 엑셀에서 수정한 특허 데이터베이스를 피벗Pivot에 입력하고 피벗뷰어로 확인하자, 저절로 탄성이 나왔다.

Gary William Flake[7]
게리 플레이크는 Yahoo! Research Labs를 거쳐 Microsoft Live Labs를 설립하였다. 주요 저서로는 「*The Computational Beauty of Nature*」가 있다.

MS Livelabs Pivot 데모 영상
Microsoft Livelabs Pivot을 활용한 "국내 디자인권 DB" 테스트(2010.10)[9]

Microsoft Livelabs Pivot을 활용한 "해외 제품 DB" 테스트(2010.10)[10]

마이크로소프트 라이브랩스의 피벗 사용방법은 간단하다. 프로그램을 설치하면 엑셀 내에서 플러그인 메뉴가 생성된다. 준비된 서지사항의 각 일련번호에 매칭된 이미지 파일들을 폴더에 모아놓은 후(step 1 참조), 퍼블리싱하면 Step 2과 같은 화면이 연출된다.

피벗(Pivot)의 썸네일을 클릭하면 특허청 등록디자인 공보가 바로 열린다. 특허청 공보의 하이퍼링크를 연결시켜 놓은 것인데, 썸네일들을 오가며 상세정보를 확인하는 것은 분석의 편의성을 증대시킨다.

Step 1. 엑셀에서의 데이터베이스 작성 화면

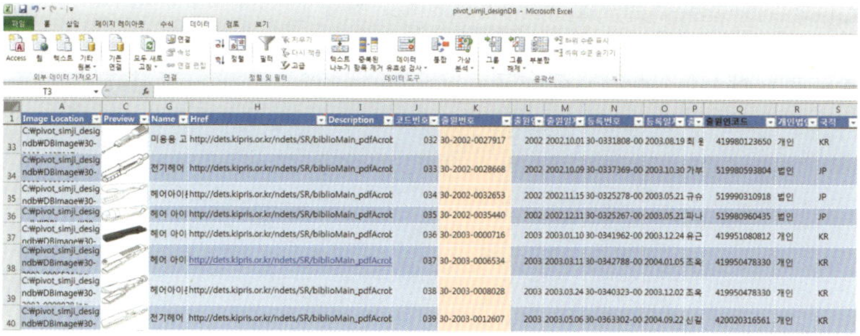

Step 2는 Pivot의 초기 화면이다. 왼쪽 메뉴에는 엑셀 DB의 필드 구분값이 보인다. 디자인특허의 출원연도를 선택하면 Step 3과 같이 연도별 등록디자인 통계 화면으로 변한다. 흥미롭게도 도면 이미지들이 직접 움직이고 모여서 막대 그래프를 구성한다. 출원인 상위 리스트가 자동으로 제시되며, 특정 출원인을 선택하면 곧바로 해당 출원인의 연도별 등록디자인들을 볼 수 있다.

또한 여기서 마우스 스크롤을 이용해 Step 4와 같이 매우 부드럽게 확대 또는 축소된 이미지들을 볼 수 있다. 헤어아이론의 초기 모델에서부터 현재에 이르는 60년간 축적된 이미지들이 눈앞에 한번에 펼쳐졌다. 이것은 1977년 찰스와 레이 임스Charles & Ray Eames 부부가 만든 10의 거듭제곱근Power of Ten의 경이로웠던 느낌과 견줄 만한 것이었다. 지금은 인공위성 영상이나 사진의

Power of Ten[11](1977)

(Charles and Ray EAMES)

http://www.eamesoffice.com

찰스와 레이 임스 부부가 만든 단편영화로 10의 거듭제곱 단위로 상대적이고 공간적인 크기(Scale)를 보여준다.
시카고 호숫가 공원에 누워 있는 남자에서부터 우주로 도달한 다음 다시 사람 몸속의 원자, 쿼크까지 단위를 이동하며 시각적 충격을 선사한다.

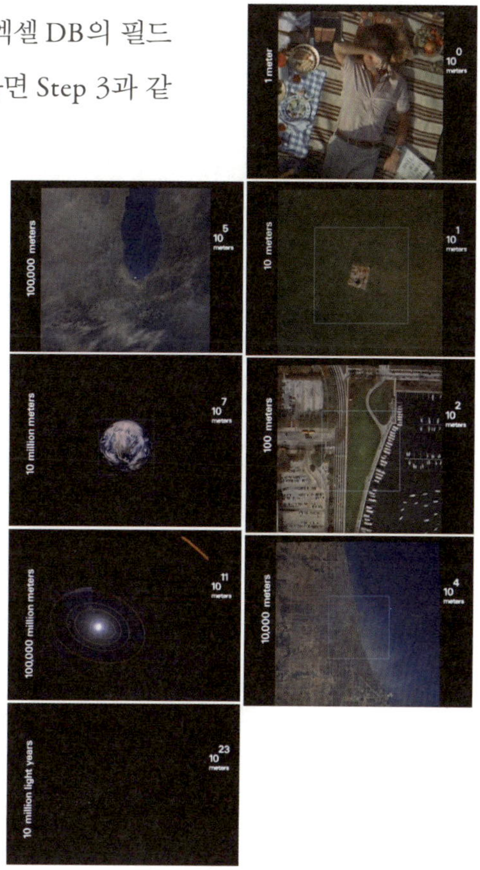

확대, 축소가 익숙하지만 특허분야에서 이런 정도의 스케일scale 변화는 처음이었던 것 같다. 각각의 디자인특허가 점유하는 시공간적인 위치가 어디쯤인지를 아는 것은 형태변화를 시계열적으로 관찰하는 데 중요한 정보로 활용되었기 때문이다.

각각의 썸네일 이미지들을 클릭할 경우 기설정된 주소URL로 이동할 수 있다. 특허청 KIPRIS에서 하이퍼링크[12]를 설정해 놓은 덕분에 분석 과정에서 곧바로 디자인 공보를 열람할 수 있었다(Step 5 참고). 기존에는 막대 그래프 등의 통계를 보더라도 해당 자료가 무엇

Step 2. MS Livelabs Pivot의 초기 화면

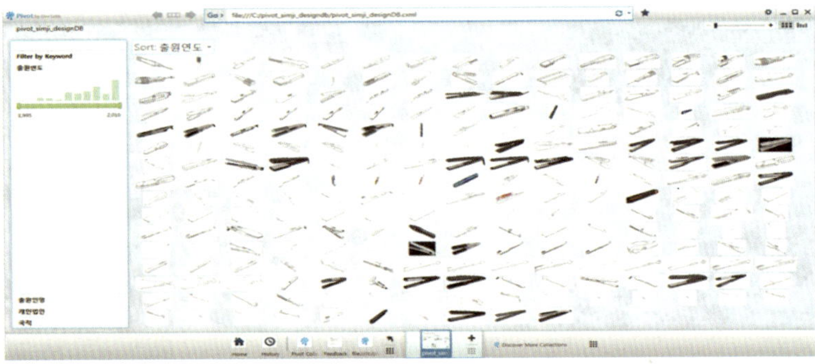

Step 3. 연도별 등록디자인 정렬 화면

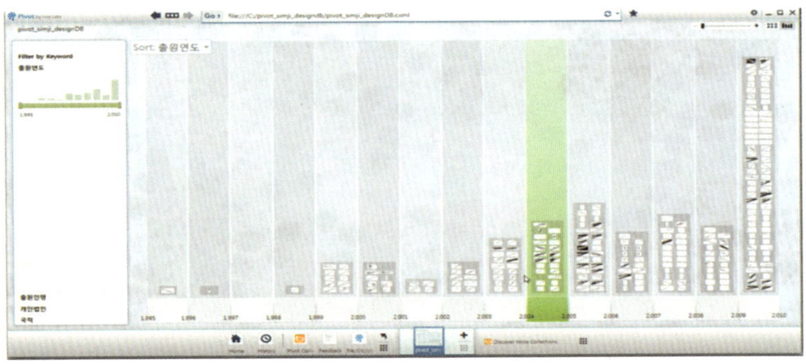

Step 4. 썸네일 이미지들을 확대한 화면

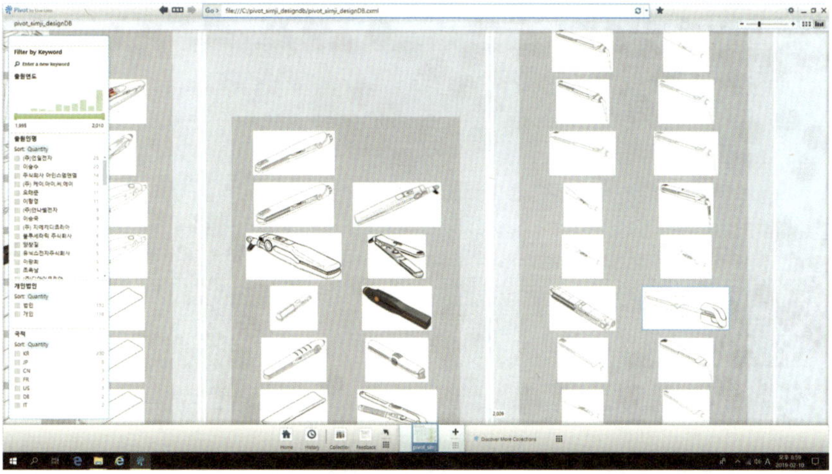

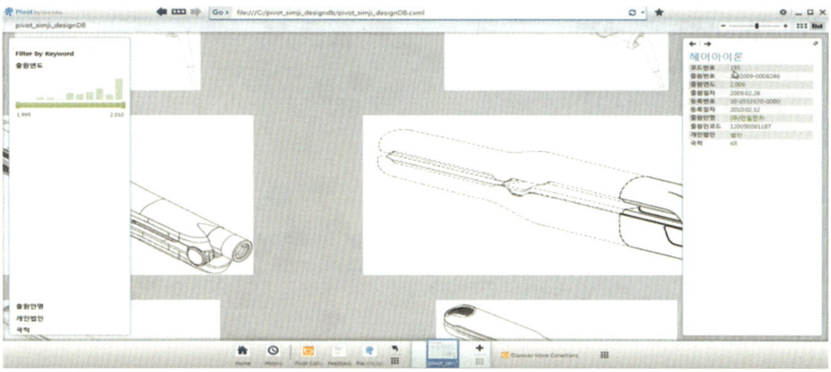

Step 5. 특허청 등록디자인 공보 조회 화면

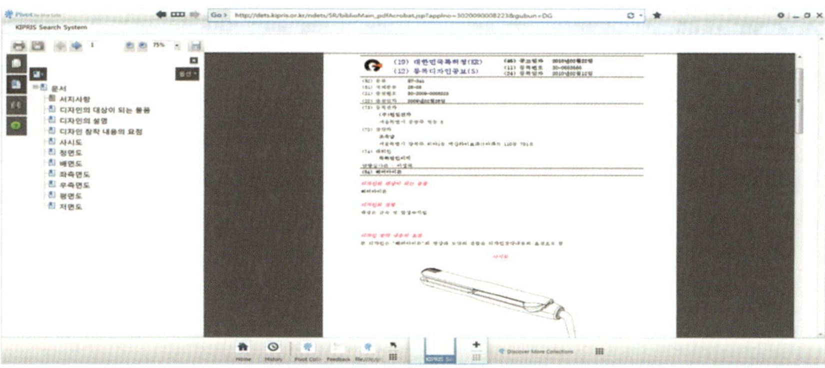

인지를 알려면 특허번호를 확인하고, 다시 특허를 검색해야 하는 번잡함이 있었지만, 피벗에서는 이러한 절차가 대폭 생략되었기에 정성적인 분석에 집중할 수 있었다.

분석의 속도에 '속도'를 더하다

디자인특허공보의 탐색이 쉬워지자 분석 과정에도 자연스레 속도가 붙었다. 특정 출원인을 선택하면 그 출원인의 IP 포트폴리오가 연대순으로 정리된다. 반복적으로 감지된 패턴들을 기초로 급격한 형태 변화를 일으킨 핵심 디자인들을 요소별로 추출할 수 있었다. 디자인특허를 분석할 때 가장 큰 장점이지만 실제 판매되는 상품들은 최초 판매일자나 제조사 정보를 정확히 입수하기 어려워 디자인 트렌드를 객관적으로 파악하는 데 한계가 있다. 하지만 특허 빅데이터는 정확한 출원일과 출원인 등의 정보가 있어 데이터에 기반한 트렌드 파악이 가능하다.

디자인특허는 주로 외관을 표현하기 때문에 내부 구조를 파악하는 데에는 한계가 있지만, 기술특허를 통해 더욱 상세한 내용을 제공하여 클라이언트 측에서 연구개발 시 활용할 수 있는 풍부한 단서를 제공할 수 있었다. 디자인 출원인 풀pool과 국제특허분류IPC를 조합하면 디자인과 관련된 기술특허도 손쉽게 획득할 수 있다(예를 들면, 헤어아이콘 코드꼬임 방지나 송풍기능 등의 내부 기술은 디자인 전문회사가 쉽게 찾기 어려운 자료들이다).

우리 팀은 디자인특허에 머물지 않고, 상표권 DB와 인터넷으로

연도별 헤어 아이론의 주요 변화

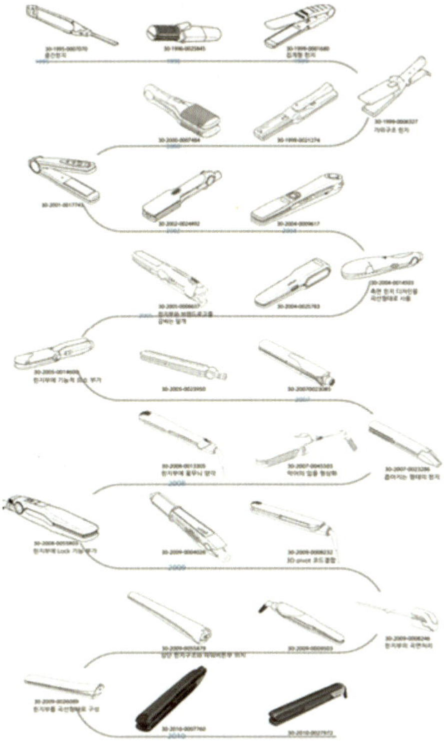

헤어 아이론의 주요 특허

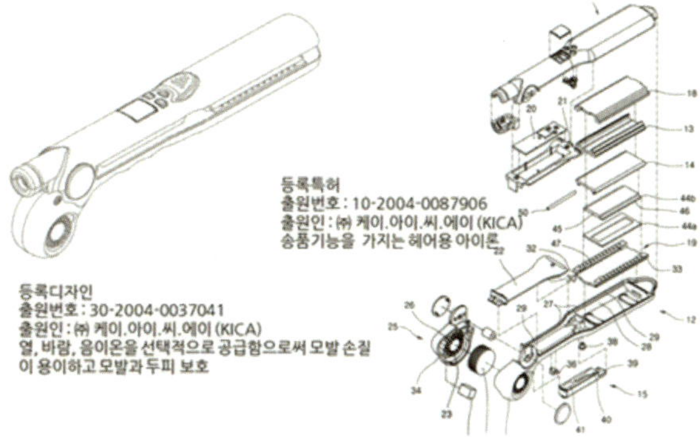

헤어아이론의 주요 변화와 특허 분석

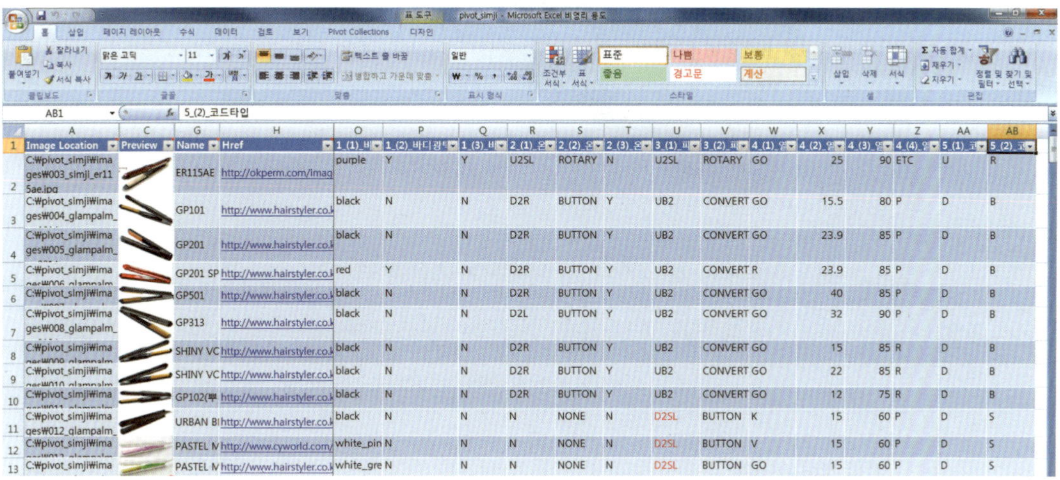

	Image Location	Preview	Name	Href	1_(1)_바	1_(2)_바디광택	1_(3)_바	2_(1)_온	2_(2)_온	2_(3)_온	3_(1)_피	3_(2)_피	4_(1)_열	4_(2)_열	4_(3)_열	4_(4)_열	5_(1)_고	5_(2)_코
2	C:₩pivot_simji₩images₩003_simji_er115ae.jpg		ER115AE	http://okperm.com/imag	purple	Y	Y	U2SL	ROTARY	N	U2SL	ROTARY	GO	25	90	ETC	U	R
3	C:₩pivot_simji₩images₩004_glampalm_		GP101	http://www.hairstyler.co.k	black	N	N	D2R	BUTTON	Y	UB2	CONVERT	GO	15.5	80	P	D	B
4	C:₩pivot_simji₩images₩005_glampalm_		GP201	http://www.hairstyler.co.k	black	N	N	D2R	BUTTON	Y	UB2	CONVERT	GO	23.9	85	P	D	B
5	C:₩pivot_simji₩ima		GP201 SP	http://www.hairstyler.co.k	red	Y	N	D2R	BUTTON	Y	UB2	CONVERT	R	23.9	85	P	D	B
6	C:₩pivot_simji₩ima		GP501	http://www.hairstyler.co.k	black	N	N	D2R	BUTTON	Y	UB2	CONVERT	GO	40	85	P	D	B
7	C:₩pivot_simji₩images₩008_glampalm_		GP313	http://www.hairstyler.co.k	black	N	N	D2L	BUTTON	Y	UB2	CONVERT	GO	32	90	P	D	B
8	C:₩pivot_simji₩ima		SHINY VC	http://www.hairstyler.co.k	black	N	N	D2R	BUTTON	Y	UB2	CONVERT	GO	15	85	R	D	B
9	C:₩pivot_simji₩ima		SHINY VC	http://www.hairstyler.co.k	black	N	N	D2R	BUTTON	Y	UB2	CONVERT	GO	22	85	R	D	B
10	C:₩pivot_simji₩ima		GP102(뿌	http://www.hairstyler.co.k	black	N	N	D2R	BUTTON	Y	UB2	CONVERT	GO	12	75	R	D	B
11	C:₩pivot_simji₩images₩012_glampalm_		URBAN BI	http://www.hairstyler.co.k	black	N	N	N	NONE	N	D2SL	BUTTON	K	15	60	P	D	S
12	C:₩pivot_simji₩ima		PASTEL M	http://www.cyworld.com/	white_pin	N	N	N	NONE	N	D2SL	BUTTON	V	15	60	P	D	S
13	C:₩pivot_simji₩ima		PASTEL M	http://www.hairstyler.co.k	white_gre	N	N	N	NONE	N	D2SL	BUTTON	GO	15	60	P	D	S

인터넷 판매제품(헤어아이론)의 서지정보DB

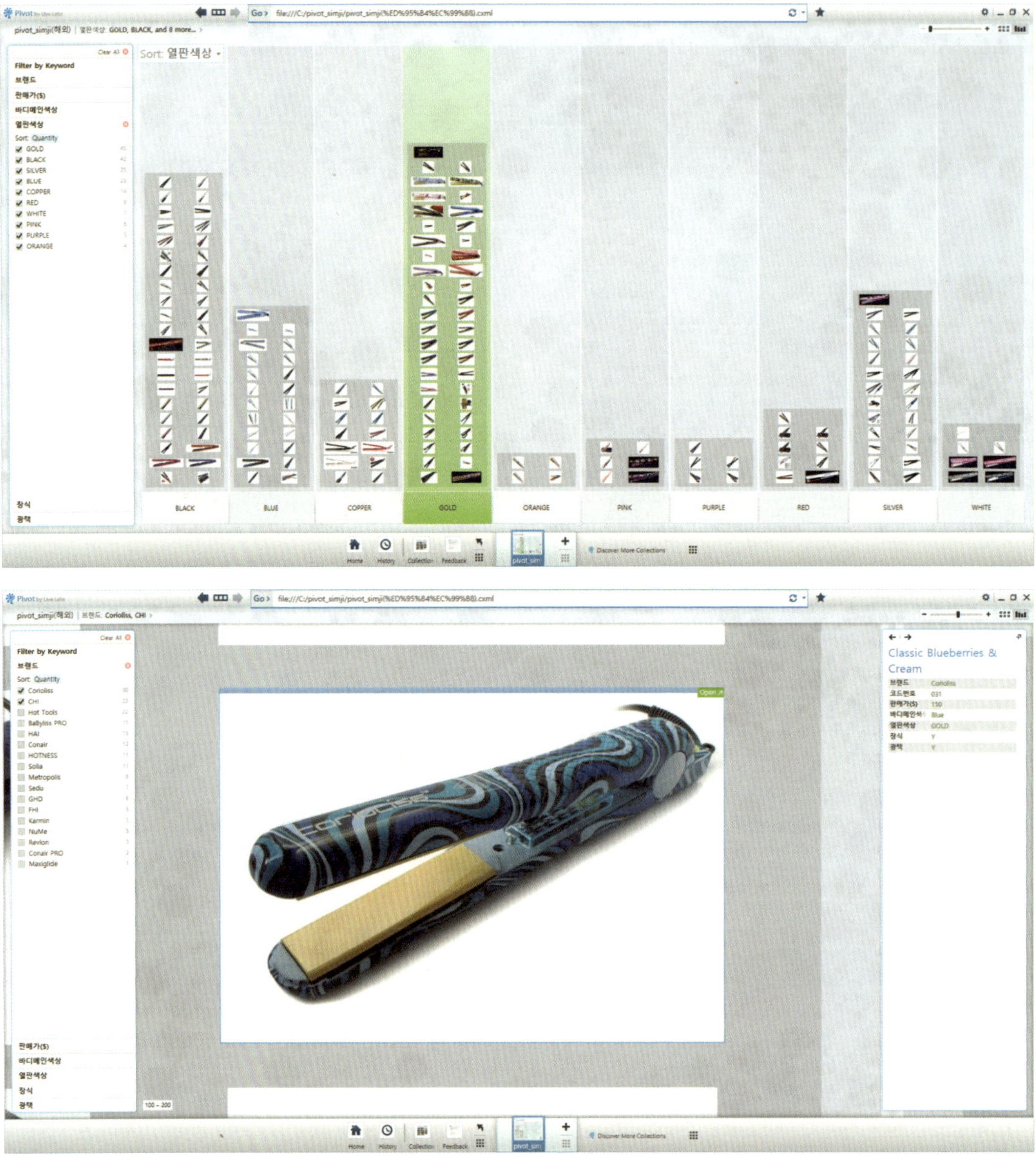

인터넷 판매제품(헤어아이론)의 피벗 작동 화면

수집한 상품 DB에 대해서도 피벗을 이용해 분석했다. 인터넷을 통해 파악한 상품의 경우 가격, 색상, 제조사 등의 정보를 이용하면 막연하게 느껴졌던 대세적인 트렌드를 직접 체감할 수 있었다. 예를 들어 피벗에서 가격정보의 슬라이드 바를 조정하면 저가와 고가 제품군별 주된 색상과 형태를 효율적으로 탐색할 수 있다. 아울러 상표권 DB에서 파악한 출원인 정보들을 활용하여 기술특허나 디자인특허에 대한 상호 보완적인 검색이 이루어졌다. 상표의 경우, 출원인 주소를 이용하여 지역별 경쟁사 분포를 파악하거나, 자음의 종류에 따른 분포 등을 피벗으로 수월하게 확인할 수 있었다.

타임라인Timeline과 파노라믹 뷰포인트Panoramic Viewpoint

우연히 찾은 동적 분석 도구인 피벗을 사용하면서 깨달은 바가 있었다. 반복해서 이야기하지만, 특허 빅데이터는 기술과 디자인의 변천 과정을 가장 객관적으로 바라볼 수 있는 기록 보관소archive 이다.

2005년, 애플의 아이폰이 나오기 직전의 휴대전화 로드맵을 작성한 경험이 있다. 특허 정보를 사용하지 않는 기존 연구조사에서는 출처나 출시일 등을 확인하기 어려워 경쟁사 제품들을 수집하고 정리하는 것이 매우 어려웠다. 출시 정보를 파악할 수 없으니 시계열timeline적인 분석이 어려웠고, 단편적으로 유행하는 단어나 슬로건으로 트렌드를 개념화하는 정도였다. 디자인이나 경영 분야에서 사용하는 포지셔닝맵 정도가 그나마 제품 전략을 수립하기 위한 최선이었다. 아울러 정확한 데이터가 없으니 제품과 관련한 사회경제적,

휴대전화 폼팩터에 따른 로드맵[13](1998–2005)

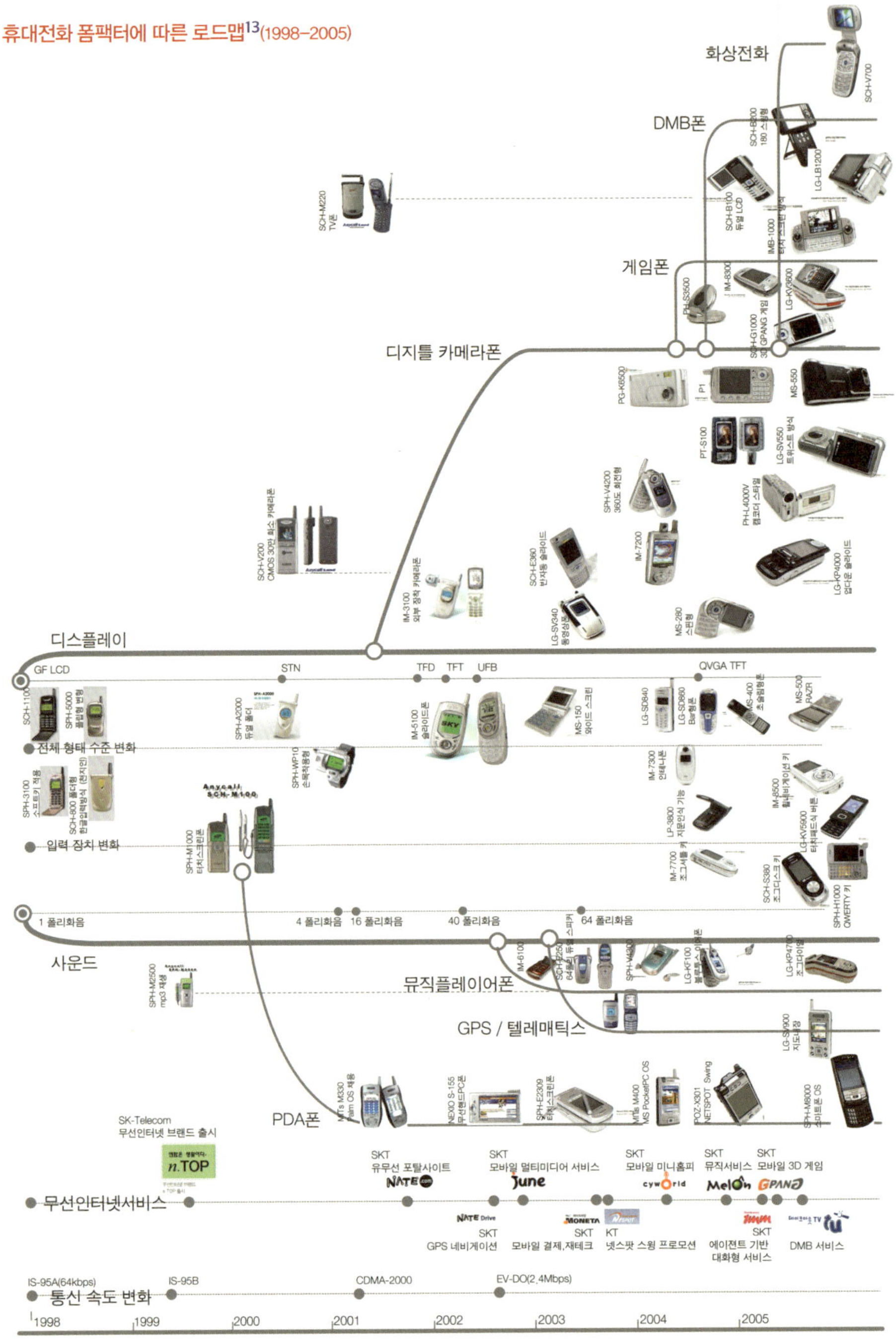

기술적 외부환경 변화와 스타일링 변화에 대한 면밀한 연구 수행이 어려웠다. 이에 반해, 디자인과 상표를 비롯한 특허 빅데이터는 정확한 서지정보(출원일, 창작자, 출원인, 명칭, 분류, 인용정보 등)를 기반으로 시계열적인 분석을 수행할 수 있도록 최적화되어 있다.

한편, 피벗은 기존의 특허분석 기법과 다른 시각적 충격을 주었다. 같은 대상이라도 그것을 바라보는 도구에 따라 숨은 통찰insights을 발견해내는 데 결정적 차이가 있다는 점이었다. 물론 한계는 있었다. 하지만 전체적인 맥락context을 조망하면서도 때로는 사용자가 지정한 속성에 따라 세밀하게 관찰할 수 있도록 지원할 수 있는 도구의 등장은 앞으로 더욱 효과적인 특허분석이 가능해질 것이라는 기대를 심어주었다. 거시적macro이고도 미시적micro인 시점이 전환되는 경험은 조선왕조 의궤 속의 반차도班次圖를 처음 접했을 때와 비슷했다.

'영조정순왕후가례도감의궤'[14](1759)에 수록된 각 면을 이어 붙이면, 50면의 종이는 총길이가 16.5m에 달한다. 총 1,299명의 인물과 379필의 말이 동원된 행렬도는 절로 감탄사가 나온다. 반차도를 작성한 이들은 인물과 기물들의 섬세함을 놓치지 않기 위해서 최적의 크기를 결정하고 행사의 규모scale에 맞게 그림들을 이어 그렸다. 요즘 말로 하면, 파노라믹 뷰포인트Panoramic Viewpoint라고 할 수 있다. 종이라는 매체의 한계를 극복하기 위하여 당시 취할 수 있는 가장 최적의 매체를 활용한 것이다. 덕분에 후손들은 이 고해상도High Resolution 기록문화유산을 보고 당시의 상황을 상상해보고 재현해 볼 수 있는 기회를 얻었다.

조선왕조 의궤, 반차도

조선왕조는 왕실의 관혼상제 등 주요한 행사를 기획하고 그 과정을 기록하는 데 심혈을 기울였다. 의궤 속의 반차도(班次圖)는 문자만으로는 전달되지 않는 생생한 역사 속의 장면을 고스란히 남겨 놓았다.

'반차'는 나누어진 소임에 따라 차례로 늘어서는 것을 의미하는데, 행사 후가 아니라 그 전에 참여 인원과 기물 등을 그림으로 배치하여 계획을 검토하고 시행착오를 줄이기 위한 작업이라는 점에서 매우 독특하다.

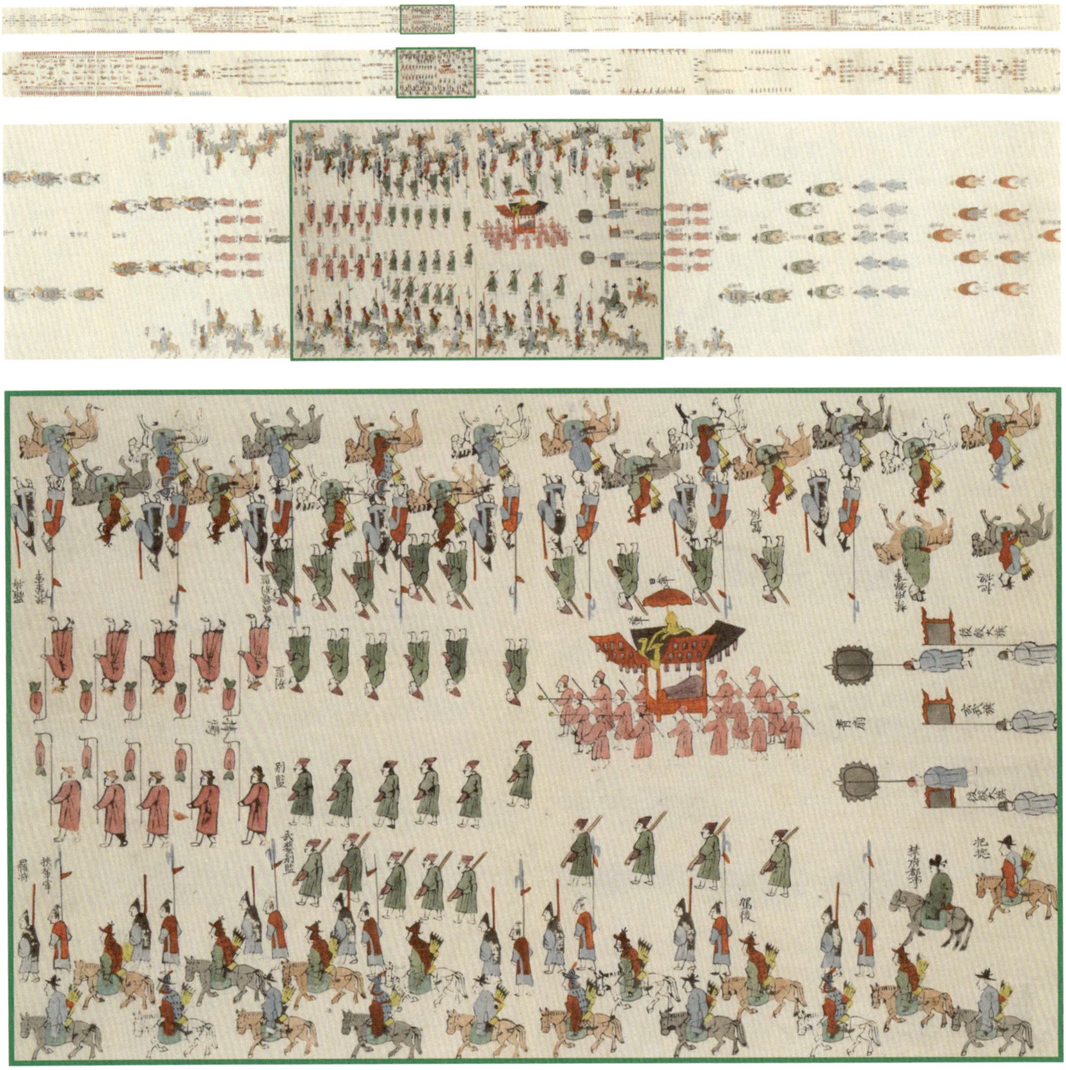

영조정순왕후 가례도감 의궤(英祖貞純王后嘉禮都監儀軌), 奎 13102, 1759

아이폰의 핀치 투 줌pinch to zoom에 익숙해진 우리에게 이미지의 확대와 축소는 너무나 당연한 경험이지만, 시야가 극적으로 전환되는 경험은 형언할 수 없는 심상心象을 불러 일으킨다. 2010년 우연히 마주했던 동적 시각화 도구인 피벗은 특허 빅데이터 분석을 위한 최적의 수단이라고 할 수 없지만, 그때 선택할 수 있었던 가장 효과적인 매체였던 것 같다.

다만, 이것은 특허 빅데이터에 내재된 잠재력의 극히 일부를 맛본 것에 불과했다. "전체와 세부적인 정보들을 유기적으로 연결하고 시각화하여 특허 빅데이터를 바라볼 수 있다면 어떤 통찰력을 얻을 있을까?"라는 질문에 대한 도전은 이제서야 그 서막을 올렸다. 바야흐로 특허 빅데이터 분석 시대가 시작되었다. 알파고로 쏘아올린 인공지능은 여기에 날개를 달아주었다. 방대한 특허 빅데이터 속에 숨은 흐름과 패턴, 연관성을 효과적으로 찾아내는 일은 앞으로 혁신을 창출하고 유지하기 위한 필수 코스가 될 것이다. 애플의 아이폰이 우리에게 준 교훈은 분명했다. 새로운 콘텐츠를 담으려면 새로운 도구가 필요하고, 새로운 도구가 새로운 콘텐츠를 만들어낸다. 특허 빅데이터 분석의 미래도 그러할 것이다.

05 데이터 차원에 따른 시각화

세상을 바꾼 최초의 데이터 시각화
영국의 정치경제학자 윌리엄 플레이페어(William Play Fair, 1759~1823)는 1786년에 발간된 「경제와 정치의 지도(*Commercial & Political Atlas*)」 저서에서 최초의 선 그래프, 막대 그래프, 원 그래프를 도입하여 경제에 관한 수치 데이터를 시각화하여 설명하였다.

1. 잉글랜드 무역수지 시계열 그래프
수출량과 수입량의 변화를 시계열 X축을 기준으로 그린 후 두 그래프의 차이를 '잉글랜드의 무역수지'로 표기하고 면적그래프 방식을 도입했다.

2. 국가별 수출입비교 막대 그래프
스코틀랜드와 무역한 17개 국가의 수출입양을 비교한 그래프이다.

3. 18세기 전체 영국의 무역수지 비율 비교 원 그래프

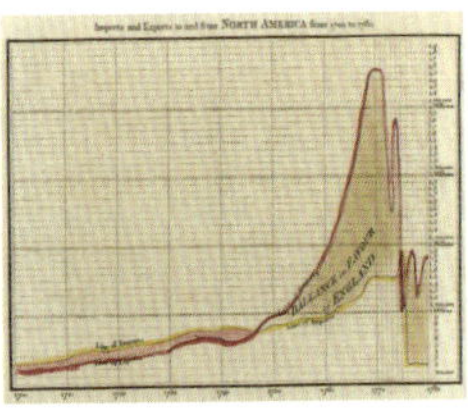

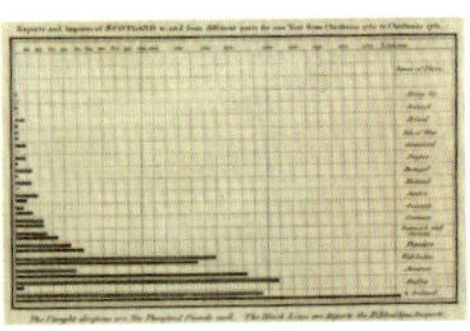

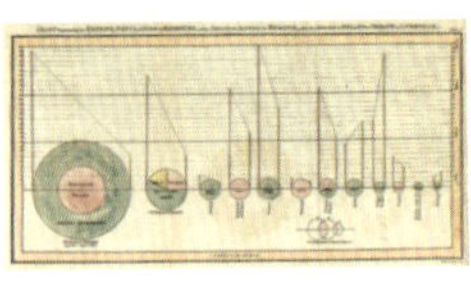

데이터를 바라보는 방식 I : 1차원

특허분석에서 가장 많이 사용하는 특허지표들은 대부분 1차원 데이터 속성을 가진다. 출원건수, 발명자수, 청구항수와 같은 특허 기초 지표들은 쌍으로(2차원 이상의 데이터) 연결된 의미 있는 데이터가 존재하지 않아도, 독립적으로 특허의 양적 효율성과 질적 우수성을 보여주는 자료로 활용된다. 2012년 한국지식재산연구원은 특허성과 지표를 기술성, 시장성, 파급성, 활동성, 권리성 5개 체계로 분류하고, 각각을 대표하는 특허지표 88개를 정리하여 발표하였다.[15]

1차원 데이터들은 주로 막대 그래프, 파이 차트 등으로 만들어낼 수 있으며, 시계 정보와 함께 연결하여 함께 연도별 특허출원 추이, 연도별 발명자 추이 등 다양한 방식으로 분석할 수 있다. 세계지식재산기구WIPO에서 제공하고 있는 'Interactive Charts'[16]와 미국 특허청USPTO에서 제공하고 있는 'USPTO Data Visualization Center'[17] 등이 대표적인 사례이다.

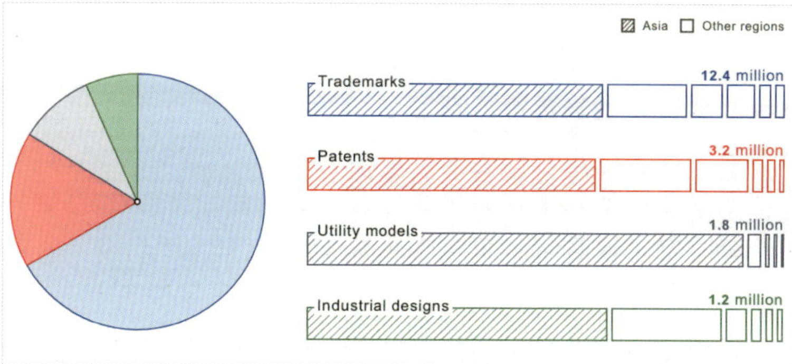

파이 차트와 막대 그래프로 시각화한 세계지식재산기구 지역별 지식재산권 출원 현황(2018): 모든 지식재산권분야에서 아시아 지역의 출원율이 비아시아 지역과 비교하여 상대적으로 매우 높다. 아시아 권의 특허 및 디자인 출원은 모두 65% 이상이며, 특히 중국의 출원이 급증했다.

세계지식재산기구는 자체적으로 WIPO IP Statistics Data Center를 운영하며 막대 그래프, 파이 차트 등 일반적인 시각화 방식을 기초로 IP 분류별/국가별/기업별 복잡하고 방대한 데이터를 객관적으로 명확하게 전달하고, 대화형 동적기능을 더하여 보는 데이터에 대한 호기심과 탐구 욕구를 자극하고 사람들이 적극적으로 정보에 대해 더 많이 알아보도록 유도한다.

미국 특허청은 특허심사의 질을 향상시키기 위하여 스스로 심사품질측정매트릭스Patent Quality Composite을 개발하고, 'USPTO Data Visualization Center'를 통하여 최종결정 오류율, 최초 검색 충실도 등 특허심사 품질과 관련된 7개의 항목에 대한 데이터를 알기 쉽게 시각화하여 공개하고 있다. 심사관은 심사품질에 대하여 지속적인 모니터링을 할 수 있으며, 심사품질을 개선 및 유지를 위한 정보로 활용할 수 있다.

Quality Composite Score

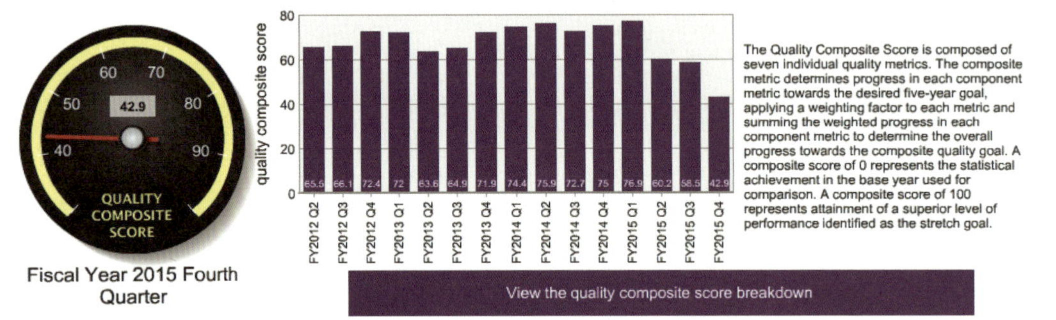

Quality: Final Disposition Compliance Rate

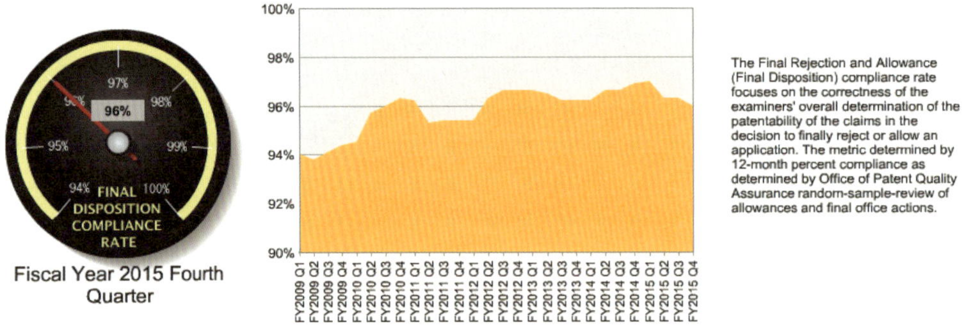

미국 특허청(USPTO) 심사품질측정메트릭스(Patent Quality Composite): (위) 심사품질 종합점수는 100에 가까울수록 우수한 수준의 성과를 달성하는 것을 나타낸다. 2015년 4분기의 경우 42.9로 2015년 1분기 76.9에 비해 34.0포인트가 떨어진 것으로 나타났다. (아래) 특허최종심사오류율(Final Disposition Compliance Rate)은 등록 또는 최종 거절 결정 건 중 특허 허여 가능성에 대한 지침에 따라 오류가 없는 심사비율을 보여 나타내며 대부분 93~97% 범위로 양호한 품질을 유지하고 있다.

태블로 퍼블릭(Tableau Public)[18]
태블로는 강력하고 직관적인 시각적 데이터 검색 기능을 갖춘 분석 플랫폼이다.

새롭게 선보인 태블로 퍼블릭은 구글 시트, 마이크로소프트 엑셀, CSV 파일, JSON 파일, 통계 파일, 공간 파일, 웹 데이터 커넥터와 오픈데이터프로토콜 등으로부터 데이터를 끌어와 마이닝할 수 있으며, 인터랙티브 차트와 그래픽, 지도를 만들어 소셜 미디어나 사이트에 내장해 서비스할 수도 있는 무료 솔루션이다.

최근에는 태블로 퍼블릭Tableau Public과 손을 잡고 "USPTO-Patent Statanalyzer"[19] 솔루션을 선보였다. "2016 USPTO Cancer Moonshot Challenge"를 시작으로 개발된 해당 솔루션은 특허청 개발자 허브에서 제공하는 오픈 데이터를 활용하여, 새로운 시각화 방식을 제안하고, 관련 분야 연구개발 혁신에 통찰력을 갖게 하는 것을 목표로 한다.

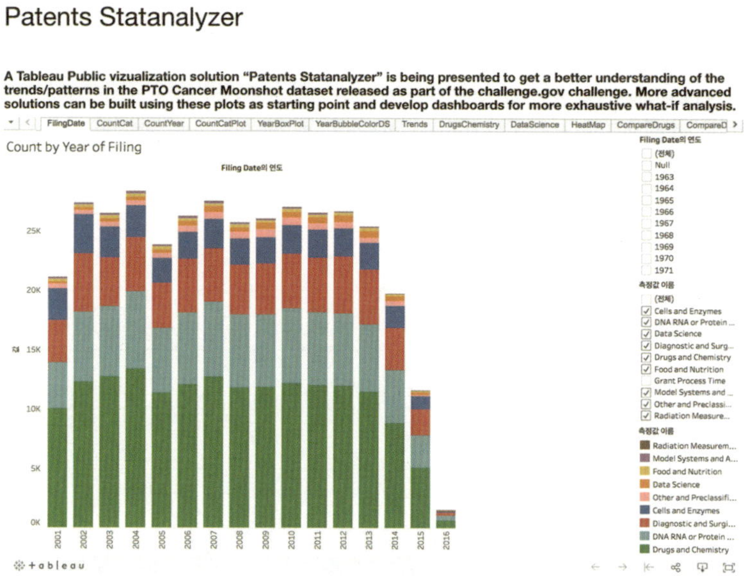

미국 특허청에서 제공하는 Patents Statanalyzer 사례: 의약품 분야의 세부 연구 키워드 분석을 통해 트렌드를 파악할 수 있다.

데이터를 바라보는 방식 II : 2차원

2차원 데이터는 종속관계가 없는 서로 다른 두 가지 차원의 정보를 의미한다. 지도에 대응하여 특허 데이터를 시각화한 것이 가장 대표적이다. 미국 특허청에서는 실시간으로 연방주별 특허출원 수를 지도에 대응하여 정보를 제공하고 있으며, 인구변화 대비 증가율, 디자인특허, 기술특허별 출원동향 등 분석하고자 하는 목적별로 시각화하여 분석 자료를 제공한다.

앞에서 소개한 태블로를 활용하면, 특허의 지리·공간 데이터 시각화를 쉽게 맵핑해볼 수 있다. 다음은 중국의 인공지능 분야 특허

우버(Uber)가 그리는 모빌리티 세상[20]

우버의 데이터 시각화 팀은 모빌리티에 관한 축적된 데이터를 기반으로 실시간, 동적, 대화형 웹 기반 시각화 정보를 제공한다. 시각화 팀을 이끄는 시니어엔지니어 니콜라스 벨몬트(Nicolas Belmonte)는 자크 베르탱 '그래픽 기호학'의 작업을 창조적으로 재해석하였다.

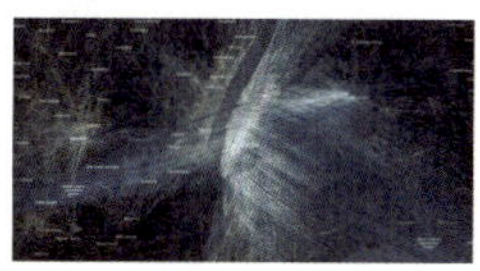

실시간 우버 승하차정보 시각화

13,664개 중에서 주요 출원인을 포함하여 각 특허 데이터에 포함된 출원인의 지역 정보를 교차한 시각화 자료이다. 특허지표와 지리정보를 연계를 통하여 국가 및 지역별 기술 점유율 및 성장률, 기술력 이동 방향성 등 기술환경 분석 및 전략수립에 중요한 자료로 활용할 수 있다.

공백기술 분석 버블 차트

중국의 인공지능 분야 다출원 상위 10개 출원인에 대하여 IPC 특허분류별 국제특허분류 건수를 배치하였다. 주요 출원인이 집중하고 있는 기술 분야와 공백기술 분야를 직관적으로 해석할 수 있다.

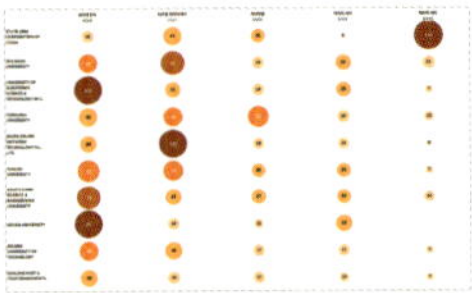

중국의 다출원 1위는 State grid corporation of China사이며, 데이터 처리 기술 분야에 특허출원이 집중되어 있다. 상대적으로 이미지 처리와 데이터 인식에서 기술 공백을 확인할 수 있다. 2위와 3위인 Zhejiang uni-versity와 University of elec-tronic science & technology of China는 계산 모델과 데이터 처리에서 공백이 나타나고 있다.

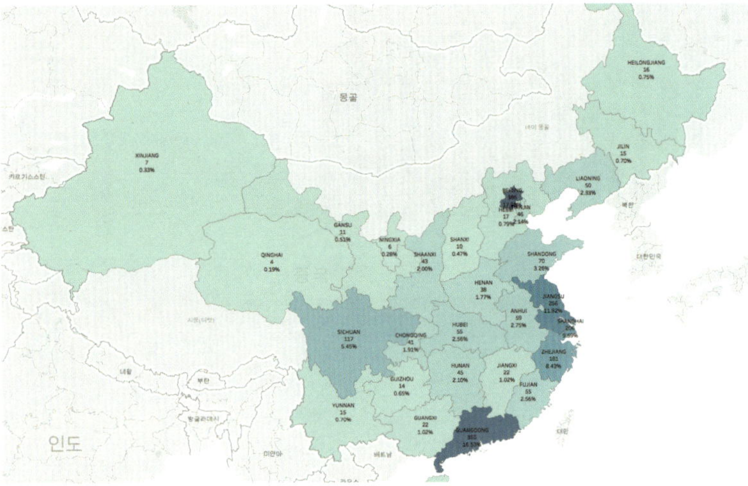

중국 지역별 인공지능(AI) 분야 특허 출원인수: 중국 지역별 특허 출원인 데이터를 비교·분석해 보면 베이징이 386명으로 가장 많은 출원인이 속해 있고, 다음으로 중국의 실리콘밸리라고 불리는 선전(Shenzhen)이 속한 광둥(Guangdong), 장수(Jiangsu), 상하이(Shanghai), 저장(Zhejiang), 쓰촨(Sichuan) 등의 지역에 인공지능 특허 출원인들이 많이 분포하고 있다.

지리 정보와의 대응 외에도 서로 종속관계가 아닌 데이터와의 매트릭스를 시각화하여 특허 해석에 새로운 통찰력을 가질 수 있다. TREA는 미국 특허청이 제공하는 빅데이터를 기반으로 트리맵Tree Mapping 기반 데이터 분석 및 시각화를 제공하는 민간업체이다. 트리맵은 1991년 벤 슈나이더맨Ben Shneiderman이 고안한 시각화 방식으로 사각형의 크기와 순서에 의하여 양적변수와 계층정보를 시각화할 수 있다. TREA는 산업군, 제품군, 기관명, 발명자, 특허번호, 상표명 등의 복합적인 정보들 간의 상호작용을 분석하여 혁신 트렌드나 관계를 탐색할 수 있게 하는 데 목표를 두고 있다. 특허 정보와 경제·금융 지표들을 연결시킬 경우 기존에는 파악할 수 없었던 분석 시도가 가능하다. 다음은 삼성전자가 최근 1년간 어떤 특허분류 분야에 출원활동을 많았는지를 트리맵으로 분석한 사례이다.

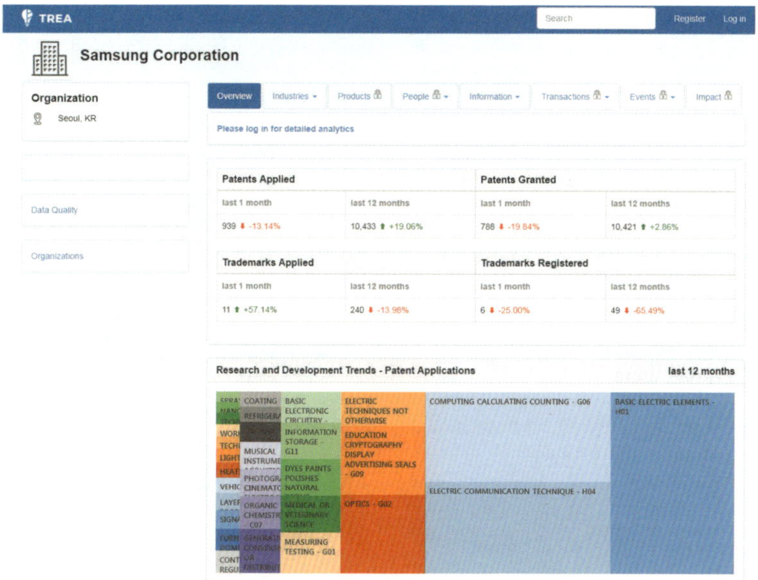

TREA(https://trea.com)에서 제공하는 삼성전자의 최근 1년간 특허출원 활동

관계성 특허 데이터 시각화 : 네트워크

알렉산드라 마린Alexandra Marin과 베리 웰먼Barry Wellman(2011)은 '소셜 시스템Social system은 관계와 이러한 관계에 의해 형성되는 패턴pattern에 의해 창조된다'고 정의하면서, 소셜 네트워크Social Network는 이런 출발점에서 시작했기 때문에 하나 이상의 관계에 의해 연결된 구성원들의 집합이라고 했다. 소셜 네트워크 분석SNA, Social Network Analysis은 네트워크 구조에 대한 분석, 구성원에 대한 분석, 연결에 대한 분석, 이 3가지 축으로 이루어져 있다.

네트워크 분석이 처음이라면?
대하드라마 '정도전'의 회차별 인물 간의 관계 데이터를 통해 살펴본 권력 구조의 흐름 분석 사례를 통해 개념을 쉽게 이해할 수 있다.[22]

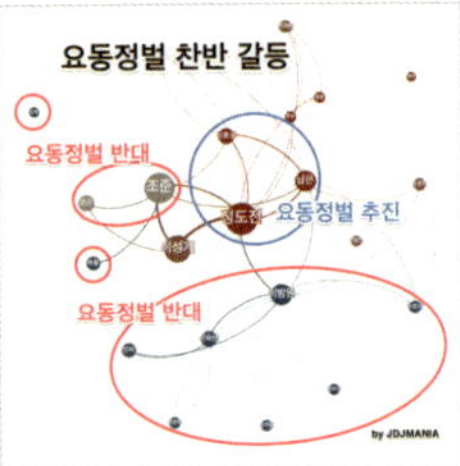

소셜 네트워크 분석이 주목받고 있는 이유는 사람의 사회적 관계를 기반으로 상호작용을 개인이나 집단에 얽매이지 않고 원하는 수준으로 분석할 수 있다는 점에 있다. 이것은 다양한 사회 현상을 설명할 수 있는 새로운 시각을 제공한다. 사회과학에서 소셜 네트워크 분석을 통하여 네트워크 내에서 어떤 사람이 차지하는 위치, 중요한 사람이 누구인지, 어떤 사람이 정보를 통제하고, 어떤 사람이 영향력이 높은지를 파악하여, 네트워크 구성요소 간의 상호 의존성과 경쟁력 등을 파악할 수 있다는 점에서 기존의 분석과 관점을 달리하는 방법이다. 사람뿐 아니라 특허 데이터에서도 관계relation 유형에 의해 연결된 네트워크 집합이 형성된다. 특허분석과 혁신전략 수립 관점에서의 네트워크는 사회과학의 소셜 네트워크와 달리 관계성을 형성하는 대상에서 큰 차이가 있다. 우리는 기업(출원인)과 기업(출원인) 또는 기술과 기술, 특허와 특허의 네트워크를 대상으로 기술의 파급효과나 중요한 핵심특허 등의 숨은 연결성을 파악하는 것을 목적으로 한다.

방향성을 가진 네트워크 흐름을 시각화하는 대표적인 방법으로 생키 다이어그램Sankey Diagram[23]이 있다. 네트워크 내의 주된 이동이나 흐름을 화살표의 너비로 흐름의 양을 비율적으로 표현한다. 특허분야에서도 특허 거래 흐름 및 항목별 기여도를 분석하기 위하여 많이 활용된다. 다음은 미국 특허청에서 제공하는 당사자계 재심IPR : inter partes review 사건들의 경과를 보여주는 생키 다이어그램[24]이다. 2012년 발효된 AIAAmerica Invents Act의 전체 IPR 사건 3,782건에 대한 각하, 인용, 기각 등의 심리 결과가 상대적인 굵기 등으로 표현되어 있다.

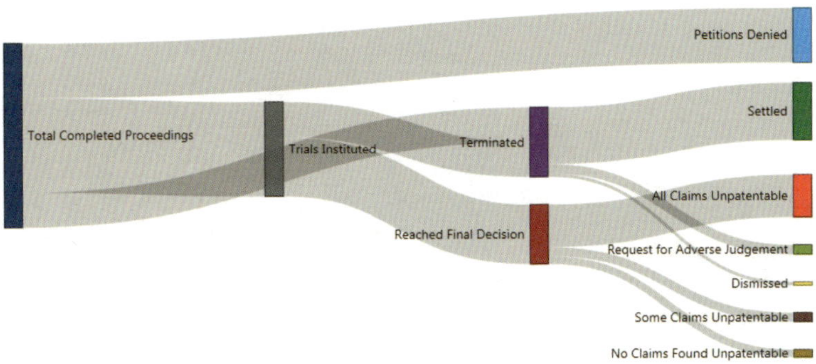

USPTO Proceedings at PTAB(Patent Trial and Appeal Board)

각국별 디자인 출원을 나타낸 통계표를 살펴보자. 표와 생키 다이어그램으로 정리된 통계자료는 같은 양의 정보임에도 단순한 숫자의 나열에서는 쉽게 획득되지 않는 정보를 선의 굵기와 연결을 통해서 연결정보를 발견할 수 있다. 외국인에 의한 각 관청별 디자인 출원 현황[25]을 살펴보면, 고수익 상위 10개국 관청 중 EUIPO(유럽공동체 상표청)에 출원된 특허의 절반이 미국 국적의 출원인이 낸 것이란 사실을 알 수 있다. 우리나라로 분기되는 미국 국적의 출원량을 나타내는 선의 굵기를 비교해보면, 미국 기업들이 바라보는 시장으로서의 상대적인 비중을 추정할 수 있다.

Name	Application design count by office			Application design count by origin	Equivalent application design count by origin	Hague international application design count	
	Total	Resident	Non-resident	Total (a)	Total (a)	Origin (e)	Designated Hague member
Afghanistan	..	..	..	1	1	..	n.a.
African Intellectual Property Organization	824	339	485	n.a.	n.a.	n.a.	566
African Regional Intellectual Property Organization	83	16	67	n.a.	n.a.	n.a.	n.a.
Albania (d)	942	1	941	15	69	2	1,022
Algeria	..	..	..	1	1	..	n.a.
Andorra	..	..	..	11	38	..	n.a.
Antigua and Barbuda (b,c)	1	0	1	1	1	..	n.a.
Argentina	1,653	1,115	538	1,154	1,316	..	n.a.
Armenia	438	23	415	34	277	1	485
Australia	7,278	2,739	4,539	4,251	12,000	6	n.a.
Austria	2,140	701	1,439	5,049	69,255	371	n.a.
Azerbaijan	640	22	618	22	22	..	670
Bahamas	..	..	..	22	103	..	n.a.
Bahrain	90	23	67	28	109	..	n.a.
Bangladesh	1,456	1,359	97	1,359	1,359	..	n.a.
Barbados	4	3	1	265	1,750	..	n.a.
Belarus	549	202	347	379	514	..	n.a.
Belgium	n.a.	n.a.	n.a.	1,856	32,544	158	n.a.
Belize	291	0	291	6	168	..	290
Benelux	1,269	946	323	n.a.	n.a.	n.a.	343
Benin (d,f)	n.a.	n.a.	n.a.	7	55	1	54
Bermuda	..	..	..	16	448	..	n.a.
Bolivia (Plurinational State of)	63	40	23	41	41	..	n.a.
Bosnia and Herzegovina	1,108	143	965	145	145	3	978
Botswana (d)	105	..	105	..	..	..	175
Brazil	6,027	3,400	2,627	3,794	8,735	..	n.a.
Brunei Darussalam (d)	108	..	108	..	..	1	155
Bulgaria	925	648	277	1,447	17,069	38	234
Burkina Faso (f)	n.a.	n.a.	n.a.	4	66	..	n.a.
Cambodia (b,c)	69	9	60	23	23	..	n.a.
Cameroon (f)	n.a.	n.a.	n.a.	41	697	2	n.a.
Canada	6,170	916	5,254	2,764	16,669	5	n.a.
Chad (f)	n.a.	n.a.	n.a.	1	17	..	n.a.
Chile	401	89	312	163	244	..	n.a.
China	650,344	631,949	18,395	645,133	791,338	96	n.a.
China, Hong Kong SAR	4,936	1,304	3,632	2,886	24,756	..	n.a.

글로벌 디자인출원 통계(2016) 발췌

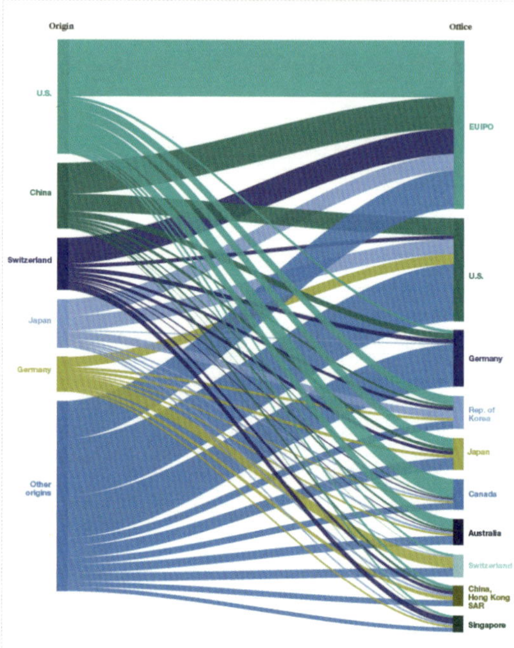

2016년 고수익 상위 10개 관청에 대한 외국인 디자인출원 흐름도

특허의 관계성은 동종 기술로 경쟁하고 있는 기업들의 관계, 동종 특허를 발명한 발명자들의 연결, 지역기반 기술의 관계 등 다양하다. 이중 특허문헌 인용·피인용 정보는 대표적인 관계성 데이터로 특허의 질적인 품질 결정에 중요한 역할을 한다. 특허 인용정보란 특허를 출원할 때 기재하는 선행기술 또는 심사관에 의해 검토된 선행문헌으로, 일반적으로 전방인용Backward citation을 의미한다. 반면, 후방인용Forward citation 정보는 원래 특허공보상 존재하지 않지만 전방인용 정보를 기존 특허에 연결하는 방식으로, 후방인용정보를 생성하여 분석에 활용할 수 있다.

AmberScope의 시각화 서비스는 특허의 인용정보를 효과적으로 보여주는 좋은 예이다. AmberScope는 '1개'의 대상특허를 입력했을 때 나타나는 정보를 네트워크 그래프 형태로 제공하고 있다. 화살표는 시계열적인 기술의 흐름을 나타내는 방향선Edge이다. 아래 그림의 기준특허(US 3,408,104)보다 전방인용하는 특허는 연보라색으로,

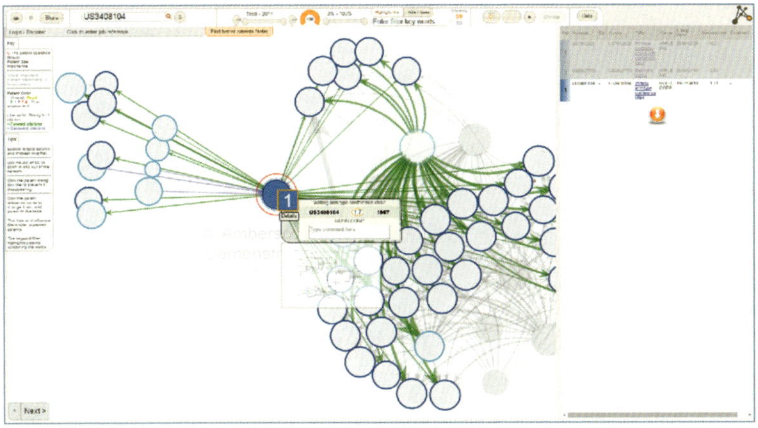

AmberScope(https://www.ambercite.com/amberscope)의 기준특허 기반 인용관계 네트워크 분석

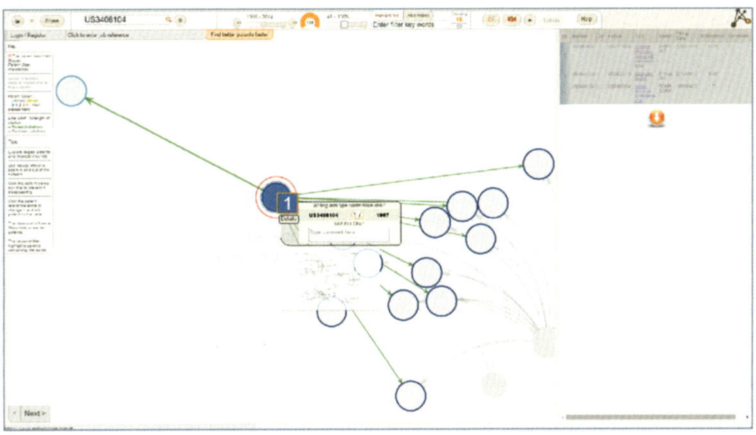

출원일과 영향력을 반영하여 분석

후방인용하는 특허는 녹색으로 표시하고 있다.

대상 특허(US 3,408,104)의 전방인용과 후방인용의 네트워크에서 출원일, 영향력 점수를 구간 설정하여 추천 검색범위를 필터링filtering하여 분석할 수 있다. 더 나아가 Amberscope의 특징은 특허 정보와 발명자 정보를 기반으로 직접인용 외에도 숨겨진 연결관계(예: 고스트특허, 회색 노드)를 예측하여 시각화한다.

Amberscope외에도 최근 다양한 네트워크 분석 및 시각화 도구가 공개되어 유료 또는 무료로 제공되고 있다. 이 책에서는 게피Gephi 무료 네트워크 분석 전용 프로그램을 활용하여 특허 네트워크 시각화 분석 방법을 소개하고, 특허 빅데이터 분석을 통해 풀어낸 기업과 산업 환경의 혁신전략에 대하여 이야기한다.

> 이해한다는 말은 우리가 주어진 문제를 해결하는 데 필요한 엄청난 양의 데이터를 소수의 범주화된 정보로 단순화시키고 축소하는 것을 말한다.
>
> _ 자크 베르탱 Jacques Bertin 「그래픽 기호학」 1983 개정판

미국의 인기 드라마 〈워킹데드 4〉 제15화에는 흥미로운 장면이 나온다. 좀비들을 피해 방황하는 죠Joe 패거리 사이에서 다툼이 발생하자, 죠는 새로 합류한 데릴Daryl에게 그룹을 유지하기 위해 만든 규칙을 말해준다.

> "네가 무언가를 원한다면, 그것을 먼저 외쳐야Claim 해!
> (If you want something – a rabbit or a bed, you have to 'Claim' it !)"

특허의 기본적인 규칙을 설명하는 데 이렇게 딱 들어맞는 대사가 있나 싶다. 왜냐하면 특허법은 원칙적으로 먼저 출원한 자에게만 권리를 부여하며, 권리범위(또는 특허청구범위, 청구항)를 뜻하는 실무 용어가 묘하게도 바로 '클레임Claim'이기 때문이다. 특허를 처음 접하는 사람은 이 규칙을 납득하기 어려울 수 있다. 독자적으로 개발한 브랜드와 제품을 시장에 내놓았다고 하더라도 이미 다른 사람이 먼저 등록한 권리가 있다면 선의나 고의성 여부와 상관없이 특허 소송에 휘말릴 가능성이 높다. 지식재산권 위험요소IP Risk를 줄이기

다이슨 US D605,748의 인용 정보(Backward Citation)

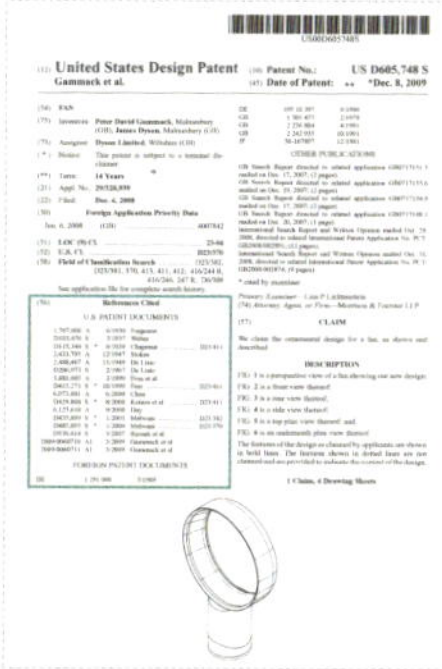

(56) **References Cited**

U.S. PATENT DOCUMENTS

1,767,060	A		6/1930	Ferguson	
D103,476	S		3/1937	Weber	
D115,344	S	*	6/1939	Chapman	D23/411
2,433,795	A		12/1947	Stokes	
2,488,467	A		11/1949	De Lisio	
D206,973	S		2/1967	De Lisio	
5,881,685	A		3/1999	Foss et al.	
D415,271	S	*	10/1999	Feer	D23/411
6,073,881	A		6/2000	Chen	
D429,808	S	*	8/2000	Krauss et al.	D23/411
6,123,618	A		9/2000	Day	
D435,899	S	*	1/2001	Melwani	D23/382
D485,895	S	*	1/2004	Melwani	D23/370
D539,414	S		3/2007	Russak et al.	
2009/0060710	A1		3/2009	Gammack et al.	
2009/0060711	A1		3/2009	Gammack et al.	

FOREIGN PATENT DOCUMENTS

DE	1 291 090	3/1969

위해서는 연구개발 단계에서부터 방대한 특허와 상표 데이터베이스를 반드시 검색해야 하는 시대가 도래한 것이다. 또한 진화하는 기술을 시기적절하게 흡수하지 않으면 경쟁에서 도태되기 때문에, 그 분야의 핵심기술들을 선별하여 활용할 수 있는 인프라를 구축하고 제공하는 일은 기업 경영과 국가 산업경쟁력에 있어 매우 중요한 과제가 되었다. 하지만 이러한 과정은 막대한 시간과 비용이 소모된다. 그래서 필요충분한 검색과 효율적인 분석 능력은 그 어느 때보다 절실해졌다. 최근에는 인공지능에 기반한 IP Intellectual Property(지식재산권) 검색 서비스가 실험적으로 시도되고 있는데, 그중 인용정보는 가장 주목해야 할 특허 빅데이터 자산 중 하나라고 할 수 있다.

축적Stack되고 연결Link되는 인용정보의 가치

특허의 인용정보는 각국 특허청이 발행하는 특허공보에 개별적으로 수록되어 있으며, 최근에는 데이터 세트로 제공되고 있기도 하다. 특허 인용정보는 출원인이 배경기술로 스스로 기재하거나 제출한 선행문헌은 물론, 특허청 심사관이 검색하고 심사를 거친 선행문헌까지 망라되어 있다. 등록 후 제3자에 의한 재심사 청구 또는 무효심판 등에서 제시된 선행문헌들도 넓은 의미의 특허 인용정보에 포함된다.

다이슨Dyson의 날개 없는 선풍기에 관한 미국 디자인특허 D605,748 공보를 살펴보면, 인용정보References Cited들이 수록되어 있다. 미국 특허문헌과 해외 특허문헌이 구분되어 기재되어 있으며, 비특허문헌까지 세부적으로 기록되어 있다.

논문과 같은 학술정보는 저자가 참조한 문헌들을 수록하지만, 특허는 심사관에 의해 검색된 문헌들이 추가되어 공보가 발행되는 점이 특징이다. 아울러 특허는 국가명과 번호로 이루어진 특허 넘버링 시스템을 갖춘 아카이브로 논문이나 도서의 제목과 같이 문자열로 이루어진 참조 방식에 비해 인용분석에 유리하다. 그렇다면 이러한 인용정보는 어떻게 축적되고 연결되어 네트워크를 형성하는지를 아래 그림과 함께 간단히 살펴보자.

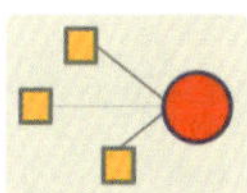

step 1
인용정보 수집

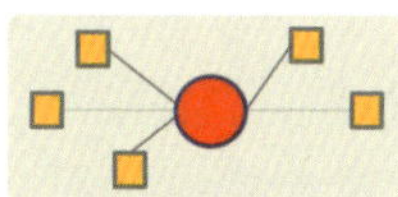

step 2
인용/피인용 정보 결합
(1단계)

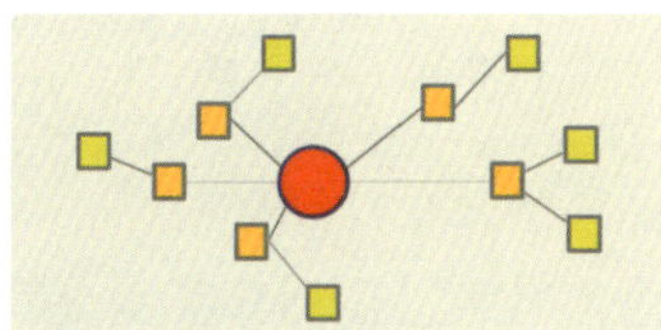

step 3
인용/피인용 정보(2단계 관계망 확장)

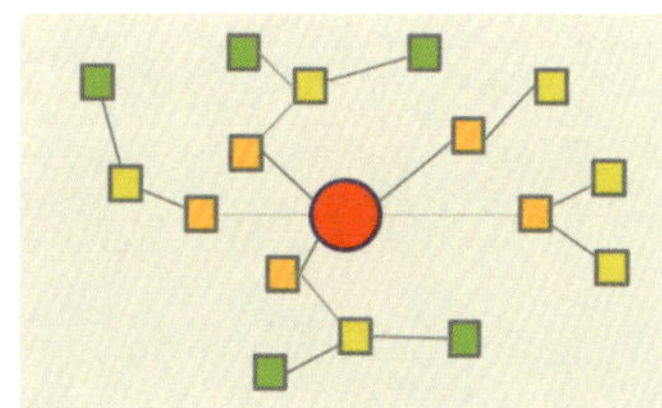

step 4
인용/피인용 정보(3단계 관계망 확장)

인용/피인용 정보의 생산과 1~3단계 관계망(Network)

첫 번째 단계는 출원인이 제출한 선행문헌 또는 특허청 심사관이 심사과정에서 활용한 선행문헌들을 인용정보로서 수집하는 단계(Step 1)이다. 이 단계는 특허청의 역할이 크다. 검색 및 검토에 필요충분한 시간이 투입되면 적정한 선행문헌들이 확보될 수 있다. 대부분 국가에서는 선행문헌의 등급을 신규성(X), 진보성(Y), 기타 참조(A) 등의 유형코드로 구분한다. 유럽특허청은 여기에 덧붙여 인용된 문단과 이에 대응하는 청구항과 같은 세부 정보까지 검색보고서에 수록한다. 이렇게 수집된 선행 인용정보는 출원 전에 존재하던 것으로 전방인용이라고 칭하며, 특허공보에 수록되는 정보이다.

정보개시의무(IDS: Information Disclosure Statements)
미국만의 독특한 제도로, 출원인이 발명 과정에서 참고한 특허 및 비특허문헌 등의 모든 자료를 미국 특허청에 반드시 제출해야 하는 의무를 말한다.
의무 위반 시 등록되더라도 권리행사가 제한될 수 있다.
미국 출원 후라도 패밀리 특허출원에 대한 타국가의 심사진행 과정에서 제시된 선행문헌들도 모두 제출해야 한다.
미국 특허심사의 세부이력 조회는 다음 사이트 참조.[26]

다만, 출원인이 제출한 선행문헌이 형식적으로 제출된 것이거나 심사관이 출원발명에 대한 면밀한 이해를 하지 못한 경우에는 불필요한 인용정보들이 탑재될 수도 있어 오히려 분석에 방해가 될 수 있다. 실제 미국의 정보개시의무IDS로 제출된 선행문헌들 중에는 해당 특허와 직접적인 연관성이 낮은 경우도 많다. 우리나라는 선진국 대비 심사관의 과도한 1인당 처리건수로 인해 인용문헌이 아예 없거나(디자인의 경우), 신뢰도가 높지 않다는 비판이 있기도 하다.

2번째 단계Step2 이후부터는 알고리즘에 의해 보조되는 영역이다. 즉, 후행특허의 심사과정에서 1번째 단계의 특허가 선행문헌으로 인용되면 피인용 정보가 생산된다. 2번째 단계에서는 기준이 되는 특허의 선행문헌(전방인용)과 후행문헌(후방인용)들을 취합한다. 시각화 과정에서는 통상 좌측이 선행, 우측이 후행으로 각각 맵핑되는 경우가 많다. 3번째와 4번째 단계는 네트워크를 2, 3단계로 확장하는 것을 도식화한 것이다. 각각의 노드들은 특허문헌들을 나타내고, 제각각 선행 및 후행 인용정보들을 가지고 있기 때문에 기준이 되는 특허로부터 1~N단계까지의 네트워크를 펼쳐볼 수 있다. 네트워크는 알고리즘에 의해 구축되며, 사용자의 선택에 따라 네트워크를 단계적으로 확장하여 분석하게 된다. 하지만 단계가 늘어날수록 불필요한 데이터가 많아진다. 사용자가 원하는 정보들을 필터링할 수 있는 기법에 대한 연구가 필요한 대목이기도 하다.

예컨대 인용 네트워크에 망라된 특허문헌들 중에서 특허분류IPC, CPC 관련도가 높은 것만 골라보거나, 인용등급(신규성, 진보성 등) 또는 출원인 정보에 따라 선별해볼 수 있는 서비스가 제공될 수 있을 것이다. 특히 심사관에 의해 수록된 선행문헌 중 최초 청구항의 신규성이나 진보성을 다투기 위해 사용된 유력한 선행특허들은 관련도 수준을 판가름할 수 있는 부가적 가치를 갖고 있다. 심사관이 제시한 의견제출통지서Office Action에 대응하여 청구항을 보다 좁은 범위로 보정하였다면 선행 인용문헌과는 긴밀한 연관성이 있다고 추정할 수 있다. 속지주의 원칙에 따라 각국의 독립된 심사과정에서 발견된 선행문헌들을 특허 패밀리에 기초하여 수집한 다음 중복된 선행문헌들을 제거할 경우 보다 효과적인 분석이 가능할 것이다.

어느 분야에서 자주 인용되는 선행특허가 있다면 영향력 있는 핵심특허를 파악할 수 있다. 해당 분야를 개척하기 위해서 반드시 실시할 수 밖에는 없는 원천특허일 가능성 말이다. 또한 어느 분야에서 그러한 인용정보가 집중되어 나타난다면 시장경쟁의 포화도를 짐작해볼 수 있다. 인용되는 평균적인 연도별 간격을 분석해낸다면 제품 혁신의 주기를 볼 수 있는 기회가 열릴 수 있고, 서로 다른 특허 분류들끼리의 결합이 후행 인용정보에서 관찰된다면 혁신활동의 방향성을 탐지할 수 있는 정보로도 활용할 수 있는 등 인용정보의 잠재적인 가치는 이제부터가 시작이라 할 수 있다.

집중적이고 밀도 높은 분석 : 애플 디자인특허의 인용 네트워크

인용·피인용 네트워크는 개별 특허들의 기술적 핵심을 파악하면 보다 풍부한 분석이 가능하다. 하지만 기술특허의 경우 발명의 핵심을 파악하려면 상당한 노력이 요구되는 것이 현실이다. 이러한 한계로 인해 특허 실무에서는 충분한 시간 확보가 가능한 무효자료

조사나 침해, 자유실시 가능성 검토FTO: Free To Operate를 위한 검색에서 인용문헌 네트워크 정보가 활용되고 있는 편이다. 이미지 중심의 디자인특허나 상표는 시각적으로 직관적인 이해가 가능하므로 인용분석 네트워크가 보다 효과적으로 활용될 수 있는 분야이다.

스마트폰의 디자인 트렌드를 조사한다고 가정해보자. 아이폰 이후 쏟아져 나오는 스마트폰들의 출시일자 정보를 정확하게 찾기는 매우 어렵다. 이때 디자인특허를 이용하면 타임라인에 따른 디자인의 변천과정을 살펴볼 수 있다. 하지만 통상적인 IP검색 사이트에서 물품의 명칭이나 분류 코드에 의존하여 탐색하는 것만으로는 디자인이 어떻게 영향을 주고받으며 스타일이 변해가는지 또는 경쟁사의 출원전략은 무엇인지 파악하기 쉽지 않다.

키프리스 디자인 검색 예시
(휴대용 전화기, H3301)
검색 결과가 선형적으로 보여지고 불필요한 노이즈가 많아 탐색에 많은 시간이 소요될 수 있다.

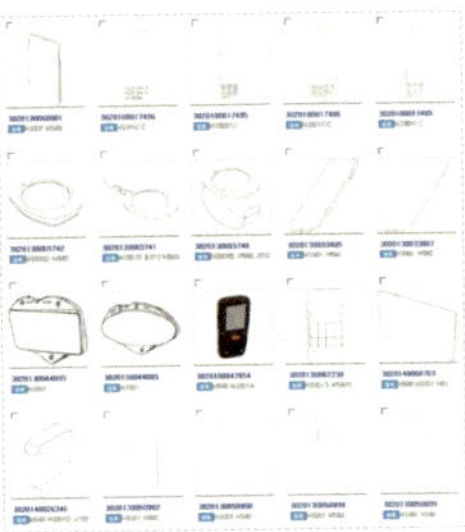

예를 들어 국내 디자인 검색 사이트인 키프리스KIPRIS에서 한국 분류 코드(예: H3301)를 입력하면, 1만여 건의 국내 등록디자인이 조회된다. 출원일에 따른 선후관계 정도는 알 수 있지만 선형적으로 보여지는 검색 리스트만으로는 원하는 분석이 쉽지 않다. 분류 코드가 세분화되어 있지 않은 경우에는 불필요한 데이터가 많아져 효율성이 저하된다.

단순 검색이 아닌 인용·피인용 정보를 이용하면 어떻게 다를까? 아이폰 4에 관한 미국 디자인특허 US D627,778에 수록된 인용정보를 기초로 인용·피인용 네트워크를 추적해보면 디자인에 서로 영향을 주고받았을 개연성이 높은 선행/후행 디자인들을 한 눈에 확인할 수 있다. 물론, US D627,778에 수록된 55개의 선행문헌 중에는 형태적인 관련도가 낮은 데이터들도 있다. 하지만 인용·피인용 네트워크를 이용하면 기존의 선형적인 검색기법보다 동일 시간 내에 보다 집중적이고 밀도 있는 분석이 가능하다.

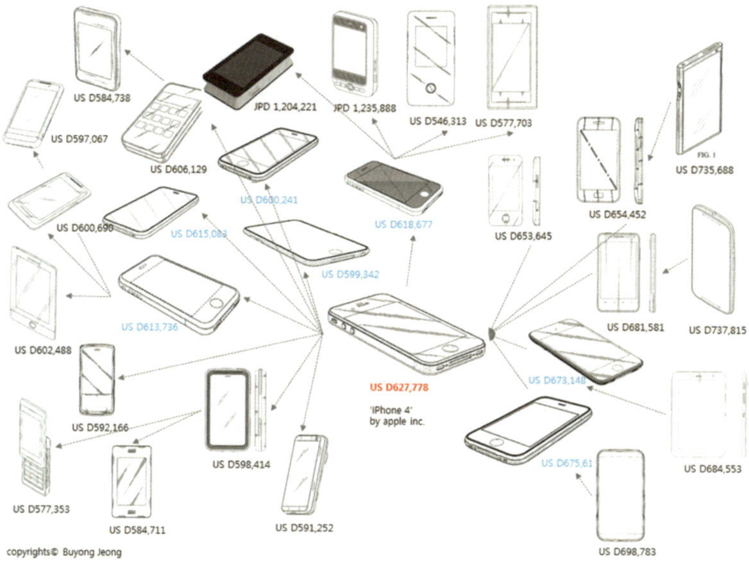

애플, 미국 디자인특허 D627,778의 인용/피인용 네트워크

일례로, 2011년 애플과 삼성의 특허소송에서 쟁점이 된 애플의 디자인특허(D618,677, Flat Planar Surface)는 등록 후 2013년 재심사Ex Parte Reexamination[26]가 청구되면서 선행 디자인들의 결합에 의한 진보성을 판단받았다. 무효를 주장하는 측에서는 먼저 심사과정에서 열거된 선행문헌들을 확보한 후, 1~N 단계의 확장된 인용맵 리스트를 자세히 검토하였을 것이다. 애플의 디자인특허를 무효시키기 위해 재심사 청구서에서 제시한 다음의 선행 디자인특허 3개도 인용 네트워크에서 파악할 수 있었던 것이었다.

애플 디자인특허의 재심사 인증 공보(Ex Porte Reexamination Certificate)

애플과 삼성 특허소송에 사용된 디자인특허 3개 중 D618,677(Flat Planar Surface)를 제외한 나머지 D593,087(bezel), D604,305(GUI)는 재심사 결과 유효한 것으로 결정되어 재심사 인증공보가 별도 발행되었다.

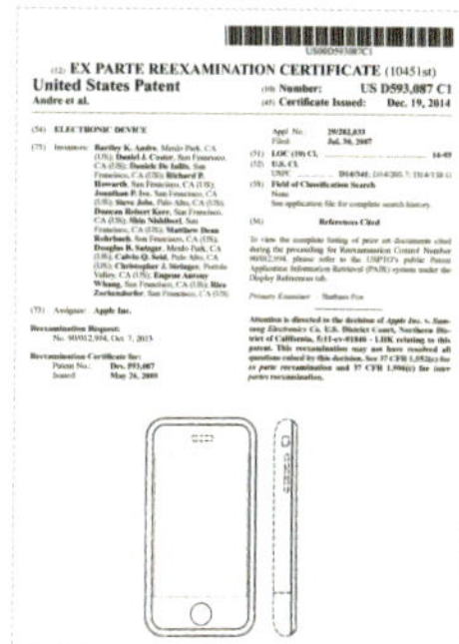

US D618,677의 재심사(Ex Parte Reexam)에 사용된 선행 디자인들

데이터의 흐름, 인용정보의 시각화

인용과 피인용의 단계가 높아질수록 데이터의 양은 기하급수적으로 늘어난다. 따라서 불필요한 데이터를 최소화하고, 원하는 정보만을 효과적으로 추출하기 위해서 정보 시각화 기법, 인공지능에 의한 추천 등 사용성 향상을 위한 치열한 경쟁이 이루어지고 있다.

공공기관 중에서 가장 인상적인 행보를 보이는 곳은 미국 특허청이다. 미국 특허청은 심사과정에서 수집한 선행문헌들을 모두 공개한다. 게다가 구글Google과 협력하여 2006년부터 구글특허Google Patents 서비스를 제공 중이며, 2015년에는 구글 스칼라Google Scholar와 통합되어 저작권이 문제되지 않는 범위 내에서 특허의 선행문헌으로 수록된 비특허문헌까지 검색이 가능하도록 하였다. 구글이 보유한 기계번역 기술 덕분에 외국어로 된 특허공보에 대한 접근성이 급속도로 높아지고 있는 것도 주목할 점이다.

구글특허에서 눈여겨볼 서비스는 인용문헌과 피인용문헌, 관련 출원Continuity Data, Family Data, 유사문헌정보(IFI Claims® Patent Services가 제공하는 데이터) 등 활용 가능한 특허 빅데이터가 총동원되고 있다는 점이다. 나아가 구글특허의 'Discuss' 메뉴Stack Exchange에서는 일반 사용자들이 해당 특허에 대한 선행기술 또는 궁금증을 질의응답할 수 있는 'Ask Patents'라는 사용자 참여형Collaborative QnA 사이트까지 제공하고 있다.

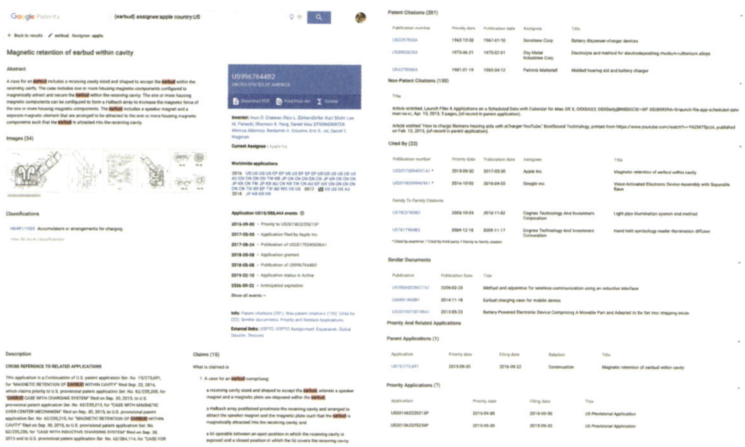

구글특허(Google Patents)[27] 조회화면

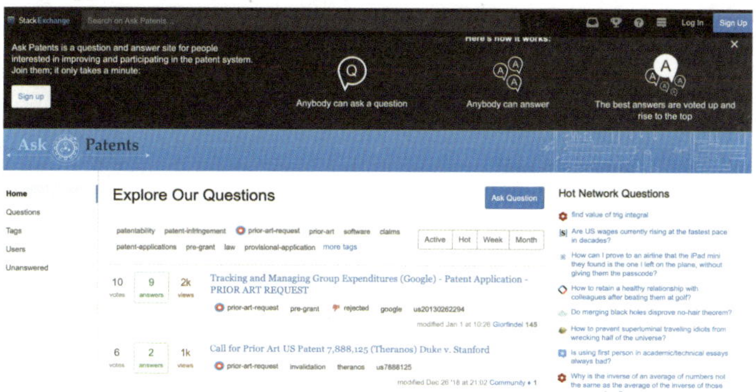

Stack Exchange Inc. "ASK Patents"[28]

과거에는 인용정보를 쉽게 활용하기 어려웠다. 인용정보 DB 자체가 오픈된 지도 얼마되지 않았지만, 인용정보 DB를 확보하더라도 인용 관계에 있는 데이터들을 쉽게 추적navigating, tracking할 수 있는 알고리즘이나 사용자 인터페이스UI가 뒷받침되지 못했기 때문이다.

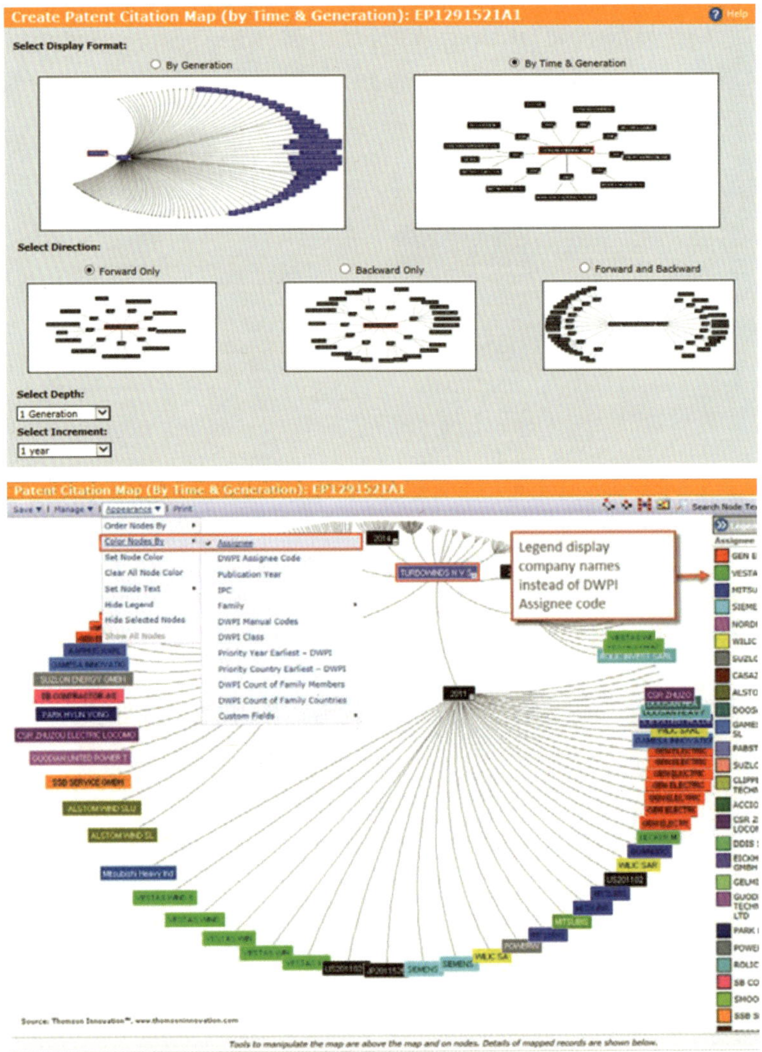

Clarivate Analytics[30](舊, Thompson Innovation) Citation Map

하지만 소셜 네트워크, 데이터 마이닝, 정보 시각화[29] 분야의 비약적인 발전에 따라 다양한 서비스들이 등장했다. 민간 IP 서비스로 제공되는 인용 맵은 국내 회사인 ㈜윕스(대표자: 이형칠)의 윕스온 인용분석, 그리고 해외 IP서비스 회사인 클래리베이트 애널리틱스(舊 톰

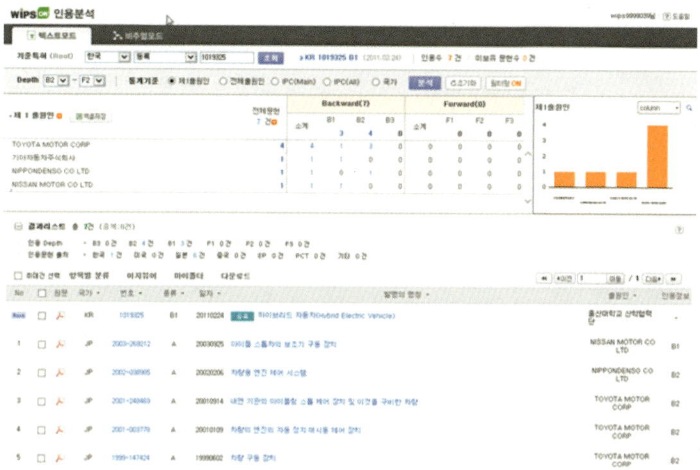

윕스온의 인용분석 서비스

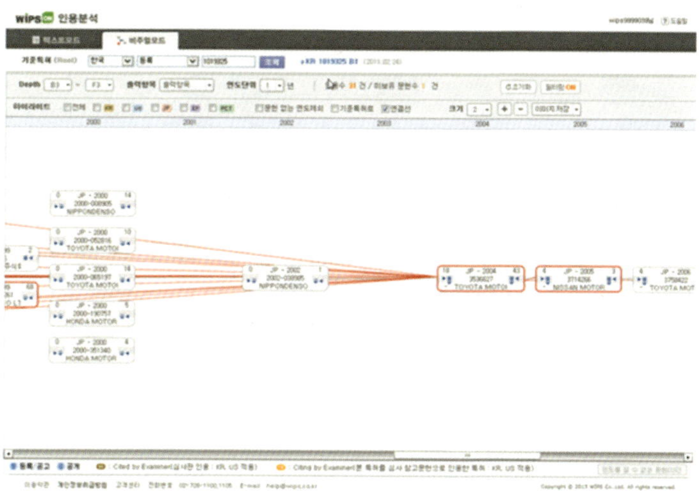

윕스온 인용분석 시각화[31]

슨 이노베이션)의 인용 맵이 대표적이다. 윕스온 인용 분석의 선행·후행 인용 관계망은 1~3단계로 확장하여 볼 수 있는 기능을 제공한다.

기업 인수합병M&A과 특허 매입의 네트워크

기업 혁신은 때로는 외부 스타트업의 인수합병나 특허매입을 통해서 이루어진다. 스타트업의 유연한 조직특성으로 인해 탄생한 혁신적인 아이디어는 제품 또는 서비스의 실제 양산이나 마케팅을 위해서 보다 조직화된 대기업에게 매각되어 오픈 이노베이션을 촉진한다. 이미 외국 기업들은 글로벌 경쟁의 주도권을 선점하기 위하여 상당한 비율의 특허를 적극적으로 매입하고 있다. 한편 특허소송에

구글의 연도별 M&A 현황을 표현한 도표[32]

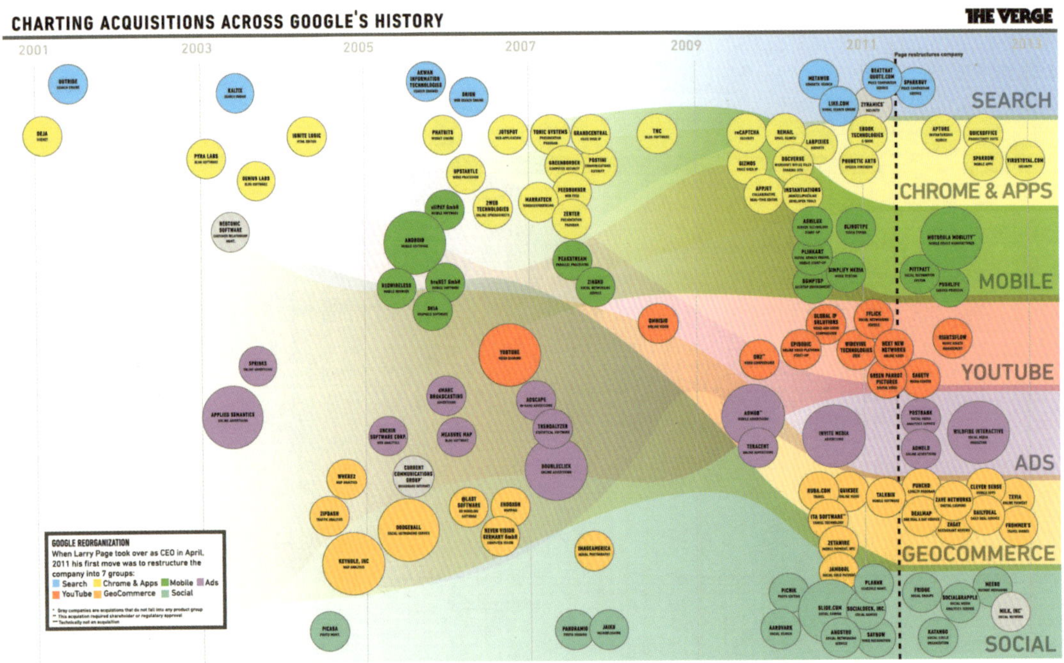

대한 위험도가 높아짐에 따라, 기업들은 자사의 취약한 IP 포트폴리오를 보강하기 위해서 또는 경쟁사의 취약점을 공격하기 위해서 특허를 매입하거나 관련 기업을 인수합병하는 전략도 사용한다.

앞의 그림은 구글이 2001년부터 2011년까지 인수합병한 110여 개의 회사를 연도별로 표현한 그래프이다. 공동 창업자 래리 페이지Larry Page가 2011년 7개의 그룹으로 재편성한 것을 나타내었는데, 색상은 기술분류를 나타내고 원의 크기는 매입가격을 나타낸다. 대표적으로, 2005년 설립된 유튜브(붉은색)는 2006년 11월 구글에 매입되었다. 이러한 인수합병은 언론을 통해 보도되기 전까지는 비밀리에 진행된다. 그런데 이러한 인수합병은 대부분 특허의 양도 절차가 수반되기 때문에 사전에 인수합병을 탐지해내고, 어떤 기술부문을 강화하려는지 또는 어떤 IP 리스크를 줄이고자 하는지를 예측할 수 있는 단서들이 특허거래transaction 정보로 축적되고 있다.

예를 들어, 미국에서의 특허의 양도 정보는 특허 양도검색 사이트Patent Assignment Search에서 양도인 또는 양수인 명의 등으로 확인할 수 있다. 하지만 문자열로 이루어진 결과값만으로는 양도관계를 효과적으로 분석하기 어렵다. 퀘스텔Questel[33]은 권리의 양도·양수에 관한 현황을 양수인 인용Assignee Citation 네트워크로 시각화하여 보여준다. 특허의 양도정보를 시각화하여 나타내면 매입을 한 양수인이 어떤 전략을 가지고 있는지에 대해 단서를 찾을 수 있다. 시각화된 자료에서 기술분류나 직전의 양도인을 탐색해보면 어떠한 기술을 보강하려는지가 수면 위로 떠오르기 때문이다.

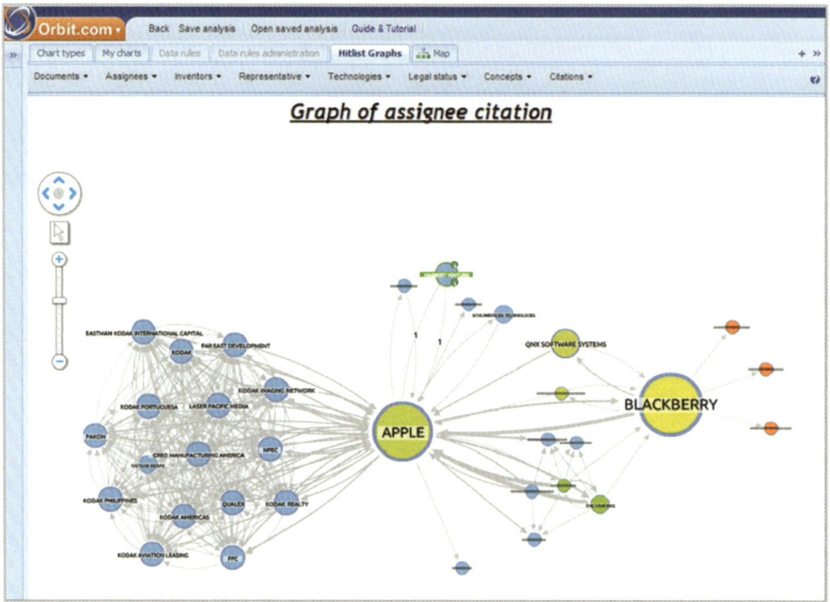

퀘스텔 오비트(Questel Orbit)의 특허 양도 네트워크

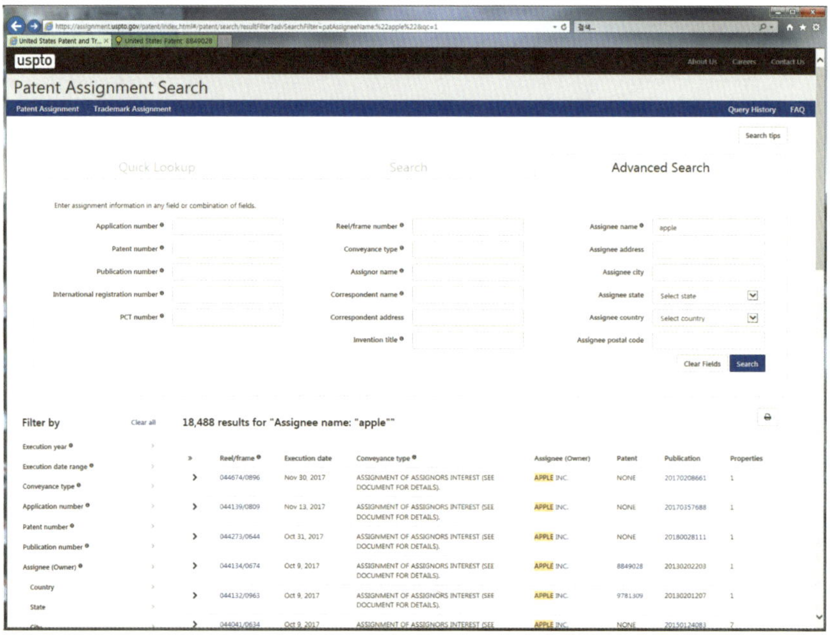

미국 특허청 특허 양도 검색(Patent Assignment Search)[35]

국내의 경우, ㈜광개토연구소(대표자 : 강민수)의 'PatentPia' 등과 같은 서비스가 개시되어 있다. PatentPia[34]의 경우 다양한 속성(예: 권리자 속성(대학, 연구기관, 대기업, 중소기업), 소송횟수, 양도성격(매입/매각, 실시권, 담보 설정), NPE 등)에 따라 미국 특허양도 정보를 조회할 수 있는 장점이 있다. 아직까지 국내에서는 특허의 양도나 라이센싱이 활발하지 않고, 이를 효과적으로 탐색할 수 있는 데이터베이스가 없다는 점은 향후 관련 연구가 필요한 부문이다.

게피Gephi로 특허 네트워크를 현상現像하다

2014년 어느 날이었다. 문득 의자나 반지와 같은 분야의 '인용과 피인용 링크Link들을 모두 모아 놓으면, 해당 분야의 특허 네트워크를 소우주micro-cosmos처럼 나타낼 수 있지 않을까?'라는 호기심이 생겼다. 마치 세포들을 현미경으로 바라보는 것처럼 어떤 장면을 촬영하고 현상하는 것 말이다.

특허청 디자인맵
designmap.or.kr
특허청에서 운영하는 디자인 포털 사이트이다.
국내 · 외 디자인 공보의 검색과 디자인 지식재산권의 다양한 정보를 얻을 수 있다.
특히, 사용자가 디자인 형태요소(form factor)별로 찾을 수 있도록 설계된 전 세계 유일의 디자인 검색 서비스이다.

'동일 제품군 내에서 개별적인 디자인특허들은 서로 어떤 영향을 주고 받으면서 변화하는 것일까?' 또는 '막연하게 머릿속에서만 존재하는 디자인특허들의 세계는 어떻게 짜여 있을까?'라는 질문에 대한 답을 구체적으로 확인해보고 싶었다. 이를 위해서는 '인용정보 빅데이터'와 함께 이를 표현할 '분석 도구'가 필요했다. 여기서는 네트워크 분석 도구 게피를 이용한 시각화 사례(2015)를 간단히 소개한다.

때마침 2015년 특허청은 「디자인 참증자료 그룹화 사업」을 실시했다. 특정 물품군(예: 반지, 의자)을 선정하여 등록디자인과 형태적 연관성이 높은 선·후행 디자인들을 정리하는 것이었고, 사업의 우선적 목표는 심사관의 검색을 지원하기 위한 것이었다. 데이터 개방과 공유라는 정부 정책에 발맞추어 2016년 1월부터 특허청 디자인맵(designmap.or.kr)을 통해 해당 자료들을 탑재[37]하기 시작하였다. 디자인맵 상세보기 화면에서는 대상특허 별로 선·후행 디자인들이 하단에 썸네일 도면으로 배치되어 있다.

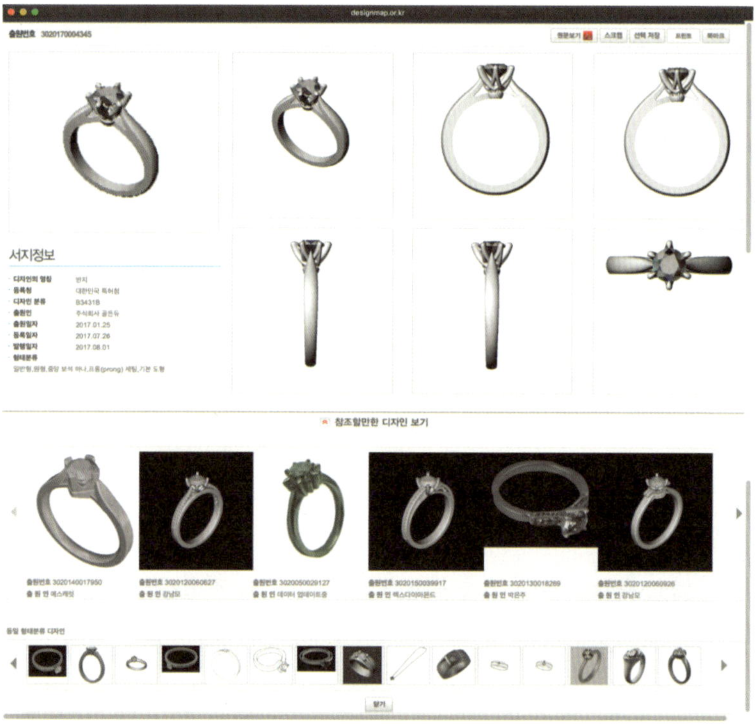

디자인맵에서 제공하는 등록디자인(반지)의 상세정보
서지정보, 그룹화 정보 및 동일형태분류 자료(타겟 디자인의 형상–원형, 프롱세팅 등 형태요소 기반)

'반지'에 관한 5년 간의 등록디자인에서 입수한 전체 그룹화 자료(인용·정보 DB)를 대상으로 하고, 이를 시각화하기 위해서 네트워크 시각화 도구인 '게피Gephi'를 선택하였다. 인용정보 DB는 디자인 출원번호와 이와 형태적 연관성이 있는 국내·외 디자인 공보의 출원번호로 이루어진 1열 텍스트 링크 데이터로 이루어져 있다. 링크 데이터의 수가 방대해지면 기존의 분석 도구로는 도저히 시각화할 수 없다.

네트워크 시각화 도구 게피(Gephi)
2008년 프랑스 UTC 대학생들에 의해 개발된 Java 기반의 네트워크 분석 및 데이터 시각화 오픈소스 플랫폼이다. 최종 버전은 0.9.2로 네트워크 분석 전용 프로그램으로는 가장 강력한 성능을 보이고 있다.
https://gephi.org

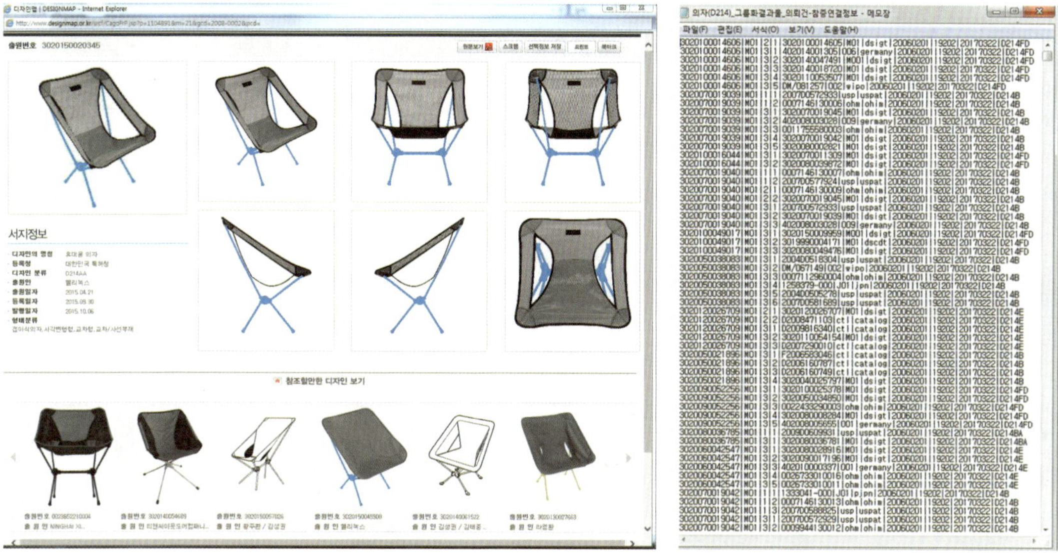

디자인맵에 탑재된 디자인 그룹화 자료(좌측) 및 원본 데이터베이스의 일부(우측)

게피에서는 알고리즘에 의해 각 링크 데이터들이 모두 모여 네트워크를 구성하게 된다. 각 노드Node는 디자인특허를 나타내고, 각각의 노드들은 서로 인용정보의 관계Link를 맺고 있다. 네트워크 분석 시 주의할 점은 인용정보가 방향성이 있다는 것이다. 이는 어떤 기술이 다른 기술로 지식이 전이, 전파되는 것을 의미하므로 중요하게 다뤄야 한다. 시각화 과정에서는 등록디자인 간의 인용·피인용 단계의 직·간접성, 인용횟수, 인용 비중 등의 정보가 각 노드들의 거리,

크기, 연결선의 굵기에 영향을 끼치며 게피에 내장된 특정 알고리즘에 의해 자동으로 군집을 이루게 된다.

아래는 게피로 구현해낸 초기 화면[38]이다. 중심부는 모방 또는 인용이 빈번하고 디자인 트렌드에 민감한 형태로 예측된다. 주변부에 섬처럼 흩어져 있는 디자인특허는 영향력이 낮거나 희소한 형태요소를 가진 디자인이라고 추정할 수 있다. 중앙 부분을 확대하면 인용횟수 등 영향력이 높은 노드들이 관찰된다. 이들은 중심성betweenness centrality이 커지며 트렌드를 선도해가는 형태요소로 추정해볼 수 있다. 또한 인접해 있는 노드는 형태적으로 관련성이 높

네트워크 주요 용어

네트워크는 기본적으로 데이터가 들어가는 노드(node)와, 노드와 노드 사이의 관계 정보가 포함되는 링크로 구성되어 있다.

비방향 그래프(undirected)

관계성 데이터가 방향성이 없는 경우(예: 공동발명자그룹) 관계정보를 링크(Link)라고 부른다.

방향 그래프 (directed)

관계성 데이터가 방향성이 있는 경우(예: 선후행인용정보) 관계정보를 엣지(Edge)라고 부른다.

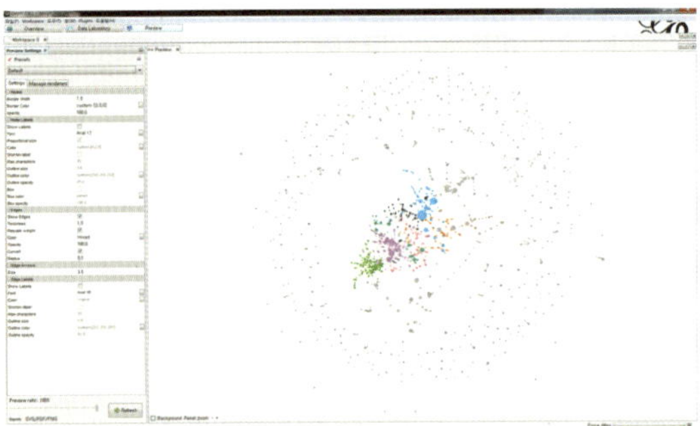

특정 물품(반지) 5년간의 등록디자인 관계망-게피 최초 화면

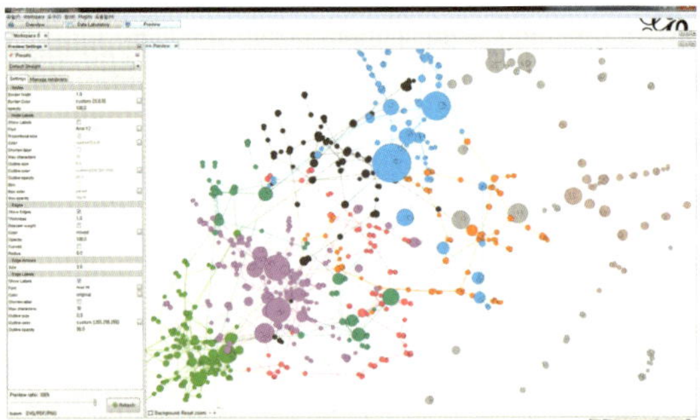

게피에 의한 관계망 부분 확대 화면: 군집화된 노드들은 컬러코딩을 하여 표현할 수 있다.

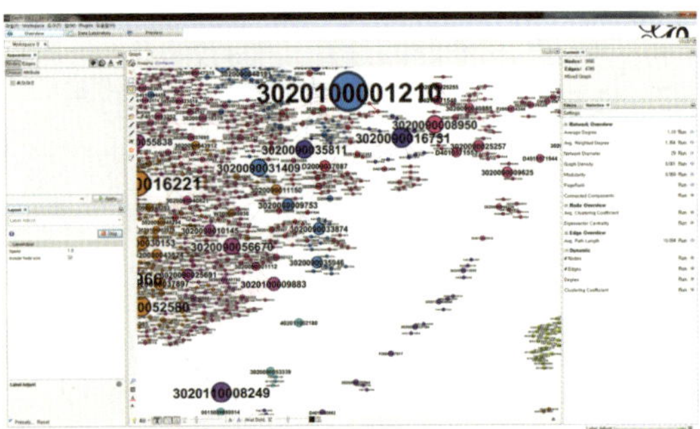

게피에서 노드 값(출원번호) 표시한 화면

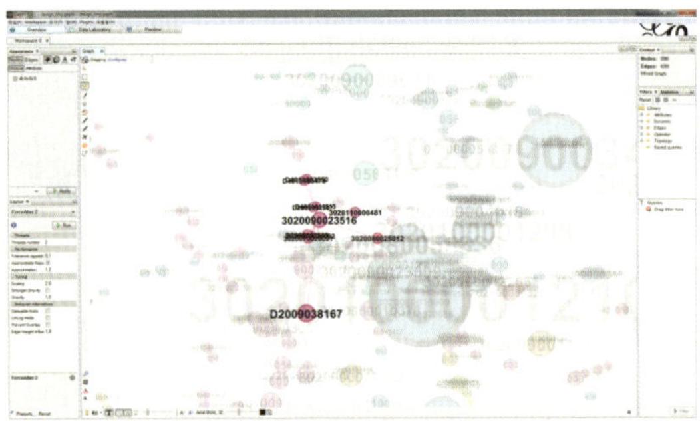

게피에서 선택된 노드의 1단계 인용문헌

음을 의미한다.

게피에서는 관련도가 높은 노드들을 색상에 의해 군집화할 수 있으며, 각 노드의 정보값(출원번호)을 표시할 수 있어 분석이 용이하다. 마우스 스크롤에 의해 확대와 축소를 할 수 있지만 아직은 해당 노드와 관련된 디자인의 도면이나 상세정보가 직접 조회되지 않는 한계점은 있다. 분석에 사용된 데이터베이스는 인용정보 외에 출원일, 출원인 등의 서지정보가 모두 갖추어져 있지 않은 한계도 있었다.

향후 필드값이 풍부하게 제공되는 빅데이터가 있다면 게피에서 출원인이나 출원기간 등으로 필터링하여 상세하게 확인할 수 있게 되며, 핵심 특허를 선별해내는 데 더욱 강력한 도구로 쓰일 것으로 기대된다. 나아가 집중되는 영역과 밀도가 낮은 영역을 구분하여 파악할 수 있다면 상표나 디자인의 유사 판단 시 권리범위의 광협을 정량화하는 연구에도 중요한 지표로 사용될 수 있을 것이다. 이러한 군집화는 분류체계를 수립하고, 새로운 형태요소를 인지하는 데 단서로 쓰일 가능성도 있다.

네트워크의 중앙에 위치한 매개중심성Betweenness Centrality이 높은 특허들의 상세정보를 확인하여 어떤 디자인특허가 트렌드를 주도하는지를 분석할 수 있다. 출원일자를 참조하면, 디자인의 진화 방향이 점점 선명해진다. 다음 그림에서 보면, 6번으로 대표되는 2008년 디자인이 5번과 7번으로 대표되는 디자인의 형태로 변화했을 것이라는 가설을 세워볼 수 있다. 반지 링의 두께는 얇아지는 방향으로, 보석을 지지하는 장식의 형태에 따라 유형이 변화되고 있음을 유추할 수 있다.

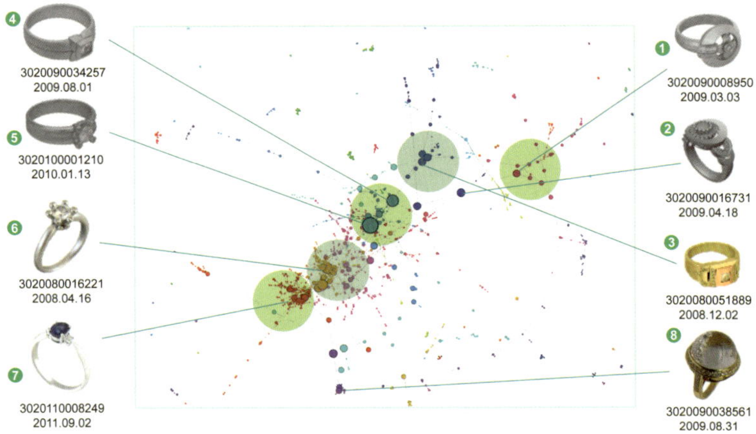

게피 네트워크 분석을 기반으로 하는 정성적 분석

게피를 이용하여 그려낸 특허 네트워크는 기존에 볼 수 없었던 경이로운 체험이었다. 인간의 지각 능력으로는 헤아릴 수 없었던 '복잡계'를 알고리즘이 현상해낸 순간이었다. 디자인특허의 인용정보를 이용하여 네트워크로 시각화하고 군집 정도 등을 확인한 사례로서 나름의 의미가 있었다고 생각된다. 하지만 시각화된 네트워크만으로 원하는 통찰이 자동적으로 얻어지는 것은 결코 아니다. 노드들의 집중도나 크기 등은 어떤 현상과 패턴이 발생하고 있는지를 쉽게 탐지할 기회를 제공할 뿐이다. 분석하는 사람이 선험적으로 체득한 지식과 경험을 충분히 발휘하여 무엇이 그 이면에 존재하는지를 탐구하지 않으면 정보 시각화는 단지 멋진 예술적인 그림에 지나지 않는다.

되짚어보면, 대용량의 데이터를 처리할 수 있는 괄목할 만한 기술적 지원에 힘입어 기존에는 전혀 보지 못했던 분석이 가능해졌다. 이제 관건은 쉽게 접근하여 즉시 활용할 수 있는 특허 빅데이터가 있는지와 적절한 분석 도구가 있는지에 달려 있다. 나아가 그것을 보고 숨겨진 패턴과 현상을 해독해낼 수 있는 분석자의 안목이 매우 중요하다.

07 게피, 특허 네트워크를 그리다

데이터 수집에서 네트워크 시각화까지 4단계 실전 분석

이제부터는 실전이다. 특허 빅데이터 수집부터 네트워크 시각화까지 단계를 하나씩 살펴보자. 실전 예시로 다음 파트에서 다룰 다이슨의 특허 데이터를 기준으로 설명해보겠다.

특허검색 및 데이터 확보는 어디서 하나요?
키프리스(KIPRIS): 대한민국 특허청에서 제공하는 서비스
http://www.kipris.or.kr
미국 특허청(USPTO)
http://patft.uspto.gov
유럽특허청(EPO)
http://ep.espacenet.com
구글특허(Google patents)
http://www.google.com/patents
윕스온(WipsOn)
국내 대표적인 민간 특허 정보제공 서비스
http://www.wipson.com
광개토연구소
http://www.patentpia.com
위즈도메인
https://www.wisdomain.com
키워트
http://www.keywert.com/

Step 1. DATA MINING(분석 대상 선정 및 특허 데이터 확보)

특허 빅데이터 분석에서 가장 중요한 단계이다. 실전 분석에서 유일하게 '왜Why'라는 질문에 답을 할 수 있다. 왜 우리가 특허 빅데이터를 수집해야 하는 것일까? 수집해야 하는 특허 범위는 어디까지일까? 특정 기술특허에 관계망이 필요한가? 한두 개 기업의 특허를 수집하여 경쟁사 분석을 할 것인가? 기술특허에 한정하여 분석할 것인가? 또는 디자인특허와 함께 데이터를 분석할 것인가? 첫 번째 단계 목표는 분석대상의 범위와 목적을 명확하게 결정하는 것이다.

실전 예시로 대표적인 혁신기업인 다이슨 신제품 개발전략을 분

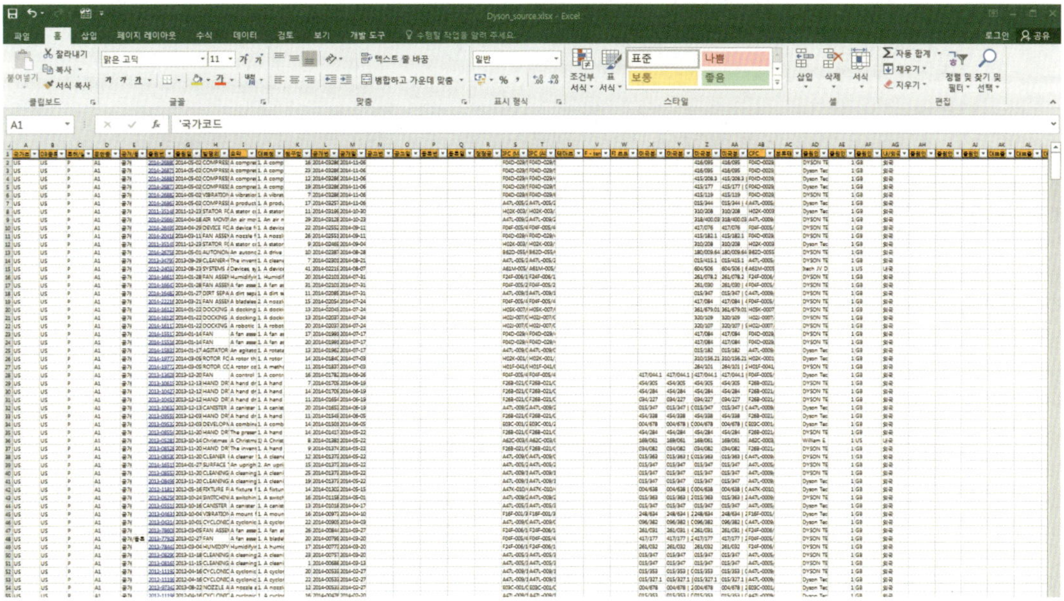

다운로드한 데이터 형태

석하기 위하여 다이슨의 전체 특허를 대상으로 선정하였다. 또한 다이슨이 출원한 특허들이 혁신단계에서 서로 어떤 영향을 주고받는지를 분석하기 위하여 전후방 각 1단계로 인용정보를 확장하여 분석하려고 한다.

이제는 특허 데이터를 확보해야 한다. 특허 정보를 다운로드 받는 방식은 다양하다. 대한민국 특허청이 운영하는 대표적인 공공 특허 데이터 제공 서비스인 키프리스(http://www.kipris.or.kr), 미국 특허청, 유럽특허청 등과 구글의 검색 기술을 특허에 최적화해 제공하고 있는 구글 특허(http://www.google.com/patents), 유료로 서비스 받을 수 있는 웹스온, 광개토연구소, 위즈도메인, 키워트 등이 있다. IP 제공 서비스 회사에 따라 제공하는 항목이 달라 분석에 필요한 데이터를 제공하는 서비스를 적절히 선택해야 한다.

전후방 인용정보는 등록특허에 한하여 제공되기 때문에, 출원상태의 특허는 제외하고 데이터 확보가 필요하다.

최신 특허의 경우 후방인용정보가 전방인용에 비해 현저히 작을 수 있다.

우리는 웹스온 사이트를 통하여, 미국 특허청에 출원한 출원인 'Dyson Technology Limited'를 전부 검색하였다. 검색된 전체 966건의 특허 중 다이슨과 관련이 없는 51개를 제외하고(다이슨의 설립(1993년) 이전 특허는 제외) 915건의 특허를 선별하였다. 915건의 특허 중 출원상태의 특허 204건을 다시 제외하고 762개의 등록 특허를 선별하였다. 이중 후방인용 수가 0인 138개의 특허를 제외하고 624개의 등록특허를 최종 분석대상으로 선정했다.

Step 2. DATA MAPPING(네트워크 분석을 위한 노드/엣지 파일 생성)

STEP 1&2 DATA MINING AND MAPPING

Data
대상: 다이슨의 특허
대상기간: 2001~2018
대상국가: 미국
특허상태: 등록
특허 수: 624
디자인특허: 192 (31%)
기술특허: 432 (69%)

Network data

Backward citation: 1depth
Forward citation: 1depth
Nodes: 9,964
Edges: 67,566
Type: Direct

데이터는 일반적으로 엑셀파일의 형태로 다운로드된다. 정보의 종류를 나타내는 열에는 특허구분, 출원연도, 출원인 등 다양한 정보가 나타나고, 행에는 검색된 특허 리스트가 나타난다. 특허 데이터는 특허출원 시 작성자가 작성한 내용이 입력되기 때문에 작성자에 의해 발생한 오류를 포함하고 있다. 가장 일반적으로 나타나는 오류는 출원인 정보이다. 삼성전자를 예를 들면, ㈜삼성전자, 주식회사 삼성전자, Samsung electronic 등 다양하게 표기된 것을 확인할 수 있다. 분석을 위해 이러한 오류는 수정해야 한다. 또 원하지 않는 특허가 포함될 수도 있어 노이즈를 제거하고 분석에 임하게 된다. 이러한 과정을 거쳐 결국 분석할 수 있는 의미 있는 데이터를 가지게 된다.

네트워크 분석 도구에 따라 입력하는 데이터의 형태가 달라지는데 게피의 경우 노드 파일과 엣지 파일로 구분하여 입력해야 한다.

노드 파일에는 노드 정보 즉, 특허(노드를 특허로 하는 경우)에 대한 정보가 담기게 된다. 노드 정보는 분석을 위한 지표(출원년도, 출원인, 기술분류, IPC subclass, 출원인국적 등)을 넣게 된다. 엣지 파일에는 특허의 인용관계를 작성하게 된다.

특허 데이터는 파리협약에 따라 협약에 가입된 모든 국가는 표준화된 기준으로 데이터를 제공하고 있다. 지역적인 특성을 고려하거나 관리를 위해 부수적인 체계를 가지고 있다. 이러한 이유로 특허번호를 표준화할 필요가 있다. 일반적으로 특허번호는 국가번호(2자리)+일련번호(7자리)+문헌 번호(2~3자리)로 구성되어 있으나, 문헌번호의 경우 같은 특허라고 하더라도 문헌의 종류나 선 공개 등 상태에 따라 문헌 번호가 붙어 있다. 일반적으로 A1(출원공보), B2(등록공보) 등으로 나타나기 때문에 특허번호에서 이 부분을 제거하고 중복된 특허번호가 없는지 확인해야 한다.

다이슨 특허의 경우 노드 파일에는 특허번호, 기술분류, 출원년, 발명의 명칭, 패밀리 수, 특허분류, 출원인 국적 등의 정보를 입력했다.

A	B	C	D	E	F	G
ID	class	year	Subject	Family_contry_count	patent category	Inventor
USD710299	ELECTRICAL MACHINE	2013	Battery pack	1	Design	GB
USD709258	VACUUM CLEANER	2013	Part of a vacuum cleaner	1	Design	GB
USD709256	VACUUM CLEANER	2013	Part of a vacuum cleaner	1	Design	GB
USD708803	VACUUM CLEANER	2013	Part of a vacuum cleaner	1	Design	GB
USD708802	VACUUM CLEANER	2013	Part of a vacuum cleaner	1	Design	GB
USD708408	VACUUM CLEANER	2013	Part of a vacuum cleaner	1	Design	GB
USD707395	HAND DRYER	2013	Part of a hand dryer	1	Design	GB
USD706983	HAND DRYER	2013	Part of a hand dryer	1	Design	GB
USD705504	VACUUM CLEANER	2013	Vacuum cleaner	1	Design	GB
USD703133	Robot Vacuum Cleaner	2013	Charging apparatus	1	Design	GB
USD696979	Automobile	2012	Automobile	1	Design	US
US8869203	Machine parts	2010	Multimedia content fusion	1	Design	US
US8864460	VACUUM CLEANER	2012	Bearing assembly	3	Technical	GB

다이슨 특허분석을 위한 노드 파일 예시

다이슨 특허분석을 위한 엣지 파일 예시

소스(Source)와 타깃(Target)으로 각 노드를 입력하고, 각 노드 간의 방향성이 후방인용정보인지 전방인용정보인지 정보를 표기하였다. 분석에 필요한 경우 방향성 외에 가중치를 추가할 수 있다.

	A	B	C
1	source	target	Backward_Forward
20801	WOWO2013-014419	US8783663	B
20802	WOWO2013-014419	US8784071	B
20803	WOWO2013-014419	US8873940	B
20804	US6381790	US6843079	F
20805	US6381790	US7191484	F
20806	US6442791	US6735818	F
20807	US6442791	US7069619	F
20808	US6442791	US7163568	F
20809	US6442791	US7555810	F

엣지 파일에는 노드와 노드 간의 관계를 지정하는 정보가 필요하다. 이때 중요한 점은 데이터 간의 관계가 방향성directed이 있는지 또는 방향성 없는undirected 것인지가 명확하게 결정되어야 한다. 인용정보와 같이 방향성이 있는 경우, 엣지 파일은 "A" 노드Source가 "B" 노드Target로 인용되었다는 형태로 만들어야 하므로 그에 맞는 데이터 가공이 필요하다. 게피에 데이터를 불러오기 위해서는 데이터를 형식을 맞게 만들어줘야 한다. C열 이후부터는 연구자가 분석하고자 하는 정보를 입력하면 된다(예시 C열의 'Backward_Forward' 정보는 전방인용과 후방인용을 구분하여 분석하고자 입력한 정보이다).

Step 3. NETWORK ANALYSIS(네트워크 시각화 도구 선정 및 기초 통계량 분석)

네트워크 분석을 위해서는 네트워크 시각화 도구를 사용하게 되는데 Gephi, NodeXL, Pajek, R 등과 같은 무료 프로그램과 넷마이너, Mathematica와 같은 유료 프로그램이 있다. 이 장에서는 게피를 사용하여 네트워크 분석을 진행하였다.

Gephi 0.9.2 Overview 화면구성

게피의 인터페이스는 실질적인 네트워크를 그리는 Overview, 데이터를 관리하는 Data Laboratory, 네트워크 이미지를 추출하는 Preview 탭으로 구성되어 있다❶. 가장 많이 사용하게 되는 Overview는 그래프를 편집하는 Console❷, 그래프를 그리는 Layout❸, 그래프가 보이는 Graph❹, 노드와 엣지 정보를 확인할 수 있는 Context❺, 네트워크 분석을 위한 기초 통계를 분석하는 Statistics❻으로 구성되어 있다.

Data Laboratory 탭의 Import Spreadsheet를 통해 노드와 엣지 파일을 불러오면 분석을 위한 준비는 마친 상태이다. 데이터를 입력하면 노드의 수와 엣지의 수를 확인할 수 있는데, 다이슨의 경우 노드 9,964개, 엣지 67,566개의 데이터를 분석하였다. 이것을 다르게 표

게피의 기초통계와 중심성 분석 도구

중심성 분석 도구	게피 분석 도구	내용	도식화
연결정도 중심성 (Degree centrality)	Statistic 〉 Average Degree	직접적인 연결관계를 분석하는 방법. 가장 간단하면서도 효과적인 지표. 노드의 활동성(Activity)을 강조	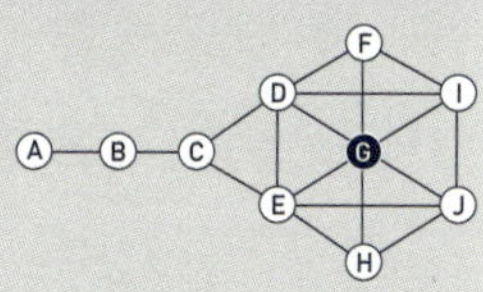
근접 중심성 (Closeness centrality)	Statistic 〉 Network Diameter	네트워크의 간접적인 연결까지 고려. 노드의 독립성(Independence)을 강조한 것. 거리가 짧은 노드가 근접 중심성이 높음.	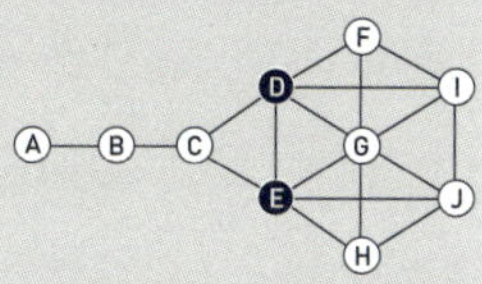
매개 중심성 (Betweenness centrality)		직접 연결되어 있지 않은 노드 간 관계를 통제, 중개 하는 정도. 최단 경로상에서 특정 노드가 있는 정도(횟수)를 측정	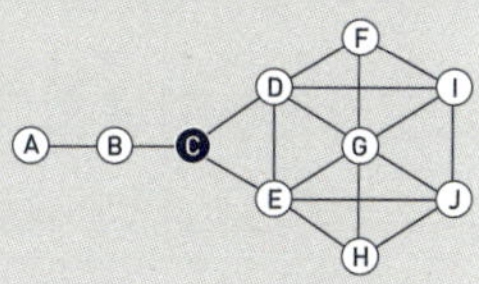
Modularity	Statistic 〉 Modularity	클러스터링 방법의 하나로 특정 그룹에 속해 있을 특정 노드와 연관된 엣지가 있을 확률	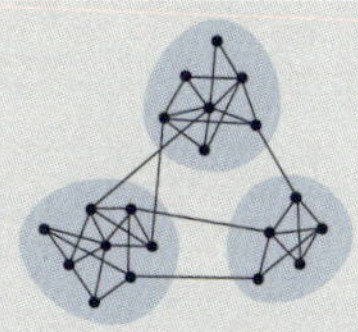
Density	Statistic 〉 Graph Density	네트워크 밀도는 분석 대상 네트워크가 얼마나 효과적인지, 효율적인지 알려주는 지표	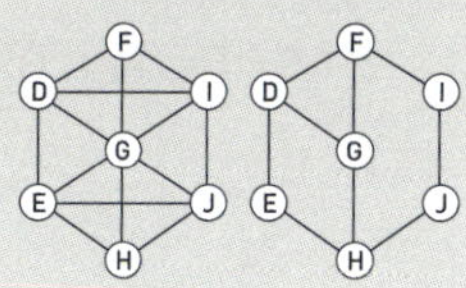

현하면 분석 대상이 되는 특허 수는 9,964개이며, 각 특허들의 인용 관계는 67,566개를 의미한다.

네트워크 분석 시 'Statistics' 메뉴의 기초 통계와 여러 중심성 분석 도구를 이용해 다양한 분석이 가능하다. 연구에 적합한 분석 도구를 연구자가 선택해야 의미 있는 해석이 가능하다.

STEP 3 NETWORK ANALYSIS
Average Degree: 6.781
Network Diameter: 8
Graph Density: 0.001
Modularity: 0.69

Network Overview		
Prestige		Run
Average Degree	6.781	Run
Avg. Weighted Degree	6.781	Run
Minimum Spanning Tree		Run
Network Diameter	8	Run
Graph Density	0.001	Run
HITS		Run
Modularity	0.69	Run
PageRank		Run
Connected Components		Run
Girvan-Newman Clustering		Run

다이슨 특허의 네트워크 통계분석(Overview > Graph❻)

통계분석의 결과로 나타나는 정보는 밀도, 네트워크 크기, 중심성 지표, 클러스터링 등 다양하다. 특허 중심성 지표는 네트워크 분석의 핵심으로 다양한 중심성 이론을 통해 분석 가능하다.

다이슨 특허의 네트워크 통계분석 예시를 보면 네트워크 밀도가 0.001로 나타났는데 이는 노드 하나가 전체 노드와 연결된 정도가 0.1%라는 것을 의미한다. 특허 데이터는 한쪽으로 방향성이 있기 때문에 밀도의 수치가 매우 낮은 것이 일반적이다. Average Degree가 6.781로 나타났는데 하나의 노드(특허)가 다른 노드(특허)와 평균 6.781개 연결되어 있다는 것을 의미한다. 보통 Average Degree 정보는 하나의 값을 그냥 해석하기보다는 다른 네트워크와 비교하여 해석한다.

네트워크 분석을 위해서는 Console❷, Layout❸을 이용

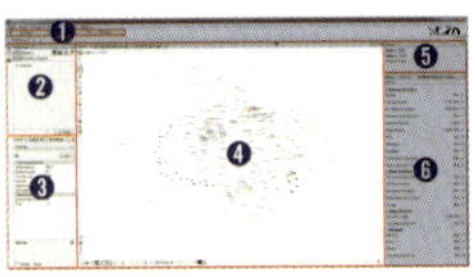

다이슨의 특허 데이터를 불러오고 기초 통계분석만 진행하게 되면 노드들이 무작위로 배치된다. 이제부터는 그래프를 다루는 기본 도구를 배워보도록 하겠다.

다이슨의 네트워크 분석 전 단계(Overview > Graph❹)

Step 4. NETWORK VISUALIZATION(다양한 네트워크 시각화 적용을 통한 데이터 해석)

네트워크 분석에서 레이아웃은 데이터를 시각화하는 방법을 결정하는 것으로 가장 중요한 기능이다. 게피에서는 다양한 형태의 레이아웃을 제공하고 있어 연구자의 적합한 레이아웃 결정이 필요하다.

일반적으로 그래프를 시각화하기 위해 옵션을 부여하는데 레이아웃은 그래프의 형태를 나타내고, 노드의 크기는 중심성 분석(연결정도 중심성, 근접 중심성, 매개 중심성 등)을 나타내고, 노드의 색상은 클러스터나 연도, 기술 분류와 같이 연구자의 선택에 의해 반영된다. 이 모든 옵션은 분석자에 의해 달라질 수 있고 데이터의 형태에 따라 다르게 적용할 수 있으므로 네트워크 분석 자료를 리포트할 때에는 꼭 기술해야 한다.

STEP 4 NETWORK VISUALIZATION

Software ver.Gephi v.0.9.2

Layout
ForceAtlas 2

Visualization
Nodes size: Degree centrality
Nodes color: Modularity

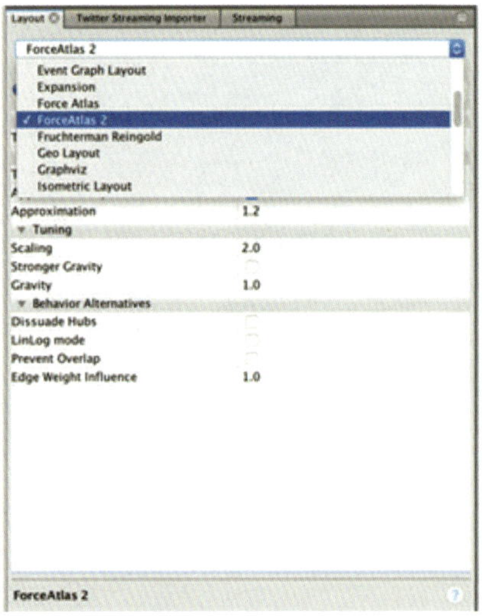

게피의 레이아웃 설정(Overview 〉 Layout ❸)

다이슨의 특허 네트워크 분석

다이슨의 경우는 여러 네트워크 레이아웃 중에서 ForceAtlas 2가 데이터를 가장 잘 설명하기 때문에 ForceAtlas 2를 선택했다. 노드의 사이즈는 연결 정도 중심성이 높은 노드를 크게 조정했으며, 노드의 색상은 'Modularity'를 적용하여 노드들을 그룹화하였다.

레이아웃의 종류는 다양하며 분석자의 의견이 가장 잘 표현된 레이아웃을 선택해야 한다. 가장 많이 사용하는 레이아웃은 ForceAtlas 2 레이아웃으로 다른 노드와 연결되지 않은 노드들을 외곽에 배치하고, 연결이 많은 노드를 그래프의 중심에 배치하는 레이아웃이다. Circle layout은 일반적으로는 잘 사용하지 않지만, 노드의 특정한 패턴을 찾을 때 효과적이다. Circle Pack layout은 여러 지표에 가중치를 부여하여 분석할 수 있다는 장점이 있다. Isometric layout은 2차원의 사각형으로 표현하는 레이아웃으로 중요한 노드보다는 일정한 패턴이 있는지를 확인하기 위한 레이아웃이다.

게피의 경우 업데이트를 통해 새로운 레이아웃이나 프로그램 개선이 이루어지고 있어 프로그램을 실행하면 업데이트부터 하는 것이 좋다. 2018년 트위터를 실시간으로 분석할 수 있는 기능이 추가되었으며, 특히 노드를 한 단계 넘어서 분석할 수 있는 '2-Mode-Network' 분석기능이 추가되어 더욱 풍성한 분석이 가능해졌다.

게피를 활용한 다양한 레이아웃 형태

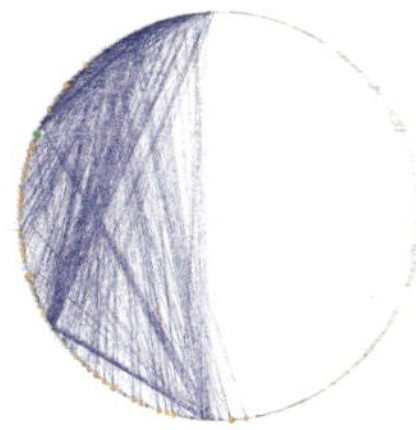

Circle layout

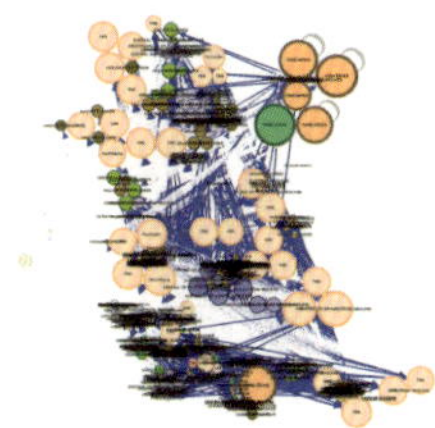

Circle Pack layout

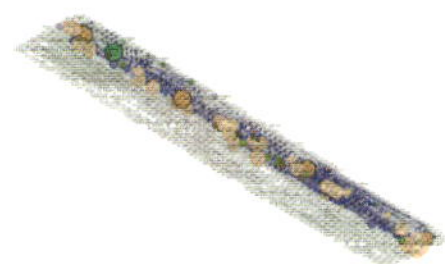

Isometric layout

ForceAtlas 2 layout

네트워크 시각화 도구 활용하기

최근 기계학습 기술이 발전하면서 기계학습 프로그램에서도 네트워크 분석과 네트워크 시각화 기능을 제공하고 있다. 네트워크 분석 전용 프로그램은 Gephi, Pajek, NodeXL, KENELYZE, Amberscope 등이 있으며, 데이터 시각화 프로그램은 TensorFlow, R, Python, Tableau 등 하나하나 열거하기 힘들 정도로 많다. 그럼 대표적인 네트워크 시각화 도구와 최근 사용자가 많이 사용하는 시각화 도구를 간단하게 살펴보자.

네트워크 시각화 도구 비교

프로그램 명	사용 난이도	분석범위	유/무료	특징
Gephi	하	텍스트	무료	네트워크 분석 전용 프로그램
Tensorflow	상	텍스트, 이미지	무료	라이브러리 기반 딥러닝, 기계학습, 인공지능 프로그램
R	상	텍스트	무료	패키지 기반 딥러닝, 기계학습 프로그램
KENELYZE	하	텍스트	유료	웹 기반 네트워크 분석 전용 프로그램
Amber-scope	하	텍스트	유료	웹 기반 네트워크 분석 전용 프로그램
NodeXL	하	텍스트	무료	엑셀 플러그인 기반 네트워크 분석 전용 프로그램

Gephi

오픈소스 기반의 네트워크 전용 프로그램이다. 오픈소스 플랫폼이기 때문에 많은 분석 레이아웃이 제공되고 있으며 지속적으로 플러그인 형태로 업데이트되고 있다. 다른 프로그램보다 사용하기 쉽다는 장점이 있으며, 레이아웃이나 중심성 이론에 대한 알고리즘 문헌을 제공하고 있어 학문적인 접근이 가능하다. 또 프로그램이 가벼워 일반 PC에서도 수십만 건의 데이터를 분석할 수 있다. 사용자가 구한 데이터를 프로그램의 기본양식에 맞추면 어떠한 데이터든 분석이 가능하다. 네트워크 분석에 특화되다 보니 다른 프로그램에서 분석이 불가능한 여러 중심성 분석이 가능할 뿐 아니라 프로그램 개발 지식이 없는 일반인도 접근이 가능하다.

Gephi(https://gephi.org/)

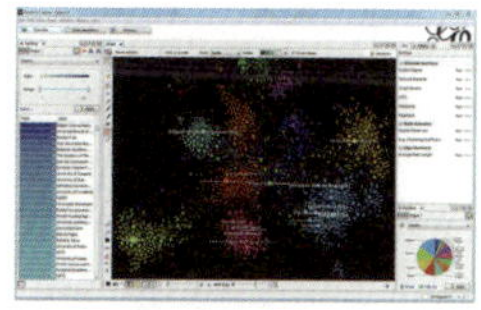

TensorFlow

2015년 구글이 오픈 소스로 공개한 기계학습 라이브러리이다. 텐서플로우는 일반인도 딥러닝과 기계학습 분야에 접근할 수 있도록 쉽고 다양한 기능을 제공하고 있으며, 데이터의 흐름을 그래프로 표현하는 형태로 풍부한 표현이 가능하다는 장점이 있다. 또 2차원뿐만 아니라 3차원으로도 구현할 수 있기 때문에 더 많은 정보를 표현할 수 있다. 텐서플로우의 일부 기능이 텍스트, 이미지, 특허 등 다양한 데이터의 네트워크 분석과 시각화를 할 수 있기 때문에 가장 최신의 프로그램이다. 그러나 프로그램 코딩을 할 수 있어야 텐서플로우를 사용할 수 있다.

TensorFlow(https://www.tensorflow.org)

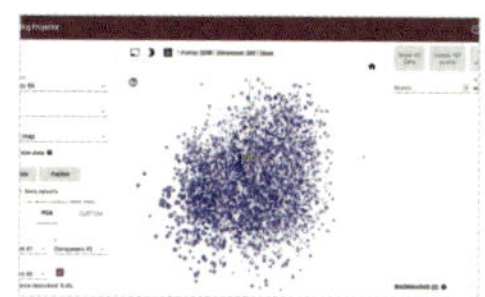

R

데이터 분석을 위한 도구 중 텐서플로우가 전문가를 위한 도구라면 R은 준전문가를 위한 도구라고 할 수 있다. R은 프로그램 코딩을 모르는 사용자가 사용할 수 있도록 패키지를 제공하고 있어, 원하는 분석을 위해 패키지를 선택적으로 설치하여 분석을 하는 구조이

R(https://cran.rstudio.com)

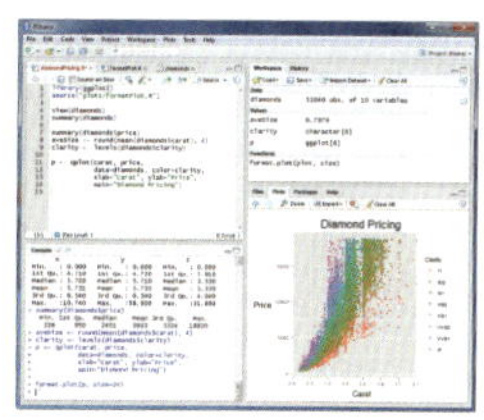

다. R은 일반인들이 접근하기 쉬워 오히려 텐서플로우보다 많은 사용자와 수많은 커뮤니티가 활성화되어 있고, 사용자가 제작한 패키지를 추가할 수 있는 오픈소스 기반의 프로그램이다. R은 SPSS나 SAS로 가능했던 통계분석을 포함하여 텍스트마이닝, 기계학습 등 다양한 분석이 가능하다는 장점이 있다. 다만 프로그램 처리속도가 상대적으로 느리고 네트워크 분석과 그래픽을 함께 처리하기 위해서는 고사양의 컴퓨터가 필요하다는 단점이 있다.

KeneLYZE

KENELYZE
(https://www.kenedict.com/)

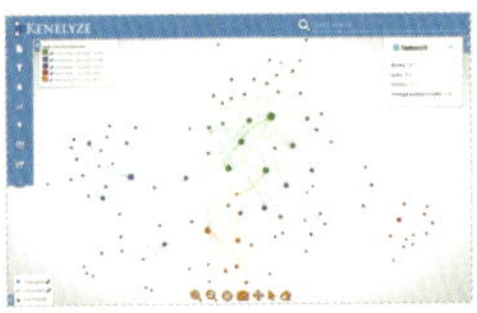

KeneDICT의 Kenelyze는 대화형 시각화 방식으로 네트워크 분석을 위한 전용 프로그램이다. 다른 프로그램과 달리 Kenelyze는 브라우저 기반의 응용 프로그램으로 사용자와의 상호작용을 통해 적합한 네트워크 형태를 찾아가는 방식을 취하고 있다. 현재는 데이터를 직접 가공할 수 없으며, 기업용 네트워크 시각화 서비스를 유료로 제공한다.

AmberScope

AmberScope
(https://www.amberscope.com)

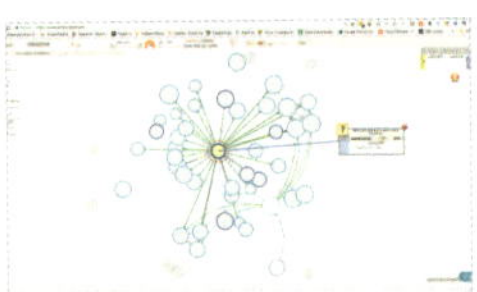

AmberScope는 Ambersite가 출시한 최초의 특허 검색 도구이며, 경쟁업체와 비교할 수 없는 독특한 특허 환경의 시각화로 평가받고 있다. Ambersite가 내부에 가지고 있는 1억 개 이상의 특허를 통해 사용자가 데이터의 입력 없이 검색을 통해 시각화한다는 점에서 다른 서비스와 차별화된다. 최근에는 인공지능 기술을 사용해 기존 키워드 검색에서 누락될 수 있는 유사 특허를 자동으로 추가되거나 제안하는 Ambersite Ai 제품을 서비스하고 있다.

NodeXL

마이크로소프트 엑셀 기반의 네트워크 분석 도구로 프로그램을 설치하면 플러그인 형태로 엑셀에서 실행된다. 엑셀 기반이기 때문에 인터페이스가 익숙하여 사용하기 편하지만 엑셀 기능과 네트워크 기능이 혼재하고 있어 사용성이 떨어지는 단점이 있다. 엑셀 2007, 2010, 2013 그리고 2016을 지원한다. NodeXL Excel Template 2014 버전이 가장 최신 버전이다(2018.09.01 현재). 그리고 홈페이지에서 소스코드를 받을 수 있어 개발능력이 된다면 프로그램을 수정해서 사용할 수 있다.

NodeXL
(Http://nodexl.codeplex.com)

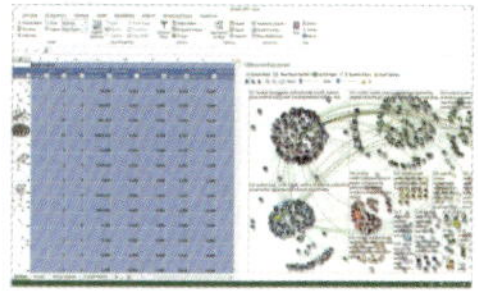

Tableau

태블로는 기업에서 데이터를 수집, 정리, 분석하고 활용하여 효율적인 의사결정을 할 수 있도록 도와주는 BI Business Intelligence 도구이자 데이터 시각화 도구이다. 쉽게 표현하면 엑셀의 피벗테이블과 같은 기능을 아주 쉽게 사용할 수 있도록 구현해놓았다고 보면 된다. 태블로의 장점은 사용자가 사용하기 쉬운 인터페이스나 화려한 그래픽이 아니다. 태블로의 최대 장점은 엑셀로 몇 시간에 걸쳐 그렸을 그래프를 몇 번의 클릭으로 간단하게 그리고 수정할 수 있다는 점이다.

Tableau
(http://www.tableau.com)

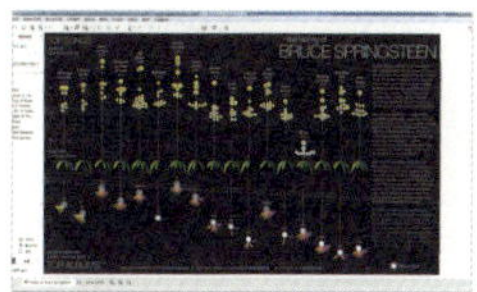

Network
미주

1 ThemeScape Map®: https://clarivate.com

2 ThemeScape Map®: https://clarivate.com/wp-content/uploads/dlm_uploads/2018/07/di_qrc_tsii_en.pdf

3 Guidelines for Preparing Patent Landscape Reports(2015, Anthony Trippe, Patin-formatics LLC) https://www.wipo.int/edocs/pubdocs/en/wipo_pub_946.pdf

4 특허청, 2010 지역지식재산센터 디자인가치제고사업(발주: 대전지식재산센터, 수행기관: 특허법인 플러스)

5 WIPS의 WINTELIPS 리포트(기술 발전도)는 다음 블로그 내용 참고 https://blog.naver.com/wipsmaster/50186956933

6 윈텔립스: https://www.wintelips.com

7 Gary William Flake: https://www.ted.com/talks/gary_flake_is_pivot_a_turning_point_for_web_exploration

8 마이크로소프트 엑셀의 써드파티 플러그인 프로그램: http://www.microsoft.com/silverlight/pivotviewer/ http://www.microsoft.com/silverlight/pivot/default.aspx

9 Microsoft Livelabs Pivot을 활용한 "국내 디자인권 DB" 테스트: https://youtu.be/YYU27tF9JxM

10 Microsoft Livelabs Pivot을 활용한 "해외 디자인권 DB" 테스트: https://youtu.be/-bt8FozNuNw

11 Powers of ten and the relative size of things in the universe: http://www.eamesoffice.com/the-work/powers-of-ten/

12 피벗(Pivot)의 썸네일을 클릭하면 해당 디자인 공보가 열리도록 구현하고자 하였으나 어려움을 겪었다. 2010년 당시에는 디자인 공보 등 대용량 벌크 데이터가 제공되지 않았다. KIPRIS 조회 화면에서 전체 서지사항 다운로드가 지원되지 않아, 엑셀 작업을 위한 서지사항과 썸네일 이미지를 일일이 다운받아 취합하는데도 하루가 걸렸다. 또한 특허청 등록디자인 공보의 URL 주소를 알기 어려웠다. 웹소스는 비공개로 설정되어 있었고 유일한 단서는 웹브라우저 하단에 순식간에 지나가는 주소값이었다. 화면캡처가 어려워 의도적으로 PC성능을 저하시키는 프로그램을 심어 처리속도가 느려진 상태에서 URL값을 얻어내었던 기억이 있다. 지금은 KIPRIS plus 등 벌크 데이터, Open API 등으로 쉽게 활용이 가능해졌다.

13 정부용, 핸드헬드 기기에서 두 손 조작을 통한 포인팅과 문자입력에 관한 연구, KAIST 산업디자인학과 석사학위논문(2006) p.10

14 서울대학교 규장각한국학연구원 http://kyudb.snu.ac.kr/contents/content_detail.do?code=B00008&a_code=A02&b_code=&c_code=&num=8

15 한국지식재산연구원, '지식재산 경쟁력 및 특성지표 개발 – 지식재산 포트폴리오의 특성 분석지표 개발-', 인프라 기초연구과제 보고서, 2012.

16 세계지식재산기구의 Interactive charts: https://www.wipo.int/edocs/infogdocs/en/ipfactsandfigures2018/

17 USPTO Data Visualization Center: https://www.uspto.gov/dashboards/patents/main.dashxml

18 태블로 퍼블릭: https://public.tableau.com/en-us/s/

19 USPTO Patent Statanalyzer https://developer.uspto.gov/visualization/patents-statanalyzer

20 Uber Engineering_Data Visualization https://eng.uber.com/tag/data-visualization/

21 미국 연방 주별 인구변화와 기술특허 수의 변화 상관관계: htttp://developer.uspto.gov/visualization

22 대하드라마 '정도전' 네트워크분석: https://jdjmania.wordpress.com/

23 1898년 Matthew Henry Phineas Riall Sankey가 증기기관의 에너지 효율을 설명한 다이어그램 참조 https://en.wikipedia.org/wiki/Sankey_diagram

24 USPTO(United States Patent and Trademark Office) PTAB(Patent Trial and Appeal Board), Interactive sankey diagram, https://developer.uspto.gov/visualization/proceedings-ptab

25 World Intellectual Property Indicators – 2017(167면, 177면)
http://www.wipo.int/publications/en/details.jsp?id=4234&plang=EN

26 Public Patent Application Information Retrieval: http://portal.uspto.gov/pair/PublicPair

27 미국 재심사는 소송에 대신하여 등록된 특허의 유효성 여부를 판정하기 위해 1999년 시행된 제도이다. 결정계인 EPR(Ex Partes Reexamination)과 당사자계 IPR(Inter Partes Reexamination)로 구별되며, 애플의 미국 디자인특허 D618,677에 대한 EPR 재심사(90/012,884)는 2013년 5월 3일 제기되었다. 재심사가 1심 법원 배심원 평결 후에서야 청구된 것은 시기적으로 매우 늦었다는 생각이다. 아울러 2015년 8월 5일자 발송된 심사관 의견제출통지(Non-Final OA)에서 사용된 3개의 특허(도시바, 삼성전자, LG전자)들을 결합하여 아이폰 해당 특허의 진보성을 부인한 것에도 납득하기 어려운 부분이 있다.

28 Google patents: https://patents.google.com

29 Ask patents: https://patents.stackexchange.com/tour

30 정보 시각화 또는 데이터 시각화에 대해서는 다음 참조
http://www.creativeblog.com/design-tools/data-visualization-712402

https://thenextweb.com/dd/2015/04/21/the-14-best-data-visualiztion-tools
https://medium.com/@karlsluis/beyond-tufte-fd93cbcec6af

31 Clarivate Analytics의 인용맵(Citation Map)(舊 Thompson Innovation)
https://cdn.clarivate.com/wp-content/uploads/2017/10/2017_06_Tip_and_Trick_June_207_Final_rebranded2017-09-18.pdf

32 인용정보를 활용한 원천특허 확인 방법:
https://blog.naver.com/wipsmaster/220568022875

33 Visualizing Google's growth: https://www.theverge.com/2012/9/17/3322854/google-startup-mergers-acquisitions-failure-is-a-feature

34 Questel: http://www.questel.com/index.php/en/product-and-services/ip-business-intelligence

35 광개토연구소의 Patentpia: https://patentpia.com/kr/search/keyword

36 미국 특허청의 Patent Assignment Search: https://assignment.uspto.gov/patent/index.html#/patent/search

37 특허청 2016.01.20.자 보도자료 "특허청, 디자인 심사 관련 핵심정보 민간에 개방한다!"
http://designmap.or.kr/dm/DmNrFrD.jsp?p=2305

38 Gephi 작동 동영상은 다음 링크 참조: Info. Visualization of design patent citations by Gephi! (2017.04.23. 게시) https://youtu.be/MIV3LliTs3U

Analytics & AI

특허 빅데이터로 풀어낸 혁신전략 사례

정적인 시각화만으로는 한계가 있으며,
네트워크 분석을 통해 실제적이고, 실행 가능한 통찰을 얻기 위해서는
네트워크와 실제로 상호작용할 수 있는 분석자의 능력이 보다 중요하다.

– 안드레 베르메주, 케네딕트 창립자 –

다이슨 Dyson, 제품개발 영감은 어디서 왔을까?

'날개 없는 선풍기' 특허 인용·피인용 정보로 살펴본 다이슨의 혁신

다이슨 사의 최고엔지니어이자 영국왕립예술대학 출신의 디자이너 창업자 제임스 다이슨은 '혁신가'인가, '발명가'인가? 다이슨은 스스로를 발명가로 정의한다. 유레카 모먼트를 기대하기보다는 끊임없는 시행착오를 통해 혁신을 이루고자 하는 다이슨만의 제품개발 프로세스를 고집한다.
다이슨 혁신의 방향을 결정하는 것은 기술이다. 선풍기, 히터, 가습기를 위한 유체역학과 냉난방 및 환기장치 기술부터 무선청소기와 슈퍼소닉 헤어드라이어에 적용한 디지털 모터 및 에너지 저장기술까지, 축적된 특허 포트폴리오로 다이슨의 다음 행보를 분석해보자.

혁신의 아이콘 다이슨

영국의 혁신기업 다이슨은 1993년 제임스 다이슨James Dyson에 의해 설립되었다. 다이슨은 '먼지 봉투 없는 진공청소기', '날개 없는 선풍기' 등 기존 제품과의 차별화로 잇따라 성공하며 혁신 기업으로 성장하였다. 다이슨의 성공은 철저한 기술 중심을 근간으로 실패를 두려워하지 않는 기업문화에서 출발한다. 엔지니어가 회사의 중심이며, 주당 연구개발 투자비용이 한화로 100억 원 가량, 전 세계에 출원된 특허 수는 8,000여 건이 넘으며, 스스로를 기술기업technology company라 부른다.

국내에서 2010년 출시된 다이슨의 '날개 없는 선풍기'—'에어 멀티플라이어Air MultiplierTM'—는 127년 동안 지속되어온 '선풍기의 회전 날개'에 대한 고정관념을 깨며 산업계에 큰 획을 그었다. 에어 멀티플라이어는 2009년 미국의 시사 잡지 「Time」지가 선정한 가장 혁신적인 제품 톱 10에 선정되기도 하였다.

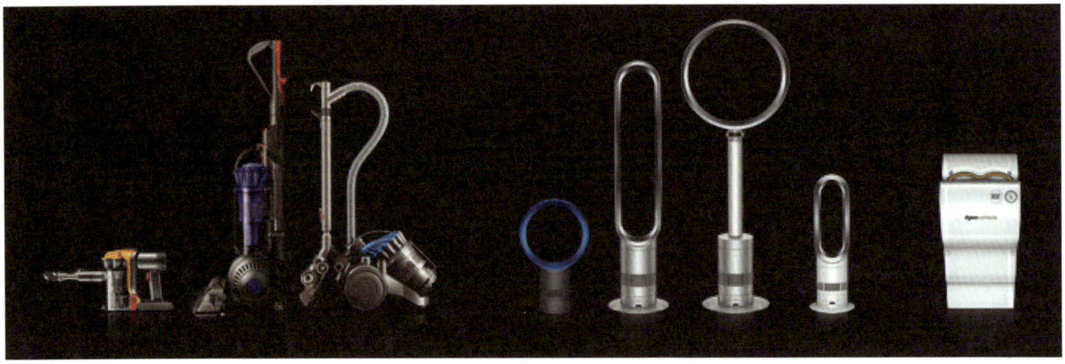

다이슨의 혁신제품라인: 먼지봉투 없는 진공청소기부터 날개 없는 선풍기, 다이슨 홈페이지 제공

다이슨의 대표 제품으로 살펴보는 특허 네트워크

제임스 다이슨(JAMES DYSON, 1947~)
영국의 발명가이자 산업 디자이너. 다이슨의 창업자(1993). 애플의 스티브 잡스처럼 자신이 창업한 다이슨에서 쫓겨났다 복귀한 후 '먼지 봉투 없는 진공청소기', '날개 없는 선풍기' 등 다이슨의 대표적인 혁신 제품을 내놓았다. 특히 '날개 없는 선풍기'의 최초 디자인특허(US D602,143)는 제임스 다이슨이 발명자로 참여했다.

미국 특허청에 기록된 다이슨의 첫 번째 특허는 진공청소기 특허(US 7,000,288, 2001.1.8.)이다. 다이슨은 미국에 특허를 출원한 첫 해인 2001년에 총 34건(진공청소기 17건, 세탁기 10건, 로봇청소기 6건, 기타 1건)의 특허를 출원하였으며, 현재까지 미국 등록특허 624건(기술특허 432건; 디자인특허 192건)을 보유하고 있다. 다이슨의 특허를 중심으로 전방인용Backward citation 1단계와 후방인용Forward citation 1단계의 특허를 수집하면 총 9,964개의 특허Nodes와 연결정보Edges 67,566건의 데이터를 확보할 수 있다. 이를 기반으로 특허 네트워크 맵을 분석해보자(2017.01.02. 기준).

다이슨의 연도별 특허출원을 살펴보면, 2001년부터 진공청소기 관련 기술개발이 꾸준히 증가하는 것을 알 수 있다. 선풍기와 관련된 특허는 2007년 7월 영국에서 최초 출원(Bladeless Fan, 2007017155(GB)) 이후 각국으로 특허 출원이 진행되었으며, 미국에서는 2008년 US D602,143 특허를 시작으로 관련 기술의 특허출원이 활발히 이루어지고 있다.

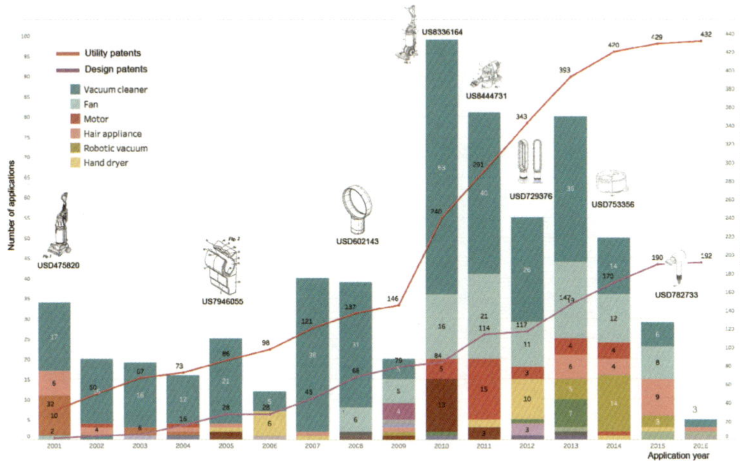

다이슨, 연도별 주요 제품라인 출원 추이

특허 인용 네트워크를 보자. 중앙 하단 가장 큰 클러스터와 4개의 섬처럼 느슨하게 연결된 클러스터로 구성되어 있다. 가장 크고 밀도 있게 연결된 클러스터는 진공청소기 그룹으로 다이슨의 1 세대 혁신을 의미한다. 반면 로봇청소기 관련 클러스터는 1세대 혁신 분야와 매우 가깝게 연결되어 있지만, 아직 특허의 양적인 규모는 상대적으로 작은 것을 볼 수 있다.

다이슨의 2세대 혁신인 선풍기와 핸드드라이어는 진공청소기 클러스터와는 멀리 떨어져 있지만, 두 제품 간에는 서로 가깝게 위치

STEP 1&2 DATA MINING AND MAPPING

Data

대상: 다이슨의 특허
대상기간: 2001~2018
대상국가: 미국
특허상태: 등록
특허 수: 624
디자인특허: 192 (31%)
기술특허: 432 (69%)

Network data

Backward citation: 1depth
Forward citation: 1depth
Nodes: 9,964
Edges: 67,566
Type: Direct

STEP 3 NETWORK ANALYSIS

Average Degree: 6.781
Network Diameter: 8
Graph Density: 0.001
Modularity: 0.69

STEP 4 NETWORK VISUALIZATION

Software ver.Gephi v.0.9.2

Layout

Yifan Hu

Visualization

Nodes size: Degree centrality
Nodes color: Modularity

하고 있다. 이는 날개 없는 선풍기의 혁신이 상대적으로 진공청소기 관련 기술보다는 에어블레이드 핸드 드라이어AirBlade Hand Dryer에 영향을 많이 받은 것을 예측해볼 수 있다. 실제로 다이슨의 에어 멀티플라이어는 핸드드라이어에서 아이디어를 착안하여 제트 기류 원형 배출구인 에어호일Airfoil을 개발하게 되었다고 한다.

가장 최근에 다이슨이 선보인 헤어드라이어 슈퍼소닉은 어떤 기술의 영향을 많이 받았을까? 헤어드라이어 관련된 특허 클러스터는 선풍기와 핸드드라이어 사이에 위치하고 있다. 이는 다이슨의 헤어관련 전자 제품 혁신이 깜짝 등장한 것이 아니라 기존 혁신제품인 선풍기의 형태적인 디자인 및 공기 증폭기술과 함께 핸드드라이어에서 적용한 고압고속 기류를 형성하여 건조하는 기술 연결을 통해 탄생한 것으로 예상해볼 수 있다.

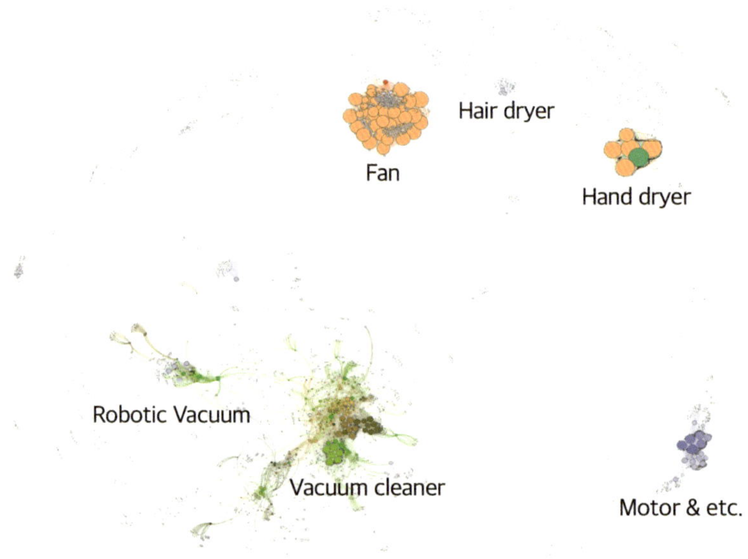

다이슨 특허의 제품라인 별 네트워크 시각화

"날개 없는 선풍기" US D602,143 원천 디자인특허의 진화 : 전후방 확장 특허 네트워크

흔히 선풍기, 헤어드라이어, 냉장고 등 가전제품에서 다양한 형태와 사이즈의 팬Fan을 접할 수 있다. 전기모터와 프로펠러로 구성된 단순한 구조로 인식되지만, 팬 기술은 자동차, 항공기, 인공위성에 쓰이는 부품으로서 매우 안정적인 작동이 요구된다.

미국의 최초 'Fan' 특허는 US 414,758이다. 이 특허는 1889년 '전기모터를 이용한 Fan' 기술로 필립 딜Philip Diehl에 의해 발명되었다. 천정에 설치하는 선풍기 형태로 당시의 미국은 전기가 매우 비쌌기 때문에 가정용보다는 호텔, 식당, 공장과 같이 대중이 이용하는 곳에 사용가능한 기술이 먼저 발명되었다.

사실 우리에게 익숙한 형태의 스탠드형 선풍기는 US 414,758보다 3년이나 앞선 1886년 셔일러 휠러Schuyler Wheeler가 개발한 US 494,978이다. 하지만 등록시점이 1893년으로 늦어지며 최초 선풍기 특허 타이틀을 필립 딜에게 넘겨주었다. US 494,978은 DC 모터를 사용했으며 크기가 굉장히 컸다. 1890년대 이후 AC 모터가 장착되면서 소형화된 모터가 시작하였다. 1920년대 후반 제너럴 일렉트릭GE: General Electronic과 웨스팅하우스Westinghouse가 선풍기 시장을 장악하였다. 당시의 선풍기 날개는 알루미늄이나 철을 사용했지만 현재는 대부분 플라스틱으로 대체되었다.

다이슨의 선풍기 원천 디자인특허는 다이슨의 시그니처 제품인 "날개 없는 선풍기(US D602,143, 2008.12.4. 출원)" 특허는 전후방 인용

127년을 이어온 'Fan' 기술

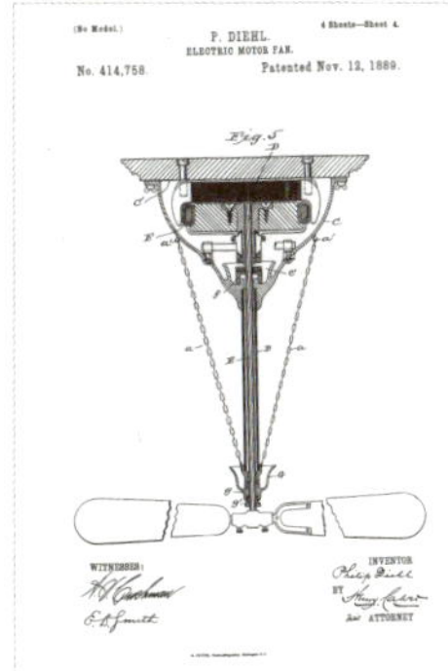

미국 최초의 전기모터 선풍기 특허 (1889년, US 414,758)

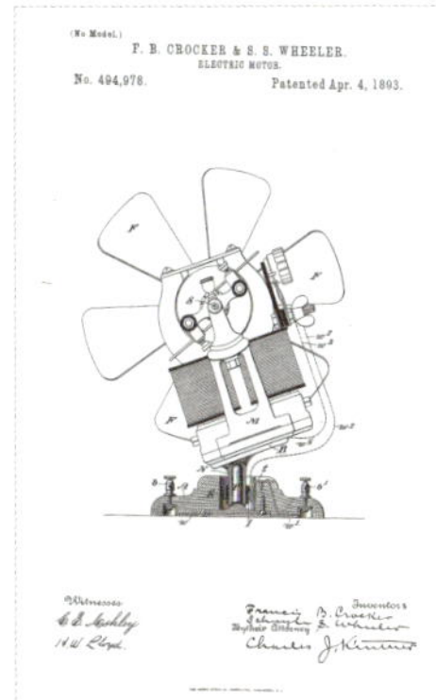

미국 최초의 스탠드형 선풍기 (1893년, US 494,978)

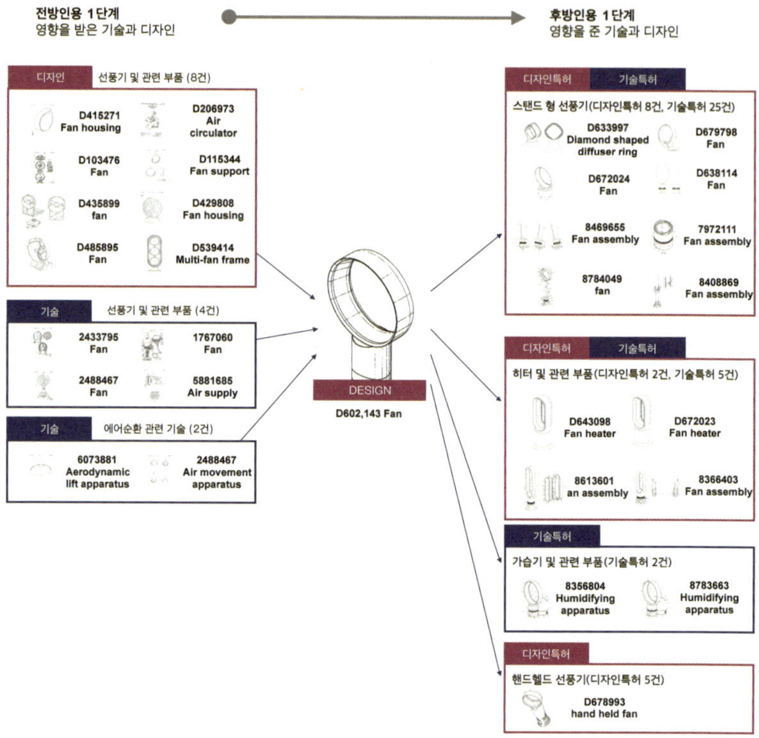

US D602,143 특허의 전후방 1단계 인용관계 분석

지수가 상대적으로 높다.

다이슨의 RDD센터

일반적인 전자회사들의 경우 R&D센터와 디자인센터가 분리되어 운영하는 게 일반적이나 다이슨의 RDD센터는 연구(Research) · 디자인(Design) · 개발(Development)을 통합적으로 운영한다.

디자인이란 제품의 기능을 향상시킬 수 있는 새로운 기술을 종합하는 과정이라는 철학 아래 혁신과 디자인을 중시하고 지원하고 있다.

US D602,143 원천 디자인특허를 기준으로 전방인용 1단계와 후방인용 1단계의 인용관계를 그려보면 다이슨의 날개 없는 선풍기에 영향을 주고받은 제품군이나 기술 분야를 파악할 수 있게 된다.

US D602,143의 전방인용은 총 14건으로, 이중 12건은 선풍기 또는 선풍기와 관련된 특허를 인용하였으며, 선풍기를 제외하면 2건 인용의 특허는 항공기 특허(US 6,073,881, US 2,488,467)이다. 특징으로 스탠드 부분과 팬 하우징 등 제품의 외형적인 부분은 선풍기 기술에서 바람을 불어내는 부분은 항공기 기술에서 인용하고 있음을 볼 수 있다. US D602,143의 후방인용은 43건으로 스탠드형 선풍기 제품부터 팬 없는 히터(2012년 출시), 팬 없는 가습기(2014년 출시)까지 제품의 경계를 뛰어넘어 영향을 미치고 있는 것을 확인할 수 있다.

주목할 만한 부분은 디자인특허의 전후방인용이 단순히 디자인에서 디자인으로 영향을 미치는 것이 아닌, 디자인에서 기술로, 기술에서 디자인으로 교차되어 영향을 준다는 점이다. 다이슨은 디자인과 R&D부서가 통합된 RDD센터를 운영하면서 제품의 외관에서 볼 수 있는 모든 부분은 기능 중심으로 디자인된다는, 독일 바우하우스의 "형태는 기능을 따른다Form Follows Function"라는 디자인 기본 명제를 충실히 따르고 있다.

심층적인 분석을 위해 전방인용을 2단계까지 확장하고, 후방인용을 3단계까지 분석하였다. 특허 인용 네트워크(B2-F3)는 노드 687개, 엣지 2,372개로 구성되어 있으며, 'ForceAtlas 2' 레이아웃으로 시각화하였다. 노드의 크기는 매개중심성Betweenness centrality 기준이며, 색상은 제품별로 구분하였다. 네트워크 상에서 매개중심성이 높다는 것은 지식의 흐름, 정보교환에 통제능력이 높다는 것을 의미한다. 즉, 매개 중심성이 높은 특허일수록 주변의 특허에게 직간접적인 영향력을 행사할 수 있으며, 기술을 쉽게 획득하고, 기술의 흐름을 통제함으로서 혁신성과 확대에 영향을 미친다고 할 수 있다.

STEP 1&2 DATA MINING AND MAPPING

Data

대상: D602143 관련 특허
대상기간: 1974~2014
대상국가: 미국
특허상태: 등록
특허 수: 207

Network data

Backward citation: 2 depth
Forward citation: 3 depth
Nodes: 687
Edges: 2,373
Type: Direct

STEP 3 NETWORK ANALYSIS

Average Degree: 2.036
Network Diameter: 10
Graph Density: 0.001
Modularity: 0.711

STEP 4 NETWORK VISUALIZATION

Software ver.Gephi v.0.8.2

Layout

ForceAtlas 2

Visualization

Node size: Betweenness centrality
Node color: Product line

분석 결과 '날개 없는 선풍기' US D602,143의 디자인특허에 가장 중요한 영향을 준 특허는 공기공급장치(US 5,881,685)로 나타났다. US 5,881,685는 차량용 라디에이터에 쓰이는 팬Fan의 핵심 기술이지만, 다양한 제품에 범용적으로 활용 가능한 기술이다. 두 번째로 매개중심성이 큰 특허는 수직 이착륙 기술을 포함하고 있는 항공기 기술(US 6,073,881)로 나타났다. 항공기 이륙 시 적용한 베르누이 원리가 다이슨의 날개 없는 선풍기의 원형고리 단면의 공기흐름을 증폭하는 과정에 사용된 핵심 특허로 파악된다.

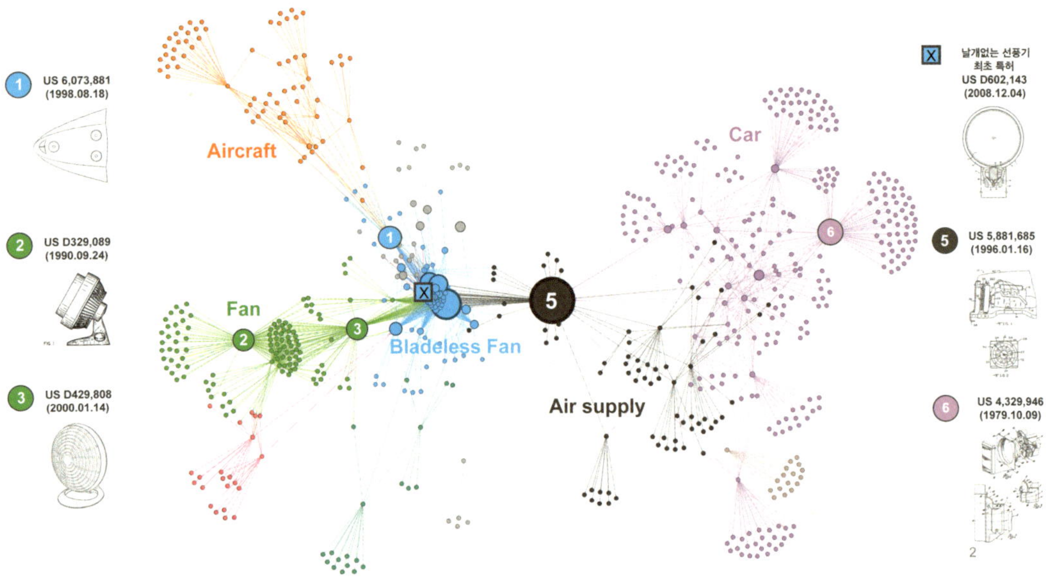

US D602,143 인용관계 심층 분석(B2-F3):
다이슨의 '날개 없는 선풍기'의 최초 특허인 US D602,143의 기술(X)은 베르누이 원리를 이용한 항공기술 ①, 선풍기 기술 ②, ③ 그리고 자동차 공조기술 ⑤, ⑥의 영향을 받았다.

US D602,143의 전후방 인용관계를 기술별로 나눠보면, 날개 없는 선풍기는 기존 선풍기, 자동차 팬, 항공기 날개, 공기 공급 장치에서 많은 영향을 받았다. 반면 영향을 준 제품들은 동종 제품군인 선풍기뿐만 아니라, 가습기, 히터 등 핵심특허를 중심으로 제품 다각화가 이루어지는 것을 볼 수 있다.

다이슨의 최초 헤어드라이어 특허(US 10,016,040)

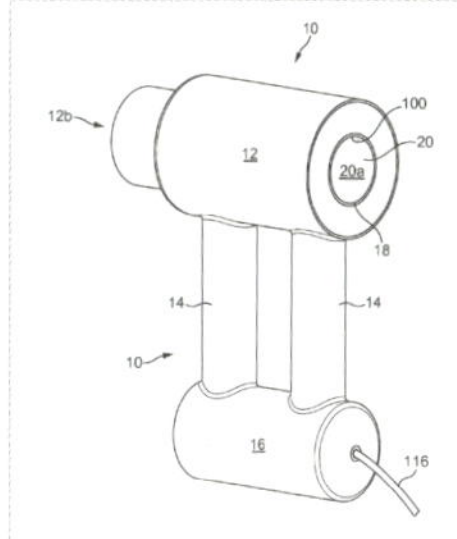

다이슨의 다음 혁신은?

2016년 9월 다이슨은 '날개 없는 선풍기' 기술을 활용한 헤어드라이어를 출시했다. 다이슨의 헤어드라이어 관련 최초 특허는 기술특허 US 10,016,040(Hand held appliance, 2013년 3월 28일 출원)로, 출시 3년 전부터 관련 제품군 특허 출원으로 포트폴리오를 확보하였다.

(19) 대한민국특허청(KR)　(11) 공개번호 10-2016-0096888
(12) 공개특허공보(A)　(43) 공개일자 2016년08월17일

(54) 발명의 명칭 **헤어드라이기**

(57) 요 약

본 발명은 서로 다른 외기 유입구를 갖는 손잡이 부와; 상기 손잡이 부에 형성되며, 서로 다른 상기 외기 유입구를 통해 유입되는 외기를 서로 다른 유로를 따라 유동되도록 안내하는 유로부와; 상기 유로부에 설치되며, 서로 다른 상기 유로 중 어느 하나의 유로를 따라 유동되는 외기를 가열하는 가열부; 및 상기 손잡이 부의 상단에 형성되며, 서로 다른 상기 유로를 따라 유동되는 외기를 기압차에 의해 외부로 유속을 형성하여 토출하는 토출부를 포함하는 헤어드라이기를 제공한다.

대 표 도 - 도1

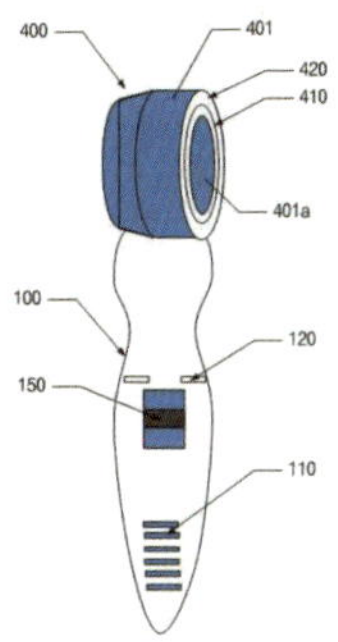

헤어 드라이기, 공개특허번호(KR 10-2016-0096888)

재미있는 에피소드를 소개하자면 슈퍼소닉 헤어드라이어가 출시된 2016년보다 2년 앞선 2014년 11월, 우리 연구팀은 다이슨 기업

의 특허 분석을 시작하면서 다이슨 사의 헤어드라이어 출시를 특허 분석을 통해 예측하고,[1] '저소음 헤어드라이어' 특허를 선제적으로 국내 출원한 경험이 있다(특허출원 10-2015-0018511, 한국). 분석시점 당시, 다이슨의 헤어드라이어 출원 특허가 공개되지 않은 상황이었지만, 특허 인용 네트워크 맵을 분석해보면, 다이슨의 차기작으로 선풍기와 핸드드라이어를 연결하는 소형 핸드헬드 제품관련 특허량이 증가하는 추세였고, 디자인권에서 제공하는 형태적인 부분을 유추해 볼 수 있었다.

다이슨은 2021년을 목표로 전기차 시장 진출을 선언하였다. 비행기 날개의 기류제어 원리를 적용한 '에어 멀티플라이어' 혁신, 시속 640km로 공기를 분사하여 손을 건조하는 '에어 블레이드', 업계 최고 수준의 모터의 회전력과 배터리 기술을 기반으로 한 '다이슨 무선 진공청소기'는 다이슨이 전기차 시장의 후발 주자임에도 불구하고 미국 테슬라 등 쟁쟁한 경쟁자들을 위협하기에 충분하다. 특허의 비공개기간 제도상, 신생 특허에 대한 분석이 용이하지 않아 특허 인용 네트워크맵에서 전기차 관련 활동을 파악하긴 어렵다. 다이슨의 축적된 모터 기술, 배터리 기술, 그리고 기류제어 기술 연결을 통하여 다시 한 번 세상을 놀라게 할 전기차를 기대해본다.

> "제품의 외관에서 볼 수 있는 모든 부분은 기능 중심으로 디자인한다. 디자인이란 제품의 기능을 향상시킬 수 있는 새로운 기술을 종합하는 과정이다."
>
> _ 제임스 다이슨

사운드 기술의 강자 보스BOSE가 만드는 인덕션은?

특허 네트워크 맵을 통한 보스의 피벗팅Pivoting 전략

Case Pick

'BOSE' 하면 전통적인 오디오 강자, 독보적인 노이즈캔슬링 기술 보유 기업, 로고부터 제품까지 매트한 블랙바디에 반짝이는 실버메탈 디자인만 떠오른다면, 이제 그 고정관념을 깨야 할 때다.
세계소비자전자제품 박람회 CES에서 깜짝 선보인 BOSE® Beyond Sound! 하이테크 주방기기, 자율주행 서스펜션 시트, 사운드 증강현실 안경, 숙면보조 이어버드까지, 축적된 사운드 기술을 바탕으로 한 BOSE® 혁신적 제품 피벗팅/다각화 전략을 특허 네트워크 맵을 통하여 탐색해보자.

보스의 새로운 비트! 사운드를 뛰어넘는 혁신의 혁신

보스의 수석연구원 켄 야곱Ken Jacob은 미국 IT전문매체 씨넷CNET을 통해 일명 볼텍스Vortex 프로젝트라고 부르는 최첨단 인덕션을 선보였다. 겉으로 보기에는 특별하지 않지만, 펄펄 끓고 있는 냄비의 손잡이와 바닥, 심지어 인덕션 상판에 직접 손을 대도 뜨겁지 않다. 보스가 선보인 인덕션은 완벽하게 절연된 상태에서 정확하게 요리 재료에만 필요한 에너지를 전달한다. 켄 야곱은 온도에 민감하기로 유명한 프랑스 크레페 요리를 완벽하게 선보였다.[2]

1964년, MIT전자공학 교수이자 음향학 박사인 아마르 보스Amar Bose, 1929~2013가 설립한 BOSE Corp.은 MIT대학 실험실에서부터 시작하여 현재 세계적인 음향업계로 우뚝 섰다. 창업주는 보스를 비상장기업으로 유지하면서 단기적인 실적보다는 장기적인 연구개발R&D에 투자하였다. 보스의 독보적인 노이즈 캔슬링 기술Noise Cancelling Technology은 1978년부터 12년간 당시 돈으로 5천만 달러라는 막대한 연구투자의 대표적인 성과이다.

보스는 로고는 물론 슬로건까지 모두 특허청에 상표로 등록하며 철저하게 지식재산권을 관리한다. 보스턴에 위치한 보스 본사, 보스의 제품 디자인아이덴티티와 꼭 닮아 있다.

보스의 축적된 R&D투자는 사운드를 넘어, 자동차 분야, 하이테크 가전 그리고 사운드 증강현실기반 플랫폼 사업까지 혁신의 혁신을 거듭하고 있다. 더 놀라운 것은 이러한 행보가 괴짜 연구원의 실험정신이 아닌, R&D를 바탕으로 한 탄탄한 특허 포트폴리오와 비즈니스 변화를 꾀하는 피벗팅 전략이라는 점이다.

에릭 리스(Eric Ries)가 정의한 10가지 피벗팅 전략[3]

1. 줌인 피벗(Zoom-in Pivot)
2. 줌아웃 피벗(Zoom-out Pivot)
3. 고객세분화 피벗(Customer Segmentation Pivot)
4. 고객 니즈 피벗(Customer Needs Pivot)
5. 플랫폼 피벗(Platform Pivot)
6. 비즈니스 아키텍처 피벗(Business Architecture Pivot)
7. 가치 확보 피벗(Value Capture Pivot)
8. 성장 동력 피벗(Engine of Growth Pivot)
9. 유통 경로 피벗(Channel Pivot)
10. 기술 피벗(Technology Pivot)

모두 피벗한다Everyone pivots

피벗Pivot의 사전적인 의미는 농구, 핸드볼 등의 구기나 댄스에서 한 발을 축으로 하여 회전하는 것이다. 비즈니스 환경에 피벗이란 용어를 처음 사용한 사람은 「린 스타트업The Lean Startup」의 저자 에릭 리스Eric Ries이다. 피벗팅이란 기업이 현재의 비즈니스의 비전을 중심축으로 유지하면서 사업 전략을 회전, 전환, 변화시켜 기존의 실패를 만회하는 방식을 이야기한다. 기업의 피벗팅 사례는 다양하다. 인스타그램의 창업자들의 첫 사업 아이템은 이름도 생소한 Burbn이라는 체크인 앱이었다. 그러나 사용자들의 앱 사용행태를 관찰해본 결과 원래 의도했던 위치기반 서비스보다는 사진을 등록하고 공유하는 것을 더 즐기는 것을 발견하였다. 그들은 과감하게 기존의 핵심기능인 위치기반 서비스와 체크인 서비스를 포기하고 부가 기능에 불과하였던 사진 공유 기능을 특화시켜 지금의 인스타그램을 선보였다. 소셜커머스의 효시로 잘 알려진 그루폰Groupon은 사회적 모금 및 공익사업 목적의 집단행동을 위한 더 포인트The Point 사이트에서 출발하였다. 유튜브는 어떠한가? 원래 온라인 동영상 데이트 사이트로 시작했지만, 사용자들이 재미있는 동영상을 올리기 시작하자 사업을 피벗팅하여 성공하였다.

피벗팅 개념은 단순해보이지만 실제 기업의 실행단계에서는 최고경영자에게 피벗팅 방향성에 대한 탐색과 위험을 감수하고 추진할 수 있는 강력한 결단력을 요구한다. 다음 장에서는 보스 사가 축적된 사운드 기술력을 바탕으로 어떻게 사업 피벗팅에 성공하였는지 특허 빅데이터 네트워크 맵을 통하여 살펴보자.

보스의 특허 빅데이터 네트워크

보스는 1972년 최초 특허(US 4,456,872)를 시작으로, 927건 특허를 출원하였다(기술특허 772건, 디자인특허 155건, 2016년 6월). 전체 특허의 전후방 1단계 B1-F1를 네트워크로 표현하면 다음과 같다.

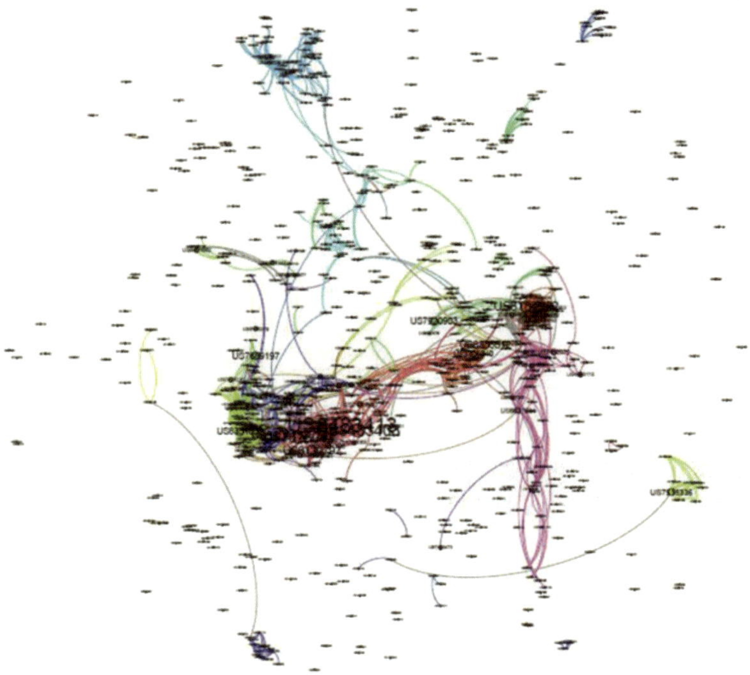

BOSE의 전후방 1단계 네트워크 맵: Overview

핵심 기술 분야: BETTER SOUND

보스의 네트워크 맵에서 가장 중앙에 위치하고, 노드응집도가 높은 부분은 사운드 관련기술(빨간색)로, 사운드 기술은 세 가지 핵심 기술그룹으로 구성되어 있다. 왼쪽부터 음파증폭(US 8,295,537), 음향방사(US 8,977,375), 그리고 보스의 시그니처 기술인 노이즈 제거기술(대표특허 US 8,184,822)이다.

STEP 1&2 DATA MINING AND MAPPING

Data
대상: BOSE Corp.
대상기간: 1972~2016
대상국가: 미국
특허상태: 출원, 등록
특허 수: 927
기술특허: 772
디자인특허: 155

Network data
Backward citation: 1 depth
Forward citation: 1 depth
Nodes: 14,740
Edges: 30,688
Type: Direct

STEP 3 NETWORK ANALYSIS

Average Degree: 2.036
Network Diameter: 10
Graph Density: 0.000
Modularity: 0.9

STEP 4 NETWORK VISUALIZATION

Software ver.Gephi v.0.9.2

Layout
ForceAtlas 2
Label Adjust

Visualization
Nodes size: Betweenness centrality
Nodes color: Product line
Edge type: Curved

보스는 사운드 핵심기술을 중심으로 개발한 핵심 1세대 제품라인(왼쪽 빨강점선 표기)과 연결되어, 홈시어터 시스템, 사운드링크로 대표되는 소형 스피커, 닛산, 아우디에 내장하는 카오디오 분야로 연결되어 있다. 보스는 1982년부터 자동차 업체에 스피커를 공급하기 시작하여, 시스템 설계 및 개발부터 자동차 모델별로 맞춤형 방식을 취하고 있어, 대중성부터 프리미엄 라인까지 시장을 넓게 확보하고 있다.

오른쪽 엣지의 세로(파란점선 표기)로 길게 그룹화한 영역은 2세대 제품 혁신으로 노이즈 캔슬링 핵심 기술을 기초로 개발된 헤드셋, 헤드폰, 이어피스 분야이다. 보스의 노이즈 캔슬링 기술은 노이즈를 줄이기 위해 소음에 대항하여 상쇄할 수 있는 반대음파를 전기적으로 만들어내는 것으로 헤드폰업계에서 획기적인 혁신이며, 보스

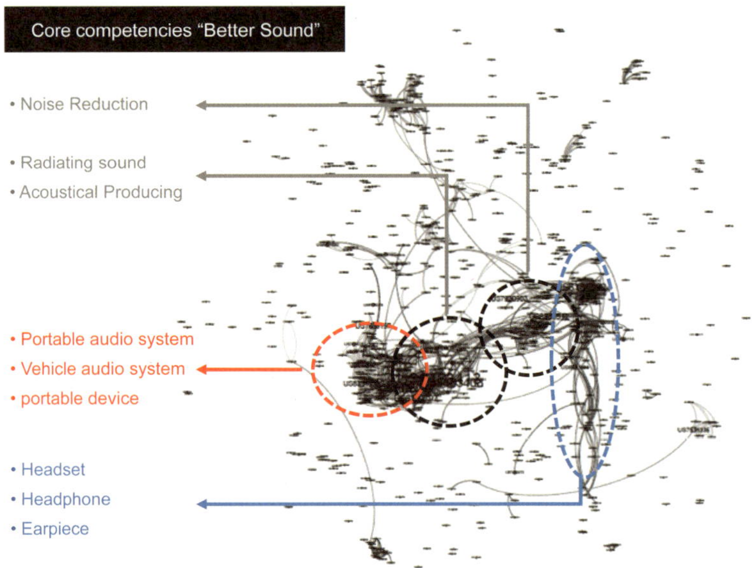

보스 사는 음파증폭, 음향방사, 노이즈캔슬링 기술을 중심으로, 라우드스피커, 카오디오, 소형스피커, 헤드셋 시장까지 영역을 확장하였다.

사의 원천 기술이다.

좀더 자세히 살펴보면, 헤드셋/헤드폰/이어피스 분야에서 2014 비츠일렉트로닉스Beats Electronics과 기술침해 분쟁을 야기했던 주요 노이즈 캔슬링 관련 특허들('동적으로 구성된 ANR 필터 토폴로지(US 8,073,151)', '동적 구성된 ANR 신호 처리 토폴로지(US 8,073,150)', '디지털 고주파 위상 보상(US 8,345,888)', '고주파수 보상(US 8,054,992)')이 다수 인접해서 연결되어 있음을 확인할 수 있다. 이들 특허는 매개중심성Betweenness Centrality을 의미하는 노드 크기가 상대적으로 크다. 이때, 매개중심성은 기술과 기술의 중요한 연결자 역할을 의미하며, 보스의 특허 포트폴리오에서 핵심적 역할을 할 수 있는 중요한 자산이다.

2014년 보스는 비츠일렉트로닉스가 자사의 주요 노이즈 캔슬링 기술을 침해했다고 소송을 시작하였다. 당시 애플이 비츠의 인수 계획을 밝혔던 시기라 애플과 보스의 특허전쟁으로 큰 화제가 되었다. 현재 두 기업은 소송을 끝내고 합의한 상황이며, 상세한 합의 내역은 알려지지 않았다.
애플의 최근 '에어팟' 후속 프로젝트로 기존 제품과 달리 귀를 덮는 디자인(over-the-ear)에 주변 잡음을 제거하는 기술이 결합된 프리미엄 헤드폰을 준비한다고 한다.
애플의 신제품이 프리미엄 헤드폰의 대명사로 여겨지는 보스에 대항할 수 있을지 귀추가 주목된다.

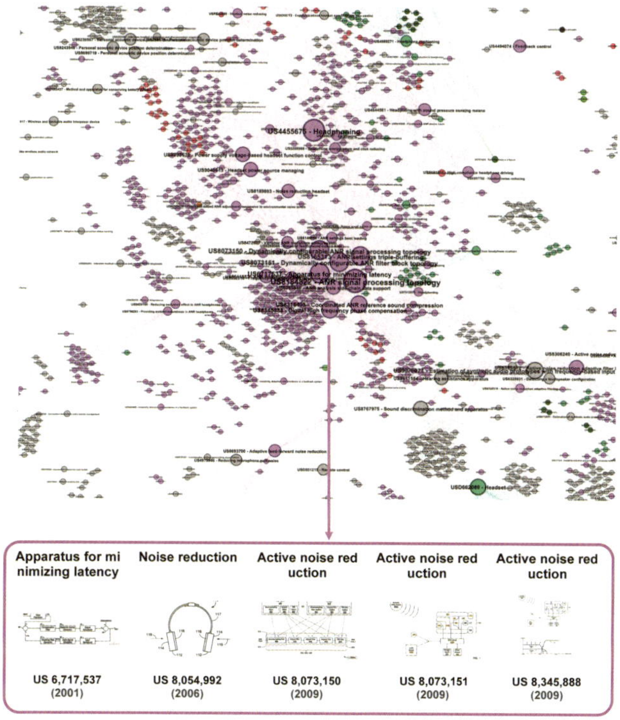

보스, 비츠일렉트로닉스가 침해했다고 주장한 5가지 노이즈 캔슬링 관련 특허:
보스가 비츠에 소송한 특허 5건(US 6,717,537, US 8,054,992, US 8,073,150, US 8,073,151, US 8,345,888)로 특허 네트워크에서 가장 중심에 위치한 '노이즈 캔슬링' 관련 핵심기술이다.

보스는 비츠Beats의 노이즈 캔슬링 헤드폰이 특허를 침해했다고 델라웨어 주 지방법원에 소송을 제기했다. 액티브 노이즈 캔슬링 기술은 외부에서 들리는 소음을 마이크로 읽어 들여 이와 반대되는 음파를 만들어 소음을 반사하는 식으로 소음을 지우는 기술이다.

155건의 디자인특허, 18가지 다른 제품군

디자인특허는 청구항과 로카르노Locarno 분류를 통해서 정확한 물품명을 기술하기 때문에, R&D투자를 하고 있는 제품에 대한 힌트를 얻는 데 중요한 역할을 한다. 보스가 출원한 미국 디자인특허는 총 155건이다. 우리에게 잘 알려진 음향 관련 제품 디자인이 상위 3개 물품에 해당한다. 스피커 71건, 이어피스 21건, 헤드셋 18건. 그렇다면 나머지 45건은 어떤 디자인일까? 음향관련 액세서리부터 TV디자인, 자동차 시트 디자인, 키오스크까지 18개의 다른 물품으로 구성되어 있다.

사운드를 넘어선 혁신 'Beyond Sound': 4가지 피벗팅 전략

보스의 특허 네트워크 맵 중심에는 55년간 전폭적인 R&D투자를 통해 개발한 사운드 관련 원천기술이 밀집하고 있다. 그렇다면 사운드 관련 기술과 느슨하게 연결되어 있는 4~5개의 각각 섬과 같은 특허 클러스터들은 어떤 기술 분야일까? 흥미롭게도 각각의 섬은 규모는 작지만 전통적으로 사운드와 관련이 없다고 생각했던 완전히 새로운 시장 제품·고객을 대상으로 하는 혁신적 피벗팅 전략을 취하고 있다.

순번	물품별	대표도면	특허정보	출원 수	순번	물품별	대표도면	특허정보	출원 수
1	Speaker		US D514090 (2013)	71	10	Control console		US D801434 (2015)	2
2	Earpiece		US D659117 (2010)	21	11	Radio		US D498742 (2003)	4
3	Headphone		US D541255 (2006)	18	12	Audio signal processing unit		US D441374 (1996)	1
4	Accessory		US D740560 (2014)	10	13	Cd player		US D508905 (2003)	1
5	Remote control		US D663288 (2010)	8	14	Graphical user interface	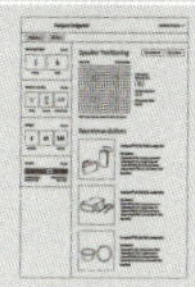	US D791781 (2014)	1
6	Control module		US D432523 (1995)	6	15	Merchan-dise display		US D727666 (2013)	1
7	Seat		US D605420 (2009)	3	16	Micro-phone		US D563395 (2006)	1
8	TV		US D646684 (2010)	3	17	Virtual theatre		US D674114 (2011)	1
9	Amplifier		US D788066 (2016)	2	18	Wearable Audio Device	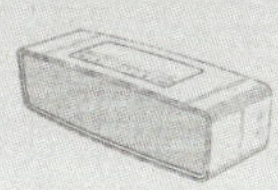	US D708228 (2013)	1

기술 피벗(Technology Pivot)
한 회사가 똑같은 해결책을 제공하되 완전히 다른 기술을 사용하는 것이다. 이때 새로운 기술은 기존 기술에 비해 훨씬 나은 가격 또는 성과를 거둘 수 있어야 한다.

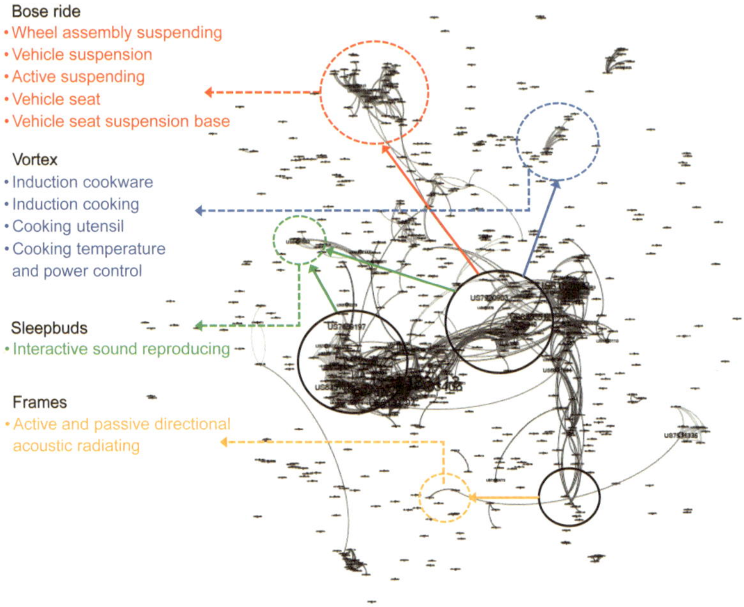

특허 네트워크 맵으로 그린 'Beyond Sound' 4가지 피벗팅 전략: 실선으로 표기된 원은 보스의 전통적인 사운드 관련 기술이며, 4가지 색의 점선 원은 각각 피벗팅 전략 기술을 보여준다.

전략 1 기술 피벗팅Technology Pivoting : 보스 서스펜션, 승차감까지 더해 자율주행 자동차 시장도 넘보나?

2017 CEO 개막 하루 전 독립적으로 '비욘드 사운드' 부스를 열어 소개한 'Bose RIDE' 컨셉

2017년 미국 라스베가스에서 열린 세계적인 소비자 가전 전시회 CES에 많은 매체를 깜짝 놀라게 한 보스의 혁신은 사운드 관련 제품이 아닌 차량용 서스펜션 'BOSE RIDE'이다. 서스펜션이란 자동차 구조장치 중 하나로, 울퉁불퉁한 노면을 달릴 때의 충격이 탑승자에게 전달되지 않도록 충격을 흡수하는 장치이다. 운전자를 비롯한 동승자의 승차감과 차량 조종성, 안정성에 큰 영향을 미치는 부분이다. 보스의 액티브 서스펜션 기술은 노이즈 캔슬링 기술에서 아이디어를 가져와 차량 내에 전달되는 진동의 진폭과 파장 등을 분석하여 해당 진동과 반대 방향의 파동을 일으켜 전자적인 방식으로 진동을 상쇄하는 것을 말한다.

특허 빅데이터를 분석해보면, BOSE RIDE의 출현은 이미 예견되어 있었다. 1989년에 이미 아마르 보스는 Wheel assembly sus-pending(US 4,960,290)을 출원하고, 이후, Vehicle suspension(US 6,945,541, 2003), Active suspending(US 7,983,813, 2004)을 거쳐 가장 최근에는 Vehicle Plant Active Suspension Control Based on Vehicle Position(US 2017-0253155, 2017)을 통해 액티브 서스펜션 기술을 발전시키고 있다. 디자인특허를 살펴보면 핵심기술을 상용화하기 위한 진화과정들을 살펴볼 수 있다. 2009년 최초의 자동차 시트 특허를 시작으로 자동차 시트 베이스, 그리고 자동차 시트 서스펜션 베이스로 진화하는 과정을 볼 수 있다.

Bose Ride는 2010년 트럭용 시트 베이스로 상용화 컨셉이 이미 소개된 바 있다. 하지만 2010년 이전에는 프로젝트 'Sound'로 명명하며, 차량관련 프로젝트를 철저히 비밀로 붙였다. 우리가 경쟁기업

보스의 첫 번째 자동차 시트 디자인특허(US D605,420)

자동차 시트 베이스 디자인특허(US D605,420)

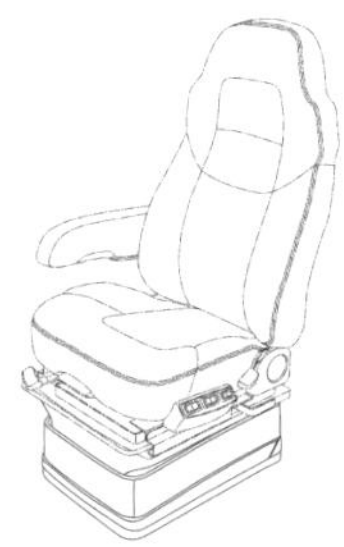

자동차의 떨림을 완화시키는 서스펜션에 대한 디자인특허(US D695,558)

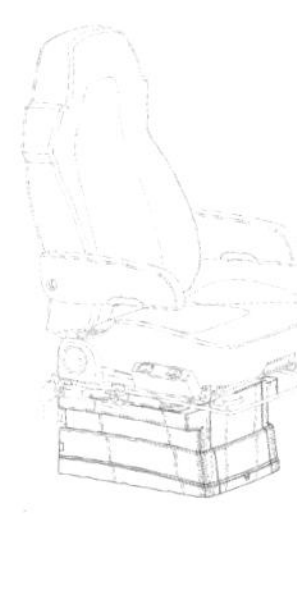

의 특허 네트워크맵을 그려 보면 기업이 꽁꽁 숨겨온 미래제품개발 과정을 충분히 예측할 수 있지 않을까?

전략 2 고객세분화 피벗팅Customer Segment Pivoting : 스피커와 하이테크 주방기기

보스의 사운드 기술력은 기본적으로 공기나 물, 다른 유체, 임의의 고체에서 음향을 생성하고 전파할 수 있고, 의도적으로 음파를 증폭시키거나 감소하는 과정을 세밀하게 조절할 수 있다. 이러한 보스 기술력을 거실이 아닌 주방으로 가져온다면?

고객세분화 피벗(Customer Segment Pivot)
원래 소비자의 특정 니즈를 겨냥하여 기획한 상품이 아니지만, 한 회사가 설계하고 있는 상품이 소비자들이 겪는 실제 문제를 해결한 경우이다.

스피커와 주방의 인덕션은 공통적으로 전자기 유도 원리를 사용한다. 스피커는 전자기 유도를 통하여 진동판을 움직이고 공기를 진동시켜 소리를 방사한다. 인덕션은 발생한 자기장과 냄비 바닥의 코일과의 상호작용을 저항을 생성하고 이를 열에너지로 바꾼다.

볼텍스Vortex라고 불렸던 보스의 하이테크 인덕션 개발의 도전은 2016년 대중에 선보이기 훨씬 전인 2008년부터 특허 네트워크맵에서 발견할 수 있다. 2008년부터 2011년까지 보스는 인덕션 전용 냄비 등 요리용기에 대한 특허(US 8,796,598, 2008; US 8,598,497; US 9,006,622)를 출원하였다. 2011년부터는 인덕션 제어 시스템 중심의 특허를 다수 출원하고 있으며, 가장 최근에 등록된 특허는 2014년 쿡탑파워제어시스템(US 9,131,537)이다.

보스의 축적된 스피커 관련 기술을 활용하여 매질의 제한 없이 열전달 효율을 높이고, 세밀한 온도조절까지 가능한 하이테크 인덕

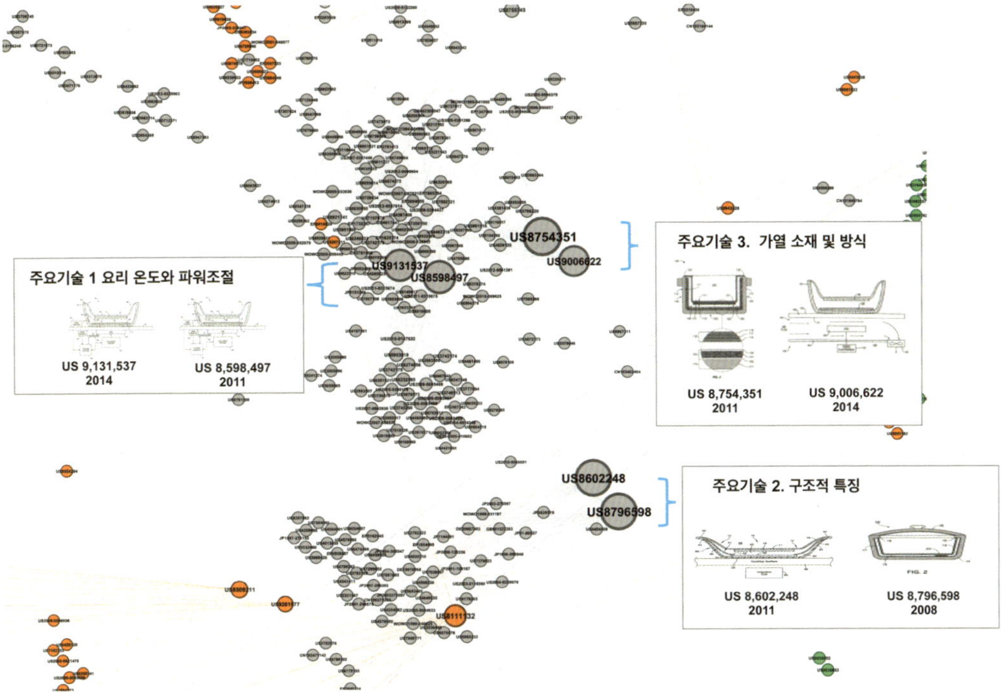

보스의 하이테크 주방기기 관련 특허 네트워크:전자기유도 원리를 이용한 보스의 주방기기는 온도와 전원을 조절하기 위한 기술(주요기술 1) 구조적 특징(주요기술 2) 그리고 효과적인 가열을 위한 소재 및 가열방식(주요기술 3)이 핵심 특허로 도출되었다.

션 제품으로 시장에서 만나길 기대해본다.

전략 3 플랫폼 피벗팅Platform Pivoting : 보스 사운드증강 플랫폼 지향성 스피커와 AR의 만남

2016년 초 보스는 선글라스 형태의 사운드 증강현실 안경을 공개했다. 기존의 구글 등 초창기 스마트글라스 기업들이 시각증강과 제스처 기반의 상호작용에 관련한 기술공략을 하였다면, 보스는 자사의 강점인 사운드 기술을 기반으로 모바일 사운드 기술을 통하여 청각과 시각을 함께 증강하는 디자인으로 차별화하였다.

플랫폼 피벗팅(Platform Pivot-ing)
애플리케이션을 개발하던 기업이 그 애플리케이션이 구동될 플랫폼 개발을 시작하거나 그 반대로 하는 것이다. 대표적인 사례는 다음 카카오톡이다.

보스 사운드 증강현실 안경

자이로스코프센서, 모션센서, IMU 등 다양한 센서와 지향성 스피커가 내장되어 착용자의 정확한 위치나 바라보는 방향을 감지할 수 있다.

겉으로 보기에는 일반 선글라스와 큰 차이가 없지만, 제법 두툼한 안경다리에는 지향성 스피커(Active and passive directional acoustic radiating: US 8,553,894, 2013)가 내장되어 있어 착용자의 귀에 소리를 생생하게 들려준다. 내장된 자이로스코프 센서, 모션 센서 등 다양한 센서와 블루투스로 연결된 스마트폰은 착용자의 정확한 위치와 바라보고 있는 방향을 감지하여 보고 있는 곳에 대한 정보를 소리로 제공한다. 예를 들어, 사운드 증강현실 안경을 착용하고 하늘을 올려다보면 "오늘의 서울시 성동구의 날씨는 25도로, 어제보다 2도 높습니다"라고 필요한 날씨 정보를 알려줄 수 있다.

더 중요한 점은 비즈니스 관점에서 보스가 플랫폼 피벗팅Platform Pivoting을 처음으로 시도한다는 점이다. 이전에도 자사의 무선 헤드폰에 구글 어시스턴트나 아마존 알렉사 애플리케이션 연동을 지원한 경험이 있다. 반면 보스 사운드 증강현실 안경은 매일 착용할 수 있는 웨어러블 디바이스를 통하여 착용자의 위치, 행동정보 등을 연결된 앱에 전송하고, 이를 수집하여 실시간으로 사용자에게 필요한 콘텐츠를 연계하여 전달할 수 있는 비즈니스 플랫폼 역할을 할 수 있다. 보스는 트립어드바이저, ASCIS Studio, Yelp 등 협력업체와 SDK를 공유하여 음악 서비스, 여행, 피트니스, 주변 맛집 정보 등 다양한 서비스 모델을 개발하고 있다.

2019년 초 보스는 프레임Frames이란 이름으로 오디오와 선글라스가 합쳐진 초기 모델을 출시하였다. 안경을 착용하고 고개를 끄덕이거나 가로저어 전화를 받거나 끊을 수도 있는 상호작용 기능은 아직 제공하고 있지 않다.

전략 4 줌인 피벗팅Zoom-in Pivoting : 노이즈 마스킹 기술 특화 슬립버드

마지막으로 소개할 보스의 가장 최신 혁신 전략은 기본에 충실한 줌인 피벗팅이다. 줌인 피벗팅이란 제품의 한 가지 기능에 지나지 않은 것을 시장과 소비자의 반응에 따라 그 부분을 제품의 핵심 모델로 채택하고 개발하는 것을 의미한다.

줌인 피벗팅(Zoom-in Pivoting)
제품의 한 가지 기능에 지나지 않았던 것을 전체 제품의 핵심으로 수정하는 방법이다. 대표적인 사례로 비디오 데이트 사이트 형태로 시작한 유튜브가 제품의 기능 중에 하나인 영상 공유 모델을 제품의 혁신모델로 전략을 변화시킨 것을 들 수 있다.

보스는 사운드 관련 기술 중 음질을 향상하기 위한 기술 분야 중 하나인 노이즈 제어 기술 자체를 제품화하려는 노력을 하고 있다. 노이즈 마스킹 기술을 특화한 슬립버드SleepbudsTM가 대표적이다. 노이즈 마스킹은 보스의 핵심기술인 노이즈 캔슬링과는 완전히 다르다. 노이즈 캔슬링은 소음의 역파장을 생성하여 소음을 상쇄하는 것을 의미한다. 반면 노이즈 마스킹은 소음의 주파수를 적절하게 매치시켜 소음보다 충분히 큰 소리나 저주파 소리를 내어 귓속과 뇌에서 소음을 감지하지 못하게 하는 원리이다. 노이즈 마스킹 방식은 코골이, 강아지 짖는 소리, 도로 소리처럼 갑자기 발생되는 소음을 제어할 때 유용하다.

줌인 피벗팅(Zoom-in Pivoting) 보스 노이즈 마스킹 특화 슬립버드 SleepbudsTM

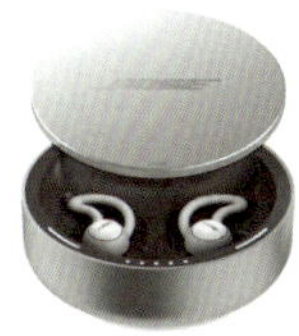

슬립버드는 이어폰처럼 사용하지만 음악 스트리밍 기능 등 부가기능을 모두 빼고 노이즈 마스킹만을 위한 수딩 사운드Soothing sound(빗소리, 여객기 객실소음, 해변가, 낙엽 굴러가는 소리 등)를 제공한다.

재미있는 것은 2014년 클라우드 펀딩 사이트인 인디고고Indiegogo를 통해 자금을 모아 제품을 출시했다는 것이다. US샌디에고의 경영학과 학생들이 시작한 스타트업 '허쉬HUSH'의 아이디어에 보스의 핵심기술을 더한 합작품이다. 기존의 허쉬 제품은 초소형 스피커가 탑재되어 1차적으로 소음을 걸러낸 뒤에, 2차적으로 백색소음을 통해 소리를 차단하는 기술을 선보였다. 하지만 갑작스럽게 발생하는 짧은 소음들은 걸러내지 못한 단점이 있어, 보스의 핵심 노이즈 마스킹 기술과 환경소음에 반응하여 사운드를 재생하는 기술Interactive sound reproducing(US 8,977,375, 2000)을 적용했다.

클라우드 펀딩 목표액의 9배가 넘는 자금을 확보하면서 허쉬를 인수하였다. 스타트업의 아이디어를 클라우드 펀딩과 인수합병을 통해 시장 출시 모니터링을 시도했다는 점은 이전의 보스와는 다른 혁신적인 행보로 보인다.

대표적 투자 및 인수합병기업으로는 전문 여행가 앤드류 메이슨Andrew Mason이 만든 디투어Detour 오디오워킹 투어앱, 개인화한 음악 플레이스를 통해 우울증이나 알츠하이머병을 치유를 돕는 싱크 프로젝트Sync Project가 있다.

Bose Ventures

http//bose.ventures

2018년에 설립한 Bose Ventures는 하이테크 신생기업 투자 및 인수합병을 통한 Bose의 개방형 혁신을 주도한다. 특히 웨어러블(Wearables), 웰니스(Wellness), 오디오(Audio), 증강현실(AR) 4개 분야에 집중적으로 투자하고 있다.

From 'Better Sound through Research' to 'Beyond Sound'

음성인식기술과 인공지능Artificial Intelligence의 빠른 성장과 함께 전통적인 음향기기 업체들은 새로운 변화에 직면하였다. 보스를 비롯하여 주요 스피커 브랜드 하만카돈Harman Kardon, JBL은 앞다투어 아마존 알렉사와 구글 어시스턴트 기능을 탑재한 무선 스피커를 출시하였다. 스마트 스피커 시장의 경쟁우위가 시시각각으로 변화는 초 경쟁Hyper-Competition 시대에서 보스는 자율주행 자동차 서스펜션 시트 'Bose Ride'나 증강현실 안경 'Frames' 등 다른 전통적인 스피커 기업들의 혁신방향과 확실히 차별화된 피벗팅을 시도하였다. 특징적인 부분은 과거 자체기술에 의존한 내부 R&D 집약 투자에서 벗어나 적극적으로 스타트업에게 파트너십 기회를 제공하고 인수합병을 통하여 새로운 기회를 포착·추구하고자 하는 보스의 기업가적 활동이다. 보스의 활발한 인수합병과 기술획득 과정은 향후 특허 네트워크맵에도 큰 변화를 가져올 것이다. 신규 발명자들과 기존 핵심인력들의 협업구조, 축적된 사운드 기술과 시너지를 낼 혁신 특허들의 연결을 기대해본다.

> "우리 회사가 상장회사였다면, 나는 아마 열두 번은 이 자리에서 쫓겨났을 것이다. 장기적인 비전을 갖는 R&D를 위해서는 기업을 공개하지 않는 것이 바람직하다. 그게 나의 최고의 결정이었다."
>
> _ 아마르 보스

어도비Adobe의 디자인기업 M&A를 통한 혁신 창출

공동 발명자 네트워크를 통해 본 인수합병 환경에서의 진화적 혁신

Case Pick

혁신의 주체인 발명자와 혁신의 결과물인 특허의 네트워크 특성은 인수합병 이후 재결합을 통하여 새로운 혁신을 견인하는 데 중요한 역할을 한다.
최근 어도비의 연속적인 M&A활동은 소프트웨어 기업에서 디지털 경험 서비스 혁신기업으로 성공적인 전환을 가져왔다. 특히 2011년 디자이너 공동창업기업 또는 디자인 에이전시와 같은 디자인기업을 중심으로 한 인수합병은 테크 기업 조직의 디자인적 사고 확대와 엔지니어와 디자이너의 협업을 가속화하였다. 본 사례 분석에서는 어도비 공동 발명자 네트워크를 통해서 디자인 기업 인수합병 환경에서의 기업의 진화적 혁신과정을 살펴본다.

전 세계 2억 명이 사용하는 글로벌 숙박 공유 서비스업체 에어비앤비Airbnb, '날개 없는 선풍기'로 전 세계에 잘 알려진 발상의 혁신 다이슨, 두 기업의 공통점이 뭘까? 창업자들을 프로필을 살펴보면 힌트를 얻을 수 있다. 에어비앤비를 공동 설립한 브라이언 체스키Brian Joseph Chesky와 조 게비아Joe Gebbia는 미국 로드아일랜드 디자인 스쿨에서 산업디자인을 전공했다. 그리고 다이슨의 창업자 제임스 다이슨은 1960년대 왕립예술대학 산업디자인 학과를 졸업했다. 실리콘밸리 유력 벤처캐피탈 KPCB에서 발간한 Design-In-Tech 보고서에 따르면, 2013년 이후 벤처캐피탈의 누적 투자펀딩 기준으로 상위 36%에 해당하는 25개 스타트업이 모두 디자이너 공동창업자로 시작했다. 우리에게도 잘 알려진 이미지 공유 플랫폼 핀터레스트Pinterest와 기업용 메신저 슬랙Slack도 디자이너가 공동 창업해서 성공한 기업이다.

기술 분야에서 디자인이란 더 이상 '아름다움' 자체가 아닌, 디지털 프로덕트를 소비하는 고객에게 새로운 경험을 만드는 것이다. 이는 디자인 사고Design Thinking와 함께 기업의 핵심경쟁력으로 비즈니스에 직접적으로 영향을 준다. 그렇다면 규모가 상대적으로 큰 테크기업은 어떻게 디자인 사고를 비즈니스와 연결시킬 수 있을까? 기술과 엔지니어링 중심의 기업을 어떻게 디자인 사고와 고객경험을 중심으로 한 문화로 바꿀 수 있을까? 기업이 디자인을 적용하는 방법은 기업의 위험분담 단계에 따라 세 가지로 나눠 살펴볼 수 있다.

첫 번째, 가장 위험부담을 줄이면서 단기적인 효과를 극대화할 수 있는 방법은 디자인, 즉 고객혁신이 필요한 프로젝트를 나누어 디자인 에이전시 혹은 프리랜서 디자이너에게 아웃소싱하는 것이다. 기업이 부담하는 위험은 낮지만 디자인 사고와 문화를 확산하는 데에 적합하지 않다.

두 번째, 디자인 전담조직을 신설하고 기업 내 디자인 조직의 직접적인 지휘체계와 최고의 의사결정권한을 갖는 최고디자인책임자CDO: Chief Design Officer를 임명하는 것이다. CDO를 통해 타 기술 분야 C-suites 최고책임자들과 공조하여 디자인 사고적 기업문화를 구축하는 것이다. 대표적인 CDO에는 애플의 조나단 아이브Jonathan Ive, 현대기아자동차 피터 슈라이어Peter Schreyer가 있다.

세 번째는 전사적인 디자인 교육을 통한 디자인 사고 문화 확산이다. 이러한 전사적인 디자인 교육은 교육과정을 신설하고 운영하기 위하여 장기적 관점에서 투자가 이루어지기 때문에 위험부담이 높다. IBM와 GE는 정기적으로 매니저급 이상 직원 전원이 디자인 사고를 업무에 적용할 수 있도록 디자인 교육을 실시하고 있다. SAP는 디자인씽킹혁신센터를 통하여 자체적인 교육프로그램과 전문강사facilitator를 양성하기도 한다. 삼성의 경우 SADI와 같은 디자인사관학교를 설립하여 기업이 필요한 창의적인 디자이너를 사내에서 양성하기도 한다.

디자이너:엔지니어, 1:4~1:5

Q: 초기단계의 테크스타트업의 디자이너와 엔지니어의 이상적인 팀 구성 비율은?

A: 디자이너 한 명당 엔지니어 4~5명이 요구된다.[5]

흥미로운 부분은 기업이 궁극적으로 추구하는 바는 '디자인 사고'를 가진 인재, 즉 사람을 영입하거나 양성하는 과정을 통하여 엔지니어와 디자이너와 유연하게 협업하는 환경을 만들고, 창의적인 디자인 사고와 고객 혁신이라는 새로운 기업문화 DNA를 만들자는 것이다.

초기 스타트업 단계에서 디자이너와 엔지니어가 협업할 수 있는 환경을 만들기 위해서는 디자이너와 엔지니어의 비율이 평균 1:4에서 1:5로 디자이너 한 명당 엔지니어 4~5명이 요구된다. SAP이나 IBM 같은 거대 기업에서 이러한 이상적인 디자이너와 엔지니어의 비율을 만드는 것은 시간과 투자가 많이 필요하다. 물론 불가능한 것은 아니다. IBM의 경우 '디자인 속도경영'을 모토로, 디자인 사고를 통하여 제품과 서비스 개발 시간을 대폭 단축한다는 목표를 세

구글벤처스(Goolgle Ventures)의 "Does your startup need a designer co-founder?" 글을 읽고, 디자이너 공동창업자의 성향과, 디자인 혁신이 중요한 산업 분야 및 환경, 그리고 디자이너의 역할에 대해서 생각해보자.[4]

우고 혁신인재에 대한 투자를 아끼지 않는다. 디자이너와 엔지니어의 목표비율은 현재 디자이너 1명당 엔지니어 30명에서 디자이너 1명당 10명으로 디자이너 채용이 급증하고 있다.

디자인 사고를 가진 혁신 인재에 투자하는 또 다른 방식은 많은 IT 테크 기업이 하고 있는 인수합병M&A 전략이다. IT 테크 분야에서 2004년부터 90여 개의 디자이너 공동창업기업 또는 디자인 에이전시의 인수합병이 있었으며, 2015년 이후 그 숫자는 폭발적으로 증가하는 추세를 보인다. 특히 구글, 페이스북, 어도비 등 테크 기업과 액센츄어Accenture, 딜로이트Deloitte, 매킨지 앤드 컴퍼니Mckinsey & Company와 같은 글로벌 컨설팅 전문기업의 디자인기업 인수활동이 활발하다.

테크기업의 디자인 기업 인수합병 사례[6]

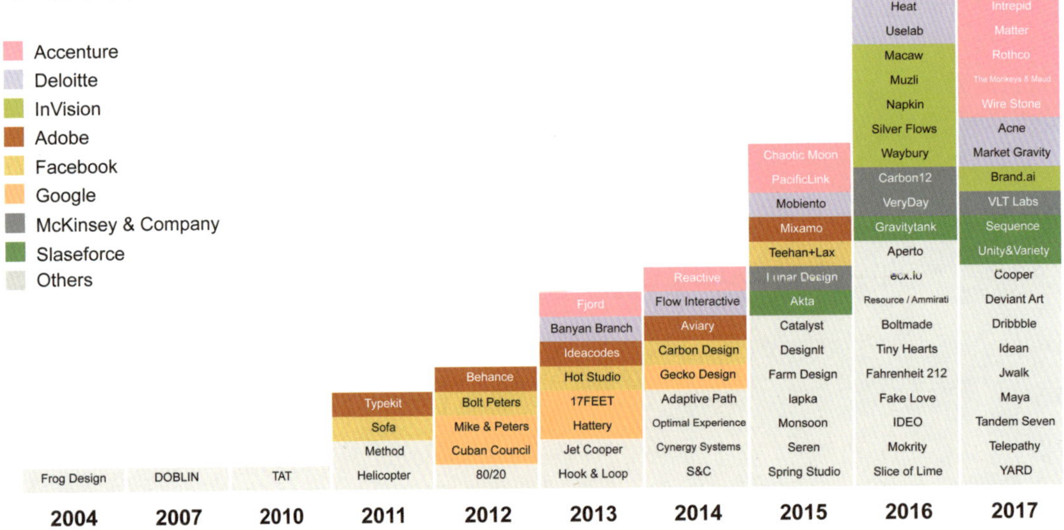

대표적으로 2004년 애플의 초기 제품 디자인과 아이덴티티 디자인으로 널리 알려진 대표적인 디자인 전문기업 Frog사는 마이크로소프트Microsoft, 시스코Cisco, HP를 고객으로 하는 전자제품생산전문기업 플렉트로닉스Flextronics에 인수되었다. 구글은 구글글래스, 자율주행자동차 등 구글의 실험적 첨단 프로젝트를 수행하는 구글 X팀 혁신을 위하여 게코디자인Gecko Design을 인수하기도 하였다. 실리콘 밸리에서 가장 오래된 디자인 회사 중 하나인 루나Lunar는 매킨지 앤 컴퍼니에 인수되어 고객경험 디자인솔루션까지 확장된 기업컨설팅서비스를 제공한다.

어도비 사의 디지털 경험 혁신을 위한 M&A 활동

우리에게 애크로뱃, 어도비 포토샵, 일러스트레이터와 같은 대표적인 소프트웨어로 익숙한 어도비가 차세대 디지털 경험 플랫폼 분야에서 다시 한 번 혁신의 역사를 이어가고 있다.

디지털 경험 플랫폼(DXP: Digital Experience Platform)
다양한 디지털 터치 포인트를 통해 정보 및 애플리케이션에 일관되고, 보완성이 있으며 개인 경험 맞춤형의 접근이 가능하게 하는 공통 플랫폼 기반의 통합된 기술 집합으로 정의한다.

어도비는 2009년 웹 분석업체인 옴니추어Omniture를 인수하며, 크리에이티브 소프트웨어를 넘어 디지털 마케팅 솔루션을 갖추기 시작했다. 2011년은 어도비가 크리에이티브 클라우드Adobe Creative Cloud를 전 세계에 공표한 중요한 해이기도 하다. 특히 적극적 인수합병 활동을 통하여 디지털 환경의 다양한 고객접점을 연결하며 플랫폼을 발전시켰으며, 최근 통합 디지털마케팅솔루션인 어도비 익스피리언스 클라우드Adobe Experience Cloud를 통해 기업이 고객과 만나는 모든 접점에서 고객에게 일관되고 개인화된 디지털 콘텐츠를 제공할 수 있게 지원함으로써 기업이 경험 기반 비즈니스를 구축할 수 있도록 지원하고 있다.

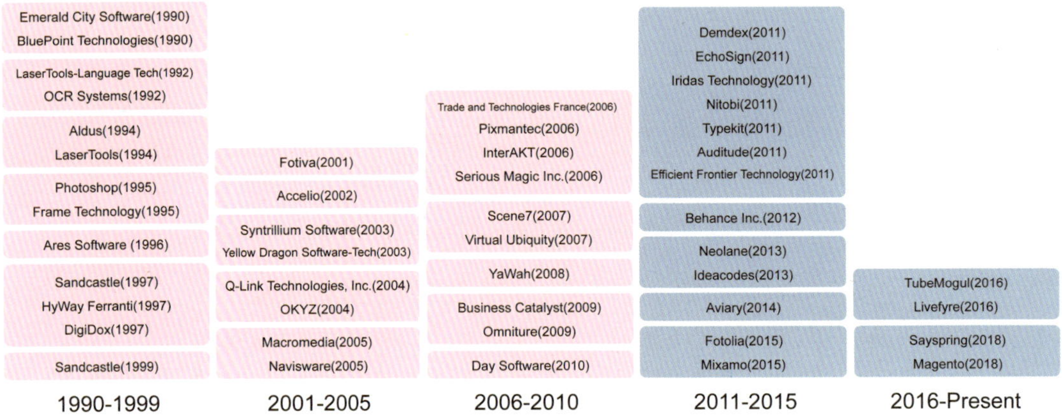

1900~현재 어도비의 인수합병 활동

어도비사의 첫 번째 특허는 1988년 5월 11일에 출원한 폰트디자인 D317621로 당시 어도비사의 타이포그래피 팀의 디렉터였던 섬너 스톤(Sumner R. Stone)이 창작하였다.

ABCDEFJ
KLNOPQR
STUVWXYZ
abcdefgij
klmnopqr
stuvwxyzªº

어도비의 행보 중 인공지능 및 머신러닝 분야의 기업을 대상으로 한 인수합병 외에 주목해야 할 부분은 2011년에서 2013년 사이에 활발하게 이루어진 디자인 기업 인수활동이다. 대표적으로 디자이너 공동창업기업인 웹폰트 전문디자인―타입킷TypeKit Inc,.(2011), 전문 디자인 포트폴리오 구축 및 공유 온라인 커뮤니티 Behance(2011), 그리고 스마트 디지털 제품 및 커뮤니티 기반 사용자 경험 디자인을 전문으로 하는 샌프란시스코 기반의 디자인 컨설팅 회사 Ideacodes(2013)를 들 수 있다. 어도비의 단일 아이디를 통해 크리에이티브 클라우드 데스크톱과 웹, 모바일 앱을 오가며 매끄럽게 작업할 수 있도록 폰트 사용지원, 높은 품질의 콘텐츠 공유 등 신규 서비스를 제공하고 있다. 어두비의 연속저인 인수합병은 디지딜 경험혁신을 통해 소프트웨어 기업에서 디지털 경험 서비스 혁신기업으로 성공적인 전환을 가져왔다. 이번 사례 분석에서는 이러한 인수합병 과정에서 협력과 상호작용의 진화과정을 발명자 간 네트워크를 통해 분석해보고자 한다.

특허 발명자 데이터 네트워크를 통해 본 어도비 조직의 역동성

기술특허, 디자인특허, 상표 등의 지식재산권은 기술기업의 핵심 자산으로 기업의 인수합병을 통하여 전략적으로 특정분야 특허를 인수하여, 자사의 기술 지배력을 지속적으로 강화하기도 하고, 새로운 시장으로 뛰어들기 위한 발판으로 특허 포트폴리오를 새롭게 디자인하기도 한다. 특히, 디자인 기업의 인수는 기존의 기술특허 중심의 네트워크에서, 디자인특허와 기술특허를 모두 출원하는 발명자들을 확보할 수 있다는 관점에서 매우 중요하다.

발명자 네트워크 분석: 1988~2010년 VS. 1988~2018년 현재 누적자료(2018년 3월 기준)

분석	1988~2010	1988~2018
출원건수	2,411개	4,526개
총 발명자 수 Node (중복제거)	1,780명	3,175명
공동발명 건수 Link	2,730건	6,621건
연결중심성 Degree centrality	3.07	4.17
발명자 그룹 밀도 Density	0.002	0.001

특히, 발명자 네트워크 분석은 어도비의 디자인 기업 인수합병이 활발하게 일어났던 2011년을 기점으로, 1988년부터 2010년의 발명자 네트워크와 1988년 이후 누적 발명자 네트워크를 만들어 발명자간 연결성, 밀도, 모듈 관점에서 비교 분석해보았다.

1988년부터 2010년까지 어도비가 출원한 특허는 2,411건으로 이 중 디자인특허는 94건이다. 발명자는 어도비의 최초 디자인특허를 출원한 섬너 스톤Sumner R. Stone을 시작으로 1,780명이 등록되어 있다. 1988~2018년 현재까지 누적 특허출원개수는 총 4,526개 특허(이 중 디자인특허는 135건)로 발명자 수는 3,175명이다.

어도비, 특허 한 개당 공동발명자 수 3.07명에서 4.17명으로 증가

연결정도 중심성Degree centrality이란 발명자간의 연결정도를 이야기하며, 특허당 평균 공동발명자 수를 의미한다. 즉, 2011년 이전에는 특허당 약 3명 (3.07명, 표준편차 3.05)인 것에 비해, 현재는 약 4명(4.17명, 표준편차 4.97)으로 하나의 특허를 출원하기 위한 발명자의 숫

발명자 그룹 밀도

2016년에 발표된 연구결과에 따르면 삼성전자의 발명자 밀도는 0.0002로 매우 낮은 것을 알 수 있다. 삼성전자 내 수많은 사업부와 R&D부서가 존재하며, 발명자 간 밀접하게 연결되지 않았음을 의미한다. 이러한 현상은 비즈니스유닛이 다양한 대기업조직에서 볼 수 있다.[7]

자가 늘어난 것을 확인할 수 있다. 이러한 차이는 통계적으로 유의하게 나왔다($t=-9.665$; $p < .001$).

두 번째, 네트워크 밀도는 조직의 응집성을 의미한다. 2011년 전후 어도비의 발명자 네트워크 밀도를 비교하면 각각 0.002와 0.001로 밀도가 낮아지는 경향을 보였다. 어도비는 2011년 크리에티브 클라우드 발표 이후, 대규모 인수합병을 통해 전체 발명자수의 16.3%를 차지하는 445명의 신규 발명자가 유입되었으며, 많은 특허

STEP 1&2 DATA MINING AND MAPPING

Data

대상: Adobe
대상기간: 1988~2018
대상국가: US
특허상태: 등록
특허 수: 4,526
기술특허: 4,391
디자인특허: 135

Network data

Backward citation: 1 depth
Forward citation: 1 depth
Nodes: 3,175 (Inventor)
Edges: 6,621 (Co-inventors)
Type: Undirect

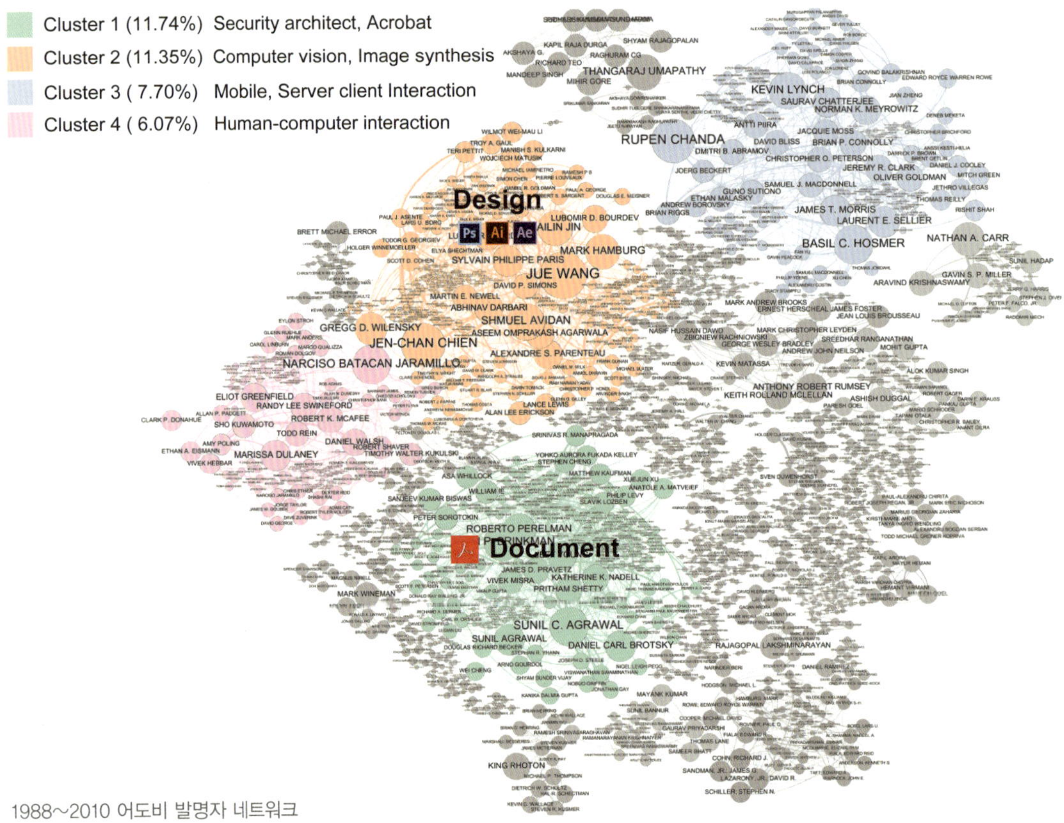

1988~2010 어도비 발명자 네트워크

가 인수합병과정에서 새롭게 획득된 기술이다.

게피를 통한 발명자 네트워크 시각화

게피 네트워크 시각화 도구를 이용하여 발명자 노드와 엣지를 표현해보았다. 1988~2010년 기간의 발명자 그룹은 4개 클러스터(Clusters 1-4)와 1988~2018년의 6개 클러스터(Clusters A-H)로 구성되어 있다.

STEP 3 NETWORK ANALYSIS

Average Degree: 4.171
Network Diameter: 18
Graph Density: 0.001
Modularity: 0.787

STEP 4 NETWORK VISUALIZATION

Software ver.Gephi v.0.9.2

Layout

Circle Pack Layout
Hierarchy 1: Modularity Class
Hierarchy 2: Degree Centrality
Label Adjust

Visualization

Nodes size: Degree centrality
Nodes color: Modularity Class

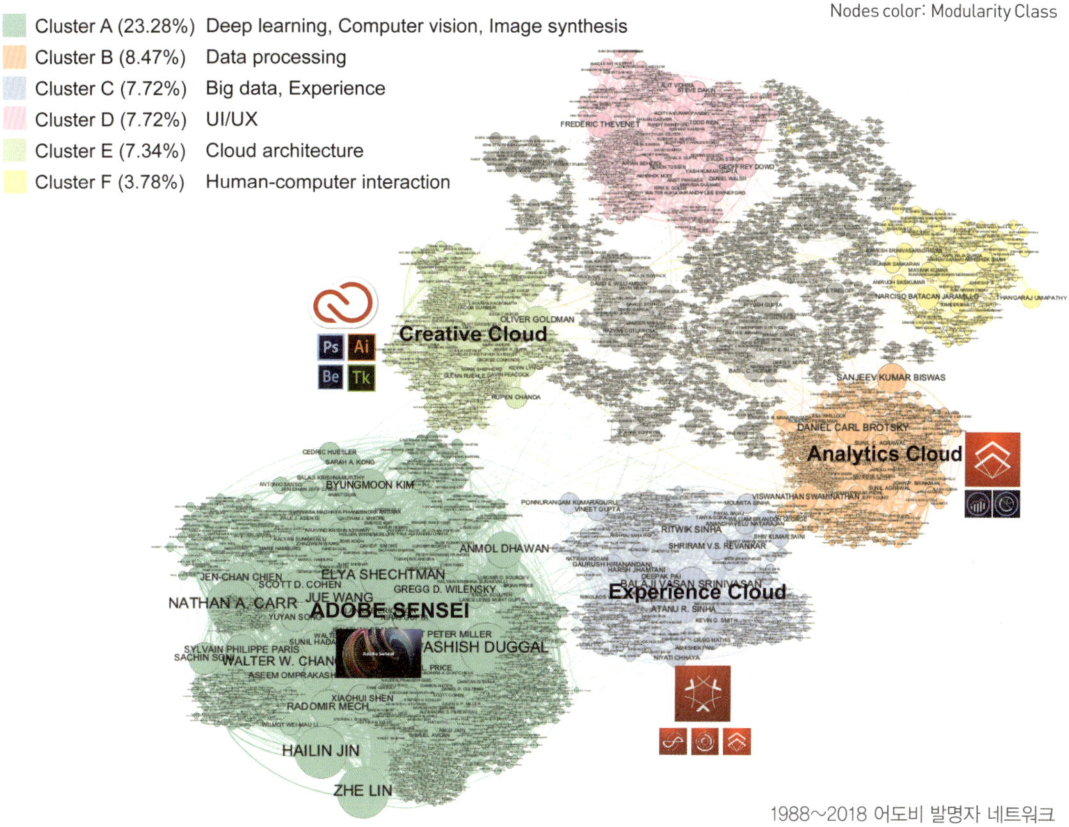

1988~2018 어도비 발명자 네트워크

1988~2010년 어도비 발명자 네트워크

1988년에서 2010년 어도비의 핵심 발명자 그룹은 클러스터 1(발명자수 209명, 11.74%)과 클러스터 2(발명자 수 202명, 11.35%)이다. 클러스터 1은 포스트스크립트PostScript기반 데이터 퍼블리싱 혁신인 애크로뱃 제품 라인을 중심으로 한 PDF 판독기의 문서 생성, 보안 및 암호화 기술 팀이다. 주요 발명자는 수닐 C. 아그라왈Sunil C. Agrawal, 존 P. 브링크먼John P. Brinkman, 로베르토 페렐만Roberto Perelman로 평균 15명 이상의 발명자와 연결되어 있다. 클러스터 2는 컴퓨터 비전과 이미지 합성 기술을 다루며, 클러스터 1과 비슷한 크기의 팀 구조를 가지고 있다. 주로 어도비 포토샵, 일러스트레이터와 같은 디지털 콘텐츠의 창작 소프트웨어 분야와 관계되어 있다. 총 137명의 발명자로 구성된 클러스터 3은 모바일 기반 응용프로그램과 다양한 플랫폼과의 상호작용에 관련된 분야이며, 클러스터 4(발명자 수 108명, 6.7%)는 인간 컴퓨터 상호 작용 및 디스플레이 상호 작용 분야이며, 클러스터 1과 2와 가깝게 연계되어, 애크로뱃과 포토샵 등 사용자와 가까운 접점에서의 협업을 지원하는 것으로 보인다.

주요 어도비 발명자: Hailin Jin & Zhe Lin

클러스터 A의 주요 발명자는 하이린 진(Hailin Jin)과 제 린(Zhe Lin)이며, 각 각 58명, 57명의 발명자와 협업을 하고 있다.
하이린 진은 14년 동안 어도비에서 근무한 수석연구원으로 2011년 전에는 포토샵, 에프터이펙트 등 (클러스터 2) 어도비의 주요 제품을 중심으로 연구하였다. 2011년 어도비 크리에이티브 클라우드 이후 현재까지 어도비 센세이 비즈니스에서 핵심적인 역할을 수행하고 있다.
제 린은 2012년부터 어도비에서 6년 동안 근무 중이다. 상대적으로 짧은 기간임에도 그는 어도비에서 가장 많은 113건의 특허를 출원하였으며, 하이린 진과 공동으로 출원한 특허는 25건으로, 머신러닝과 딥러닝을 기반으로 한 이미지인식에 관련한 연구를 핵심적으로 진행하고 있는 것으로 확인되었다.

2018년까지 어도비 발명자 네트워크

1988~2018년 어도비의 발명자 네트워크와 1988~2011년 발명자 네트워크 사이에는 큰 차이가 있다. 2011년 이전의 발명자 조직은 비교적 균등하게 분산된 혁신 구조임에 반해, 현재는 하나의 거대한 클러스터(클러스터 A)와 많은 작게 묶인 클러스터(클러스터 B-E)로 특징할 수 있다.

네트워크 왼쪽 하단에 위치한 클러스터 A(739명의 발명자, 23.28%)는 인공지능 및 머신러닝 프레임워크인 어도비 센세이Adobe Sensei 기술의 집합체로, 딥 러닝, 이미지 인식 및 그래픽 합성을 포함하여 클라우드 시스템을 사용하는 창작자에게 매뉴얼하게 진행하는 작업들을 창의적 인공지능 기술 혁신을 제공하는 것을 목표로 한다. 어도비 센세이 비즈니스의 대부분은 2011년 이전 네트워크에서 클러스터 1(문서 생성, 보안)과 클러스터 2(컴퓨터 비전, 이미지 합성) 분야의 기술이 융합된 형태로 발전하였으며. 특히 주목할 점은 스마트 사진편집 기술을 가진 에이비어리Aviary사(2014년 인수)와 모션캡쳐 기술과 머신러닝 핵심기술을 보유한 믹사모Mixamo(2015년 인수)의 특허가 포함되어 있다는 점이다.

클러스터 A를 제외하고 클러스터 B-E는 발명자가 250명대이며, 매우 유사한 규모로 어도비의 비즈니스 유닛별로 구성되는 경향이 있다. 특이한 점은 클러스터 E(클라우드 아키텍쳐기술, Creative Cloud)에 속한 대부분의 발명자들이 2011년 이전 클러스터 3(모바일 기반 응용 프로그램)에 속한 발명자들로 신규 발명자 96명이 대거 수혈되며 클라우드 아키텍쳐와 모바일 기반 상호작용 기술이 성장하였음을 보여준다.

기술과 디자인을 특허의 양적인 정보만 파악해선 안 된다 특허 간 연결성을 분석해보자

어도비의 인수합병 핵심전략 중 하나는 적극적인 인수 활동이다. 이러한 어도비의 행보가 실제 기업 내에 디자이너와 엔지니어들의 협업에 영향을 미쳤을까? 먼저 기술특허와 디자인특허 규모를 비교해보자. 어도비 사의 2018년까지 연간 특허 출원 수를 보면 기술특

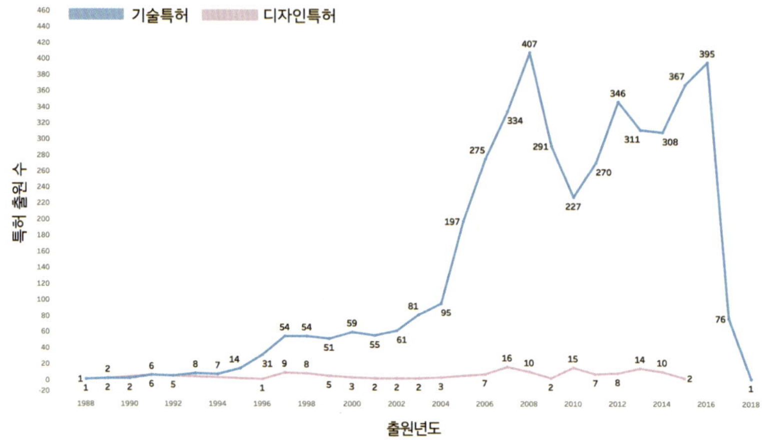

어도비사의 기술특허(Utility Patent)와 디자인특허(Design Patent)의 출원추이

허의 비중이 현저히 높아 디자인특허와 양적인 비교가 불가능함을 알 수 있다. 특히 디지털 비즈니스 중심의 어도비 사업구조상, 대부분의 디자인특허는 로카르노 국제분류 기준 18-3(Type and Typefaces), 14-04(Screen display and icons), 32-00(User interface for a device)에 집중되어 있다.

흥미로운 점은 디자인권이 기술특허에 비해 출원양만 보았을 때는 매우 적지만, 특허의 혁신 영향도를 판단할 때 사용하는 후방인용정보를 분석하면 새로운 인사이트를 발견할 수 있다. 상대적으로 출원양이 많은 클라우드컴퓨팅 기반 특허 G06F, G06K, H04N, G06T 및 H04L은 특허의 양과 질 면에서 좋은 결과를 보여주었다. 여기서 주목할 부분은 디자인권의 후방인용 추이이다. 디자인특허 출원건수가 상대적으로 적은 사용자인터페이스 관련 로카르노 국제분류 32-00의 인용 데이터가 2017~2011년 사이 625건으로 최고조에 달했다. 스크린 디스플레이 및 아이콘 관련 로카르노 국제분류 14-4의 총 누적 후방인용 값인 1,402건보다는 적지만, 특허당 인용품질을 계산해보면, 2배 이상의 영향력을 가지는 특허로 볼 수 있다.

	IPC	2000	2001	2002	2003	2004	2005	2006	2007	2008	2009	2010	2011	2012	2013	2014	2015	2016	2017	2018
기술특허	G06F	511	1,107	2,372	3,224	3,980	5,595	7,577	9,527	11,243	12,794	13,931	14,582	15,291	15,548	15,721	15,757	15,769	15,770	15,770
-	G06K	181	436	557	833	1,134	1,472	1,916	2,172	2,916	3,203	3,636	3,831	4,391	4,564	4,673	4,709	4,721	4,723	4,723
-	H04N	23	101	101	154	189	205	267	617	788	1,084	1,981	2,094	2,261	2,329	2,334	2,338	2,338	2,338	2,338
-	G06T	370	606	682	747	817	902	1,034	1,213	1,638	1,752	1,911	1,974	2,055	2,125	2,152	2,168	2,178	2,178	2,178
-	G09G	296	326	431	613	689	873	1,191	1,351	1,402	1,460	1,557	1,607	1,616	1,639	1,646	1,646	1,646	1,646	1,646
-	H04L	10	63	66	387	420	498	657	776	1,041	1,137	1,206	1,397	1,483	1,533	1,553	1,573	1,575	1,576	1,576
디자인특허	14_04							268	787	787	787	1,113	1,269	1,375	1,378	1,402	1,402	1,402	1,402	1,402
기술특허	G03B							136	136	501	691	691	855	878	878	879	879	879	879	879
-	G06Q		68	349	349	358	360	458	485	554	573	602	636	667	711	744	757	762	762	762
디자인특허	32_00								32	548	609	618	625	625	625	625	625	625	625	625

어도비사의 2008–2018 누적 후방인용(Forward Citation)

로카르노 국제분류 32-00에서 현재까지 100건 이상의 후방인용, 즉 100건 이상의 다른 특허에 영향을 미친 디자인특허는 US D603415, US D603416 및 US D608364이다. 후방인용된 특허들의 약 90%가 기술특허로, 주로 티-모바일T-mobile USA Inc., 삼성 전자, 펩시코PepsiCo Inc., 아웃브레인Outbrain Inc. 및 마이크로소프트Microsoft Corp. 기술기업이었다. PepsiCo Inc.를 제외한 대부분의 기업이 모바일 기반 클라우드 서비스와 같은 어도비의 주요 사업영역에 연결되어 있음을 알 수 있다.

2011년 어도비가 디자인기업 타입킷(TypeKit) M&A를 통하여 획득한 특허는 디자인특허가 아닌 기술특허(US 8,683,006, 2010)이다.
웹브라우징 중 폰트를 지원하는 방법과 시스템에 관한 내용이다.

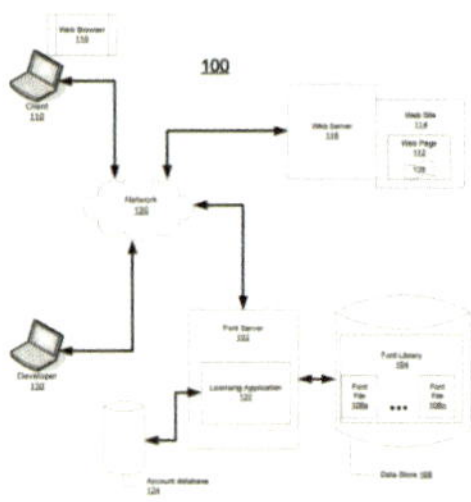

Method and systems for serving fonts during web browsing sessions
(US 8,683,006)

디자인특허 후방인용 현황 및 기업별 분포

특허	대표도면	후방인용수 (디자인특허 후방인용수/기술특허 후방인용수)	인용 Top3 출원인 (인용수, %)
US D603415 (User interface of a display screen)	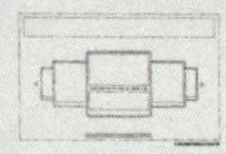	160(23 / 137)	T-mobile USA Inc. (45, 28.1%)
			Samsung Electronics Co. Ltd. (23, 14.4%)
			PepsiCo Inc.(15, 9.4%)
US D603416 (User interface of a display screen)	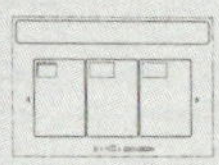	129(24 / 105)	T-mobile USA Inc. (44, 34.1%)
			Outbrain Inc. (22, 17.1%)
			Microsoft Corp. (8, 6.2%)
US D608364 (User interface of a display screen)	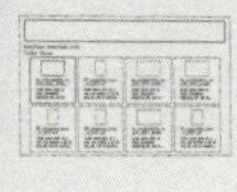	108(17 / 91)	T-mobile USA Inc. (34, 31.5%)
			Outbrain Inc. (22, 20.4%)
			Microsoft Corp. (15, 13.9%)

기술만? 디자인만?
기술과 디자인을 동시에 혁신하는 발명자의 영향도는 어떻게 다를까?

디자이너는 디자인특허만, 엔지니어는 기술특허만 출원할까? 디자인특허는 정의상 제품의 외형적인 형태를 보호하는 것으로, 디자인 사고와 디자인혁신에서 요구하는 고객의 경험혁신과 의미의 가치에 대한 내용은 디자인특허 자체로 보호받기 어렵다.

어도비의 특허의 발명자 총 3,175명을 발명자를 다음과 같이 세 그룹으로 나눴다. 디자인특허만 출원한 발명자 그룹Design Group, 기술특허만 출원한 발명자 그룹Technology Group, 디자인과 기술특허를 모두 최소 1개 이상 출원한 발명자 그룹Design-Tech Group이다. 예상대로 기술특허만 출원한 발명자는 3,098명으로 전체의 98% 이상을 차지하고 있다. 디자인 그룹은 41명, 디자인-기술 그룹은 36명으로, 전체 발명인 대비 각각 1%에 해당하였다. 그렇다면 발명자 그룹별 영향도는 어떨까? 이것은 발명자 그룹별 발명자네트워크 연결정도 중심성Degree centrality으로 비교해볼 수 있다.

연결정도 중심성으로 본 디자인 그룹 VS 기술 그룹 VS 디자인-기술 그룹 영향도 비교

발명자 그룹별 영향도가 가장 낮은 그룹은 디자인 그룹으로 평균 연결정도 중심성은 1.02이다. 대부분 팀 단위보다는 개인작업을 중심으로 하는 것으로 보인다. 기술특허만 출원한 그룹의 경우, 평균 연결정도 중심성은 2.35로 앞에서 언급한 하이린 진(연결정도 중심성: 58)과 제 린(연결정도 중심성: 57)과 같은 수석연구원을 제외하고는 평균 2~3명의 엔지니어들과 협업하는 것으로 나타났다.

가장 주목할 부분은 디자인-기술 특허를 모두 출원한 그룹이다. 전체의 1%(3명)으로 그룹 내 발명자 수로는 가장 작은 그룹임에도 불구하고, 그룹의 연결정도 중심성은 6.42로, 평균적으로 발명자당 6~7명의 디자이너 혹은 엔지니어들과 협업하는 것을 의미한다. 이는 디자인 그룹보다는 약 6배, 기술 그룹보다는 3배가 높은 수치이다.

어도비에서 디자인특허 출원양 기준으로 상위 10명의 디자이너의 소속 부서, 출원분야 및 영향도에 대한 내용을 조사하였다. 여기서도 특허의 양적인 지표와 질적인 지표가 비례하지 않는다는 것을 보여준다. 디자인-기술 그룹에서 가장 높은 연결 정도 중심성을 가

어도비사의 상위 10대 디자인특허 출원인의 영향력 비교

발명자 이름	발명특허 수 (기술특허/디자인특허)	발명자 그룹 (refer to Table 6)	연결정도 중심성	첫번째 출원 특허	Business area/Current position
Daniel Walsh	31 (7/24)	디자인-기술 그룹	16	US 9,946,692 (2008)	UX Design / UX Design Manager (Google)
Robert J. Slimbach	23 (0/23)	디자인	3	US D318,290 (1989)	Font Type Design / Principal Type Designer (Adobe)
Liang-Cheng Lin	13 (1/12)	디자인-기술 그룹	7	US D682,853 (2010)	UX Design / Senior Experience Design Manager (Adobe)
Amy Poling	10 (4/6)	디자인-기술 그룹	9	US 9,946,692 (2008)	Document Cloud / (Adobe)
Andrew Borovsky	12 (6/6)	디자인-기술 그룹	10	US 8,726,168 (2005)	Experience Design / Head of Product (CADRE)
Geoffrey Dowd	19 (14/5)	디자인-기술 그룹	21	US 9,619,108 (2011)	Experience Design / Vice President of Design (TuneIn Radio)
Jacob Surber	8 (3/5)	디자인-기술 그룹	16	US D678,321 (2010)	Creative Cloud Ecosystem / Senior Product Manager (Samsung Electronics)
Ryoko Nishizuka	5 (0/5)	디자인	0	US D578,565 (2006)	Type Design / Chief Type Designer (Adobe)
Tyler Lettau	6 (1/5)	디자인-기술 그룹	2	US D565,060 (2006)	Sound Design / N/A (Adobe)
Ethan Eismann	5 (1/4)	디자인-기술 그룹	4	US D565,060 (2006)	Experience Design / Senior Experience Designer (Adobe)

진 사람은 다니엘 월시Daniel Walsh로 UX디자인팀 소속으로 있다. 그가 출원한 31개의 특허 중 디자인권이 24건, 기술특허는 7건으로, 어도비에서 가장 많은 디자인특허를 출원하였다. 현재 구글의 UX 매니저로 활동하고 있는 그는 UX디자인팀을 이끌며 16명과 공동 발명자로 협업을 하여 영향을 미친 것으로 판단할 수 있다. 반면, 어도비 사에서 두 번째로 많은 디자인특허를 출원(23건)한 로버트 J. 슬림바흐Robert J. Slimbach는 디자인만 출원한 그룹에 속하였으며, 연결정도 중심성 3으로 영향력 면에서 다니엘 월시와 큰 격차를 보였다. 연결정도 중심성 하위권에 있는 료코 니시주카Ryoko Nishizuka는 로버트 J. 슬림바흐와 함께 어도비의 타이포디자인팀에 소속되어 있었으며, 팀의 특성상 다른 디자인 관련 부서에 비해 닫힌 조직구조를 가진 것을 유추해볼 수 있다.

> "디자이너가 시작한 비즈니스는 수십억 달러의 가치를 창출하고 수십억 달러의 자본을 증가시키고 있다. 최근 벤처캐피털들은 점점 더 디자인의 중요성을 인식하게 되었다."
>
> _ 존 마에다(John Maeda), 2015

09 경쟁기업의 차별화된 혁신 활동

Case Pick

스티브 잡스가 지휘했던 애플과 래리 페이지, 세르게이 브린이 이끄는 구글의 조직은 어떠한 공통점과 차이점이 있을까? 기업의 발명자 협업 네트워크를 분석해보면 경쟁사의 핵심 디자이너 또는 개발자, 제품 별 조직 규모 및 구성에 대하여 종합적인 분석이 가능하다. 아래에서는 Periscopic, Kenedict 등 네트워크 분석 사례를 통해 혁신기업의 조직 차이를 비교해 본다.

구글과 애플의 혁신 활동은 어떤 차이가 있을까?

혁신 전략이 보이는 기업별 발명자 협업 네트워크 비교

추구하는 제품군과 보유하고 있는 기술, 경영 철학, 인재풀 그리고 비용 등에 따라 각 기업의 조직 구성과 협업 정도는 다르다. 핵심 조직의 규모나 팀워크 상태 등을 자발적으로 공개하는 기업은 거의 없으며, 외부에서 내부조직의 혁신활동을 구체적으로 알기는 매우 어렵다.

이번 장에서는 공개 특허에 기재된 공동 발명자들(또는 디자이너들)의 정보를 이용하여 특정 기업의 발명자 네트워크를 그려본 사례들을 소개한다. 인간은 수많은 행렬의 숫자와 텍스트보다는 시각적인 정보를 흡수하는 데 적합하다. 기업별 발명자 네트워크는 고유한 패턴을 띠고 있으며, 각각의 혁신 활동의 특징을 간파해낼 수 있는 시각적 단서를 제공한다.

혁신 시그니처Innovation Signature : 발명자 협업관계를 시각화

미국의 데이터 시각화 스튜디오 페리스코픽Periscopic은 기업의 발명자 네트워크 이미지를 시각화하고, 이를 '혁신 시그니처Innovation Signature'라고 지칭한다. 아래는 페리스코픽이 인트렉손Intrexon(생명공학분야 기업), 페이스북Facebook(소셜서비스 기업)의 발명자 네트워크를 각각 시각화한 사례[8]이다.

Periscopic

미국 포틀랜드에 위치한 데이터 분석 및 시각화 관련 기업으로 "Do good with data; 데이터로 좋은 일을 해야 한다" 를 모토로 미국 특허청을 비롯한 다양한 기관 및 기업의 데이터 분석 및 API 개발을 통한 솔루션을 제공한다.

대표적인 포트폴리오로, 미국 특허청의 특허데이터 시각화 플랫폼 PatentsView를 개발하였다. https://periscopic.com/

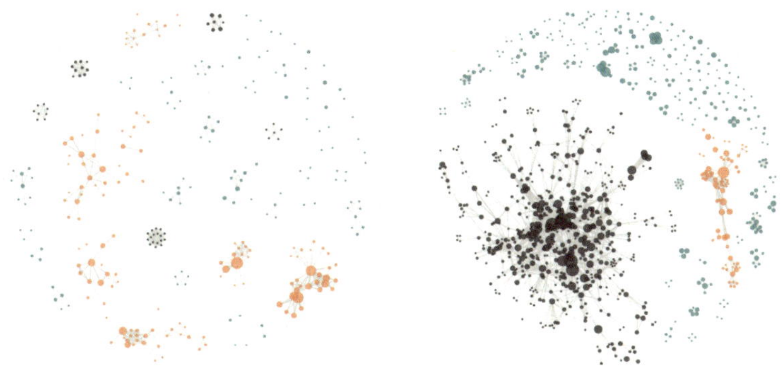

인트렉손, 페이스북의 발명자 네트워크

생명공학 분야의 인트렉손과 소셜서비스 분야 페이스북은 조직 성향에서 큰 차이를 보인다. 인트렉손은 분산된 팀 구조를 가지며 각 제품별 연구개발이 독립적으로 이루어지는 것이 관찰된다. 발명자 그룹의 수에 차이가 있기는 하나, 각 그룹들은 연결관계가 상당히 느슨하다. 반면, 페이스북은 집중적으로 군집화된 일련의 발명자 그룹들과 아울러 분산된 다수의 팀들로 이루어져 있다. 향후 검은색과 주황색으로 분리된 집중된 발명자 그룹들의 연구 분야를 파악해본다면 보다 흥미로운 결과를 얻을 수도 있을 것이다.

물론 이러한 단편적인 이미지만으로 혁신적 기업의 비밀을 한 번에 파악할 수 있을 것이라는 기대는 하지 않는 것이 좋다. 다만 페이스북이라는 하나의 회사 내에서 팀워크 스타일이 전혀 다른 분산된 팀들이 존재한다는 것은 이미지를 보는 우리에게 다양한 영감의 기회를 제공할 수 있다. 추가로 기존의 발명자 그룹들과 기술 분야가 다르지만 특허 양수나 기업 인수합병을 통해 새로이 유입된 발명자 여부, 신규 발명자들의 협업분야를 추가로 분석한다면, 신제품 또는 신서비스로 연결되는 혁신 방향에 대한 예측 자료로 충분히 활용할 수 있을 것이다.

종래의 특허분석 단계에서는 기업에 속한 발명자들의 규모, 순위 또는 다인용 특허의 핵심 발명자들에 대한 단편적인 정보만을 취득할 수 있었다. 하지만 공동 발명자들의 협업 네트워크를 시각화할 수 있게 됨으로써 이제는 경쟁사의 조직 성향과 전략상 변화를 감지하고 통찰할 수 있는 새로운 국면으로 접어들게 된 셈이다.

발명자 네트워크로 바라본 구글과 애플의 혁신 활동

미국 실리콘 밸리의 신화, 구글과 애플, 두 회사의 놀라운 성장과 지속적인 혁신 활동에는 어떠한 공통점과 차이점이 있을까? 스티브 잡스가 지휘했던 애플과 래리 페이지와 세르게이 브린이 이끄는 구글의 혁신 DNA는 무엇일까?

페리스코픽이 Co.Design 매거진을 위하여 분석한 애플과 구글의 최근 10년간의 특허 발명자 네트워크[9]를 살펴보자.

기업의 혁신활동은 대부분 팀으로 운영되며, 팀원들은 등록된 특허에서 공동 발명자로 기재된다. 각 발명자를 1개의 노드node로, 공동 발명자 사이의 연결은 링크로 나타내면, 애플과 구글의 발명자 네트워크를 시각화할 수 있다. 한편, 노드가 크다는 것은 공동 발명자로 참여한 특허 건수가 많다는 것을 의미한다. 애플과 구글의 발명자 네트워크의 차이가 보이는가? 애플은 비교적 집중화되는 경향을 보이는 반면, 구글은 고르게 분산되는 패턴이 보인다. 한편, 두 회사 모두 주변부에는 독립적으로 활동하면서 핵심 발명자 그룹과는 연결관계가 없는 멤브레인membrane이 관찰된다는 점이 같다.

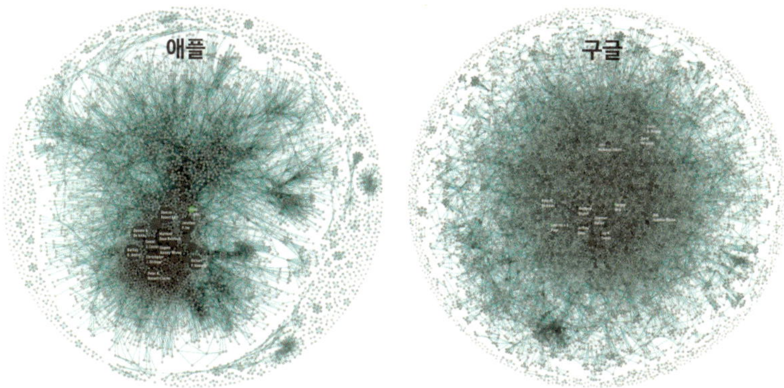

페리스코픽 애플과 구글의 발명자 네트워크 http://periscopic.com 제공

페리스코픽의 데이터 분석가 웨스 버네거Wes Bernegger에 따르면, 지난 10년 동안 애플은 5,232명의 발명자들로 이루어진 팀들이 10,975건의 특허를 등록하였고, 구글은 8,888명의 발명자들로 12,386 특허를 등록하였다. 특허당 발명자수를 비교해보면, 애플은 평균 4.2명, 구글은 2.8명으로 차이가 난다. 특허와 발명자를 수치상 단순 비교하더라도 애플은 구글에 비하여 발명자 상호 간 더 긴

밀한 연결과 협력을 추구하는 것으로 평가될 수 있다.

구글의 경우, 발명자를 표현한 노드들이 비교적 균일한 크기로 연결되어 있다. 반면 애플은 연결성이 높고, 커다란 노드들이 상당수 관찰된다. 188쪽 이미지에서 형광 녹색은 애플과 구글의 창업자를 표시한다. 특허 개수를 비교해보면, 스티브 잡스는 지난 10년 간 347건의 특허를 등록했다. 단지 27개의 특허를 등록한 구글의 세르게이 브린과 래리 페이지와는 상당한 차이를 보인다. 구글은 오픈소스 방식으로 다수의 개발자들이 참여하며, 고르게 분산된 수평적인 조직 구조를 갖추고 있을 것이라는 예측이 가능하다. 실제 구글은 소규모의 팀 단위 협력을 통해 자유로운 분위기를 유도하고, 아이디어의 확산과 변형에 유리한 환경을 마련하기 위해 노력하고 있다. 반면 애플은 스티브 잡스뿐만 아니라 조나단 아이브가 주도해온 애플의 디자인팀들과 하드웨어/소프트웨어 분야의 핵심 리더들이 두드러지게 눈에 띈다. 스티브 잡스 복귀 후 아이맥에서 아이팟, 맥북, 아이폰, 아이패드에 이르기까지 다년간 팀워크를 이루어온 핵심 발명자들에 의해 형성된 일련의 팀워크는 일관된 기업 비전과 함께 일사불란하게 조직의 혁신을 이끌어왔음을 확인할 수 있다.

흥미롭게도 페이스북의 발명자 네트워크와 유사하게 구글과 애플의 발명자 네트워크에서도 한 가지 공통점이 눈에 띈다. 최외곽 주변부에는 마치 세포막membrane과 같은 링이 관찰된다는 점이다. 중심 발명자 그룹과는 연결성이 약하지만, 다수의 분산된 소규모 발명자 그룹들이다. 이 세포막이 무엇을 의미하는지에 대한 단서를 구글의 사례에서 찾을 수 있다. 검색엔진 최적화 서비스를 제공하는 회사인 SEO by the sea의 빌 슬로스키Bill Slawski에 의하면, 구글은 디지털 이미징 서비스 또는 구글 글래스와 같은 제품군을 연구하고 있는데, 그 분야의 외부 핵심 발명자들의 특허를 대량 매입한 기록이 탐지된다고 한다. 구글은 2013년경 실버브룩 리서치Silverbrook Research로부터 269개의 디지털 이미징 관련 특허를 매입한 이력이 있다.

연결성이 높은 발명자가 중요한 역할을 수행할 것이라는 것은 당연하다. 하지만 기업이 본래 보유하고 있던 발명자 이외에 외부로부터 받아들인 특허들도 주목할 필요가 있다. 이러한 패턴이 무엇에 기인한 것인가를 찾아내는 것은 성공하는 혁신조직의 비결을 과학적으로 탐구하는 데 중요한 실마리가 될 것이다. 아울러 이러한 패턴을 실시간으로 탐지할 수 있다면 조직 전략을 수정해나가는 기업의 중요한 의사결정 과정에 충분히 활용할 수 있을 것으로 기대한다.

혁신조직의 인재풀을 추적할 수 있는 시대

특정 기간의 발명자 네트워크를 구분하여 시각화할 수 있다면 연도별 기업의 혁신조직을 각각의 이미지로 표현할 수 있게 된다. 타임라인에 따라 발명자 네트워크를 추적해보면 종래에는 접근하지 못했던 방식으로 기업의 혁신활동을 복기해볼 수 있는 기회가 열리게 된다.

최근 업데이트된 구글 특허(patents.google.com)를 이용하여 검색어를 입력하면, 검색어에 따른 특허 검색결과와 함께 검색어와 관련된 발명의 양수인Assignees, 발명자Inventors, 선진특허분류CPCs: Coopera-

CPC특허분류: Cooperative Patent Classification
기존의 국제특허분류(IPC)는 약 7만 개의 코드로 이루어져 있었다. 그러나 신기술에 대한 세부분류 등이 미흡하여 선행기술 검색에 한계가 있었다. 이에 2013년 유럽 특허청의 ECLA 분류코드와 미국의 USPC 분류코드를 결합하여 CPC 분류코드를 개발하였다(약 26만 개의 상세코드).

tive Patent Classifications의 상위 순위를 연도별로 각각 보여준다. 작은 막대 그래프로 이루어진 단편적인 정보이기는 하지만, 검색어와 관련된 특허 분포 및 연도별 변천, 발명자들의 활동까지 힌트를 얻을 수 있다.

애플의 관성 스크롤을 구현한 UI 개발자인 바스 오딩Bas Ording을 조회해보면, 1998~2001년에는 애플의 데스크탑 컴퓨터 UI/OS에 관한 단독 발명자로 활동하다가 2004~2010년에는 타 분야 공동 발명자들과 모바일 UI 부문에서 협업한 이력을 살펴볼 수 있다. 앞서 언급한 바와 같이 특허공보는 시간과 발명자, 발명의 명칭 등의 정보가 정확하게 기록되어 있는 만큼 다른 아카이브Archive에서 획득할 수 없는 시간과 관련한 내러티브Narrative가 풍부하게 잠재되어 있다.

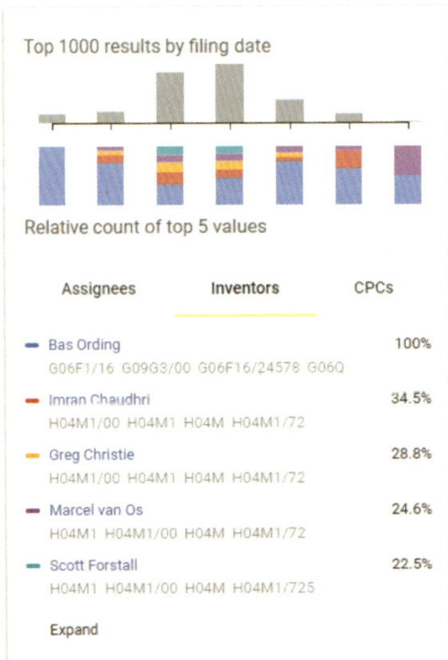

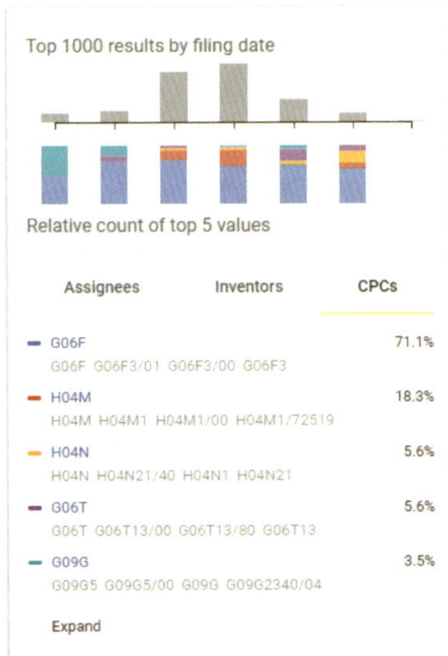

구글 특허(http://patents.google.com)를 이용한 발명자 간단 이력 차트:
애플의 주요 발명자와 주요 CPC분류 순위

애플 혁신조직의 성장판 : KENEDICT의 발명자 네트워크

KENEDICT INNOVATION ANALYTICS
R&D 네트워크 분석을 전공한 안드레 베르메주(Andre` Vermeij)가 2013년 설립한 네덜란드 소재 회사이다. 혁신 네트워크의 분석에 관한 컨설팅을 수행하고 있고, 사용자와 상호작용 가능한 네트워크 분석 도구인 Kenelyze를 최근 출시하였다. 회사명은 혁신과 네트워크를 뜻하는 그리스어 καινοτομία(kènotomía)와 δίκτυ(díktio)의 합성어라고 한다. https://www.kenedict.com

애플과 삼성의 특허소송이 촉발되기 전까지는 애플 내부의 디자인팀이나 혁신 조직에 대해서 알려진 바가 거의 없었다. 혁신 조직의 네트워크가 어떻게 변화되어 왔는지를 외부에서 파악하는 것은 극히 어려운 일이었다. 또한 스티브 잡스가 애플의 혁신 로드맵에서 어느 정도의 영향을 끼쳤는지에 대해서도 말만 무성할 뿐 이를 객관적으로 확인하기는 쉽지 않았다.

케네딕트 이노베이션 애널리틱스KENEDICT Innovation Analytics의 창업자인 안드레 베르메주Andre` Vermeij는 회사 블로그(2013)에 '애플의 진화하는 내부 혁신 네트워크'[10]를 게시하면서 애플의 핵심조직과 스티브 잡스의 영향력에 대해 통찰력 있는 분석 결과를 선보였다. 그는 6년(2007~2012) 동안 애플이 등록한 미국 특허를 모은 후, 기술분야(IPC)와 공동 발명자 정보를 토대로 발명자 네트워크의 변화 과정을 시각화하였다. 각 노드는 발명자를 나타내고, 기술분야에 따라 색상이 맵핑되어 있으며, 협업 빈도에 따라 노드의 크기가 커진다.

애플은 2007년 489명의 발명자 규모에서 2012년 1,891명으로 인원이 늘었고, 등록특허는 409건에서 2,096건으로 양적 성장을 이루었다. 또한 중심 그룹들이 차지하는 비율이 전체 특허에서 차지하는 비중 또한 74%에 이르렀으며, 공동발명자도 4~5명으로 수준으로 이루어져 있음을 밝혀냈다.

앞 분석에 사용된 애플의 6년간(2007~2012) 전체 특허 3,626건 중

애플의 발명자 네트워크 변화(2007~2012)[10]

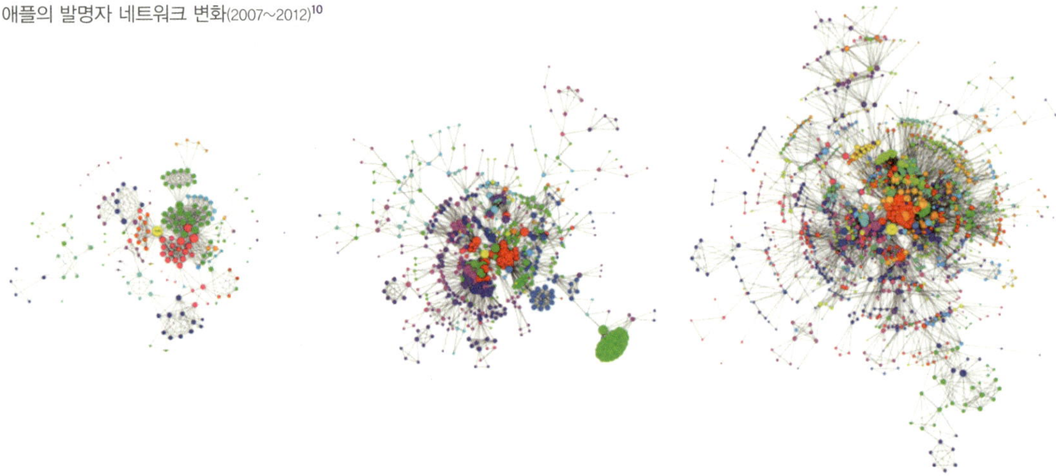

2007–2008 2009–2010 2011–2012

에서 디자인특허는 약 1/6인 615건에 달한다. 전체 특허에서 기술특허를 제외한 디자인특허 615건만을 사용하면, 6년간 누적된 디자이너 98명에 대한 협업 이력이 보다 분명하게 드러난다. 붉은색 계열로 중앙에 집중된 16명의 디자이너는 앙드레 바트Andre Bart를 포함해 제품 초기부터 주도적인 역할을 수행한 핵심 디자이너들[11]에 해당한다. 이들 주위에는 다양한 제품 디자인을 보조하는 디자이너들과 사용자 인터페이스 디자이너들이 군집을 이루고 있음을 확인할 수 있다.

경쟁사의 디자이너 또는 개발자 조직 규모와 팀구성에 대한 분석 자료는 향후 기업의 인적 네트워크 구상에 있어서 전략적 통찰력을 제공할 중요한 정보원으로 쓸 수 있을 것이다.

애플의 디자인팀

애플의 산업 디자인팀을 이끄는 핵심 디자이너에 대한 상세한 내용은 아래를 참고하면 된다. Meet Members of Apple's Elite Industrial Design Team, Business insider, 2012, Seth Fiegerman

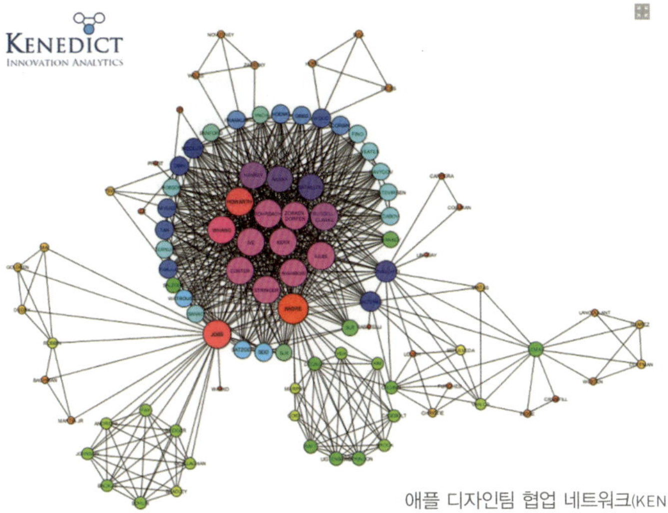

애플 디자인팀 협업 네트워크(KENEDICT, 2013)

Kenelyze : 사용자와 상호작용할 수 있는 네트워크 시각화 도구

KENEDICT는 2014년 사용자가 웹상에서 실시간으로 상호작용 가능한 네트워크 시각화 도구인 Kenelyze(https://www.kenelyze.com)를 시장에 내놓았다. 단순 통계 그래프나 정적static인 이미지로 이루어진 발명자 또는 특허 네트워크만으로는 R&D 혁신과정에서 실제적이고 실행 가능한 통찰력을 얻기에는 한계가 있다는 믿음에 기인한다. 사용자의 선험지식과 호기심에 따라 네트워크를 자유롭게 탐색할 수 있는 상호작용 가능한 시각화 도구Interactive Visualization는 종이라는 제한된 종래 보고서의 틀에서 벗어나 보다 풍부한 분석 기회를 제공한다.

KENEDICT의 프로젝트 중, 애플의 전全 주기(1978~2014) 특허 네트워크를 시각화하고, 사용자가 탐색하도록 한 사례KENEDICT, How Steve Jobs Connected It All는 반드시 경험해보길 바란다. 특허공보에 수록된 2개의 서지정보 DB(공동 발명자와 발명의 명칭)만으로 연도별 발명자와 특허 명칭의 혁신 네트워크를 그려냈다. 종래에는 [발명자]만 또는 [특허 명칭]만을 별도로 분리하여 각각의 네트워크를 표현했다면, KENEDICT의 사례는 [발명자]+[특허 명칭]을 복합적으로 사용하여 혁신 네트워크를 보여주는 점에서 진일보한 사례로 평가할 수 있겠다.

특허 네트워크에서 원형 노드는 발명자를 표현하고 사각형 노드는 발명의 명칭에 해당한다. 동일 특허분류CPC는 동일 색상으로 처리되어 있고, 이는 애플의 하위부서와 대응된다. 상단의 연도탭을 선택하면, 해당 연도의 발명자-특허명칭 네트워크가 펼쳐진다. 사용자는 확대, 축소, 이동을 해가면서 해당 영역을 자유롭게 탐색할 수 있다. 또는 검색 필드에 발명자 또는 특허명칭을 기입하여 원하는 목표지점을 곧바로 확인할 수 있다.

KENEDICT가 분석한 애플의 특허 발명자 네트워크(2008~2009)

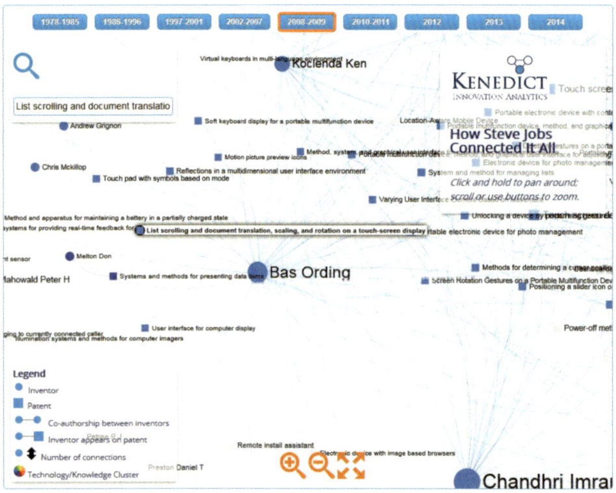

2008~2009년 발명자 네트워크에 가장 중심에 있는 바스 오딩은 애플 UI팀으로, 아이폰의 핵심기술인 관성 스크롤에 관한 등록특허 US 7,469,381의 단독 발명자이다. 바스 오딩의 발명자 네트워크를 살펴보면, 아이폰 초기 개발 단계에서 어떤 핵심 인력들과 협업하였는지가 직관적으로 관찰된다. 눈에 띄는 것은 소프트

웨어 개발자인 바스 오딩이 디자인팀의 수장인 조나단 아이브나 던컨 커Dunkun Kerr와도 아이폰의 UI/UX 디자인을 위해 협업한 것을 확인할 수 있다. 물론 이러한 광범위한 상호 협력이 가능했던 것은 애플의 다양한 조직을 잇는 중심 연결자 역할pivotal role을 해낸 스티브 잡스가 있었음은 의심의 여지가 없다.

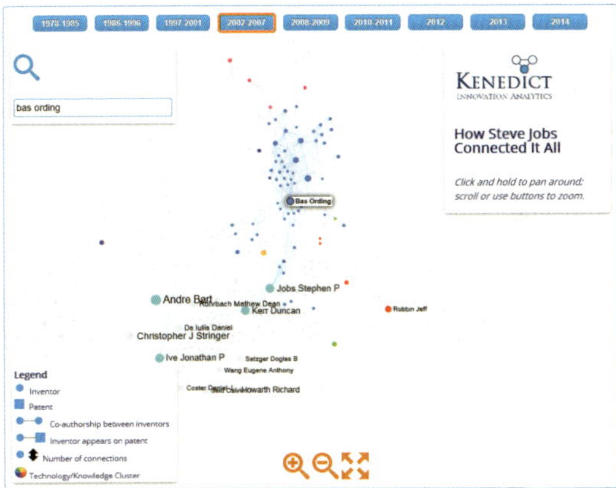

애플 UI팀 바스 오딩을 중심으로 한 발명자 네트워크(2002~2007)

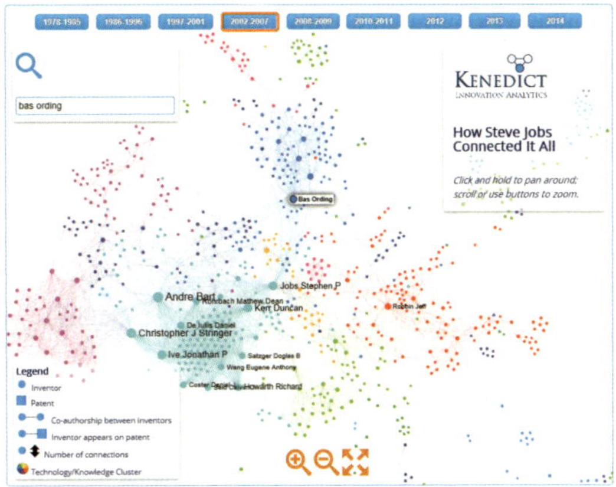

KENEDICT, 2002~2007년 애플의 발명자 네트워크

2002~2007년간 애플의 발명자 네트워크를 나타낸 그림을 살펴보면, 스티브 잡스는 하늘색으로 표현된 디자인팀과 파란색으로 표현된 UI/OS팀과의 허브hub 역할을 수행했음이 확인된다. 또한 조나단 아이브와 앙드레 바트 등 디자인 조직은 아이폰 자체뿐만 아니라 이어폰, 어댑터, 홀더 등 액세서리에 이르기까지 촘촘하게 집중적인 디자인특허 확보에 역량을 투입한 것이 확인된다. 이는 추후 애플-삼성 소송에 상당한 영향력을 발휘하게 된다.

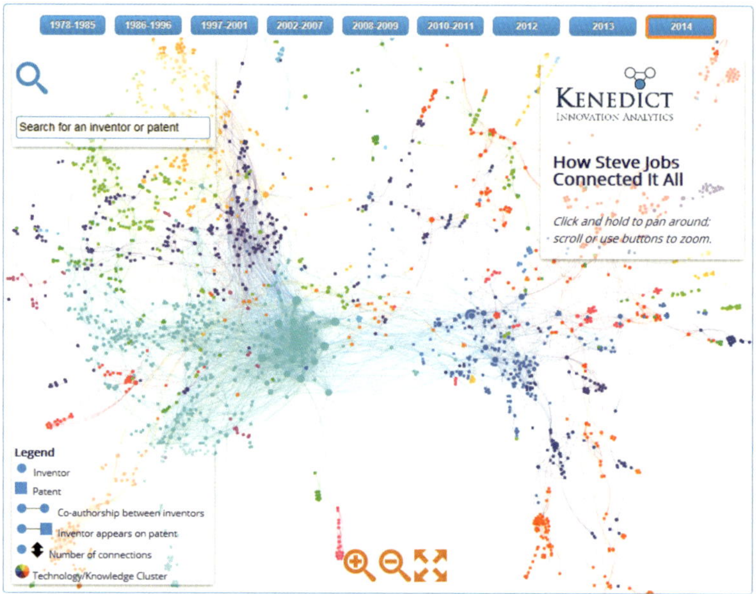

KENEDICT, 2014년 애플의 발명자 네트워크

타임라인Timeline에 따른 조직협력 변화

스티브 잡스 사후 공동 협업의 변화 양상을 살펴보자. 2007년 아이폰 출시 이후 보다 다양한 서비스를 위한 UI/UX의 개선, iOS 업데이트, 아이튠즈 서비스(뮤직, 영화, 책) 확대, 보안 및 인공지능의 고도화를 위한 분야에 집중적으로 특허출원이 이루어진 것으로 분석된다. CEO 사후, 구심점을 상실해가는 것처럼 보이던 2014년에는 디자인팀과 UI팀 간의 협업 상태가 다소 느슨해진 것도 관찰된다. 한편, 최근 애플 페이Apple Pay나 아이폰 X에 투입된 안면 인식 등의 첨단 기술들로 인해 KENEDICT가 미처 분석하지 못한 2015~2018년의 청사진은 어떻게 변화했을지도 호기심을 자아낸다.

KENEDICT는 혁신기업의 로드맵을 특허 빅데이터를 기초로 탁월하게 재해석한 사례로 기억될 것이다. 전통적인 특허 통계 분석으로는 현출할 수 없었던 인적 변화나 연구성과로 생산된 특허의 연차별 진화과정을 새로운 시각에서 통찰할 수 있는 플랫폼을 제공한 셈이다. 물론 특허 심사처리 기간이 소요되어 발명 시점보다 상당한 시간이 경과한 후에 특허공보가 발행되는 특성상, 사후 관찰이라는 비판도 존재한다. 그러나 특허 빅데이터가 R&D 전략을 수립하기 위한 단순한 검색수단에 그치지 않고, 조직의 협업과 변화 양상을 동적으로 분석할 수 있게 된 점에서 그 의의가 있다고 하겠다.

그럼에도 불구하고 시각화된 이미지 자체만으로는 허상에 지나지 않는다. KENEDICT의 창업자 안드레 베르메주는 "정적인 시각화만으로는 한계가 있으며, 네트워크 분석을 통해 실제적이고, 실행 가능한 통찰을 얻기 위해서는 네트워크와 실제로 상호작용할 수 있는 분석자의 능력이 보다 중요하다"라고 설명하고 있다.

특허는 살아 있는 유기체와 같으며, 엄청난 양으로 축적, 성장하고 있다. 숨겨진 맥락Context을 통찰하기 위해서는 극명한 대비Contrast를 직관적으로 보여줄 수 있는 동적인 분석 도구에 대한 실험이 지속적으로 요구된다.

삼성전자와 LG전자, 비슷하면서 다른 제품 라인업 전략

로카르노 국제분류에 의한 경쟁기업의 디자인 IP 포트폴리오 비교

Case Pick

기업들의 제품 라인업 변화과정을 확인할 수 있는 방법이 있을까? 로카르노 디자인 분류를 이용하면 경쟁사가 시도하는 새로운 제품군과 IP 포트폴리오 확장 전략을 예측해볼 수 있다.

삼성전자와 LG전자의 국내 등록 디자인 데이터를 이용하여 비교해보자.

제품 라인업 전략과 IP 포트폴리오

소비자 요구가 다변화하고, 기술의 융복합이 가속화되면서 새로운 제품군과 서비스 플랫폼을 선점하는 것은 그 어느 때보다 중요한 일이 되었다. 의사결정에 필요한 정보를 시기적절하게 획득하고 이용하지 못하면 시장에서 도태될 수 있음을 아이폰의 등장으로 경험한 바 있다.

시장 선점을 독점적인 지위로 유지하기 위해서는 특허·상표·디자인과 같은 IP 포트폴리오를 전략적으로 활용할 필요가 있다. IP 포트폴리오에는 기업이 추구하는 제품 또는 서비스 개발 전략이 퍼즐과 같이 흩어져 있다. 어떤 제품을 시장에 내놓아 수요자들에게 각인시키기 위해서는 상표가, 제품의 기능을 구현하기 위해서는 특허가, 심미적인 감성을 충족시키기 위해서는 디자인이 통합적으로 활용되어야 한다. 특정 제품의 개발을 전후하여 IP 포트폴리오가 구축되며, 이들 퍼즐들을 모아 보면 겉으로 드러나지 않았던 제품 라인업 전략의 단서를 만나볼 수 있다.

상표와 디자인특허로 만들어진 제품 라인업 전략

미국 연방 상표법의 경우, 타 국가와는 달리 상표권 등록 및 권리행사를 위해서는 미국에서의 상업적 실제 사용actual use in commerce이라는 특수한 조건이 요구된다. 미국을 제외한 대부분의 국가는 상표를 실제 사용하지 않더라도 상표권 등록과 권리행사가 가능하다. 다만, 일정 기간 사용하지 않으면 제3자에 의해 그 등록이 취소될 수 있다. 상표권은 특허에 비해 심사가 신속하게 진행되고, 즉시 공개되는 특징이 있다. 반면 특허는 통상적으로 1년 6개월 경과 후 강제 공개되고, 디자인은 등록 후 소정 기간 내에만 비밀로 유지할 수도 있다. 우리나라는 심사가 착수되어 상표 공보가 발행되기 전에도 특허정보넷 키프리스를 통해, 출원일로부터 대략 수일 후면 출원 상표 조회가 가능하다. 이를 이용하면 경쟁사의 브랜드 전략을 비교적 빠르게 탐지할 수 있다.

애플은 각국 상표 제도의 특징을 탁월하게 이해하고, 자사의 제품 로드맵 노출을 최소하화기 위한 비밀스러운 출원 전략을 가지고 있다. 애플의 주요 상표권 포트폴리오를 제품/서비스/기술에 따라 연도별로 정리한 오른쪽 표를 보자. 미국이 아닌 제1국에 상표출원을 한 후, 6개월 이내에 파리협약에 따른 조약우선권 주장을 하면서 동일 상표를 제2국에 상표출원하면 제1국에 출원한 날로 판단시점이 소급된다. 제1국을 어느 나라로 정하는지에 따라 기업의 제품 확장 또는 브랜드 전략을 최소한 6개월 동안 비밀로 유지할 수 있는 방법이 있다는 말이다. 애플은 인터넷 서비스 인프라가 취약하여 상표공보 조회가 어렵거나 지리적으로 접근성이 떨어지는 트리니타드 토바고TT, 자메이카JM, 리히텐슈타인LS 등의 국가를 전략적 제1국 출원국으로 선정하는 치밀함을 보여주었다. 이러한 출원 전략을 모르는 기업들은 자사의 상표를 출원하면서 경쟁사들에게 브랜드 전략을 그대로 제공하는 셈이다.

애플의 탁월한 네이밍 전략

애플은 신제품에 적용될 새로운 기술이나 서비스에 대해서도 고유한 브랜드 가치를 부여하고 상표권을 확보한다. 아이폰 4의 고해상도 스크린을 출시할 때에는 기술 스펙을 직접적으로 강조하는 네이밍이 아니라 인간의 망막을 뜻하는 '레티나(retina) 디스플레이'라는 브랜드를 창출하고 비밀리에 상표권을 확보하였다. 인간의 눈으로는 화소(pixel)가 보이지 않을 정도의 기술력을 간접적으로 은유한 것이다. 이러한 상표권 전략은 사용자들에게 후발 경쟁자들의 제품을 낙후된 것으로 인식하게 하고, 혁신기업이 누구인지를 각인시키는 효과가 있다.

특허와 디자인은 상표처럼 실제 사용을 요구하지는 않는다. 즉시

Apple's Trademarks

	2007	2008	2009	2010	2011	2012	2013	2014	2015	2016	2017	2018
제품	Macbook Air (TT) iPhone (TT)		MAGIC MOUSE (TT)	iPad (TT)	SMART COVER (JM)	Macbook Pro (JM) EarPods (JM) iPad Mini (JM)	iWatch (JM) iPad Air (JM)	Apple Watch, iWatch (JM)	iPad Pro (JM) Apple Pencil (US) AirPods(JM)		iMac Pro (LS)	HOMEPOD (JP)
서비스	APPLE TV (TT) iTunes Store (CA)	APP STORE (TT)		iBooks (TT) iCloud (JM)			OS X (-)	Apple Pay (JM)	Apple Music (JM) Apple News (JM) Apple Wallet (JM)		APPLE PAY CASH (JM) APPLE APP STORE (JM) iBooks STORE (WO) Macos High Sierra (LS)	APPLE BOOKS (JM) APPLE GIVEBACK (JM) HealthKit (JM)
기술	Multi-Touch (TT)	Time Capsule (TT)		FaceTime (TT) AirPlay Air Print (TT) Retina (TT) Mission Control (JM) Lauch Pad (TT)	AirDrop (JM) iMessage (TT)	Siri (JM) Pass book (JM) Lightning (TT)	Carplay (TT)	Touch ID (JM) Tap To Talk (JM) Taptic Engine (JM) iBeacon (JM) Digital Crown (JM)	3D Touch (JM) Force Touch (JM) Live Photos (JM) PEEP AND POP (JM)	Touch Bar(JM) Music Memo (JM) Premium Reseller (EU) Apple Handoff (JM) CareKit(EM) Tapback (JM)	Super Retina (LS) True Depth (LS) AIR POWER (LS) AR KIT (LS) ANIMOJI (LS) FACE ID (LS) ProMotion (LS) Vital Signs (JM) Music UP NEXT (JM) Planet of the Apps (JM) Beddit (JM) Live Titles (JM) Expose (WO)	Front Row (-) SWIFT (-) MEMOJI (LS) FOUNDATIONDB (JM) APPLE CLIPS (-) ProRes (JM)
기타										One More Thing (JM)	Think Different (JM) Today at apple (WO)	

애플의 연도별 주요 상표권 포트폴리오(2007~2018)

제품화되지 않더라도, 신제품 개발이 이루어지는 제품 또는 서비스에 대한 출원이 지속적으로 진행된다. 따라서 경쟁사의 기술 특허와 디자인특허를 분석하면, 아직 상품화되지 않고 잠재된 제품 라인업의 향방을 예측할 수 있다. 기술 요소단위로 지정된 특허는 양이 방대하고, 분류가 매우 세분화되어 있어서 신제품 전략에 대한 단서를 분석하기가 쉽지 않다. 게다가 출원일로부터 상당 기간이 경과한 후에 공개되므로 사후 분석이 될 수도 있다. 그러나 상표의 니스 국제분류와 디자인의 로카르노 국제분류는 제품군에 따른 분류 체계로 되어 있어 보다 직관적인 탐지가 가능하다. 유럽을 포함한 상당 국가에서는 디자인 출원에 대하여 무심사주의를 채택하고 있어, 상표나 디자인 공보가 매우 빠르게 공개된다. 디자인은 비밀유지를 위한 공고 연기 신청을 하더라도 도면을 제외한 기본적인 서지사항은 열람이 가능한 점에서 신제품 전략에 대한 단서가 노출되어 있다. 이 장에서는 디자인에 관한 로카르노 국제분류를 이용하여 국내 경쟁사들의 제품 라인업을 대비한 사례를 소개한다.

디자인을 물품별로 구분한 로카르노 국제분류

우리나라는 2014년 7월 1일부터 헤이그 국제디자인출원제도를 도입(미국·일본은 2016년 5월 시행)하면서 로카르노 국제분류를 공식 채택하였다. 로카르노 국제분류 코드는 2자리 숫자들의 조합으로 이루어진 2단계 계층class-sub class으로 단순하게 구성되어 있다. 이는 로카르노 국제분류가 심사관에 의한 검색 등 실체 심사를 수행하지 않는 유럽 회원국 주도로 만들어졌기 때문이다. 물품에 따라서만 분류되어 있고, 형상의 유형에 따른 세분화된 분류 코드를 갖추지 않아 분류 코드 개수가 적고 검색 효율이 낮다는 단점이 있다. 한·미·일 등의 심사주의 국가들은 로카르노 국제분류를 공식 채택하면서도 자체적으로 구축, 갱신하여 왔던 기존의 자국 분류체계를 여전히 병행하여 사용하고 있다. 다만, 중국 등 전 세계 디자인 출원량이 급증하고 있고 로카르노 국제분류 또는 디자인의 대상이 되는 물품의 명칭만으로는 효율적인 검색을 수행하기 어렵다. 따라서 각국은 이중화된 분류체계의 비효율을 해소하기 위하여 일원화된 통합 분류체계 수립을 고민하고 있다.

로카르노(Locarno) 국제분류
'산업 디자인의 국제분류 제정에 관한 로카르노 협정'은 1968년 10월 8일 스위스 로카르노에서 조인되어 1971년 4월 27일 발효되었다. 5년마다 개정판을 발행하여 현재 (2017년(11판)) 사용 중이며, 54개 회원국(2016)이 협정에 가입하였다. 로카르노 분류는 클래스(Class)–서브 클래스(Sub Class)를 나타내는 이진 숫자의 조합 코드(32개 클래스, 219개 서브 클래스로 구성)로 표시된다.

각국별 디자인 분류 코드 비교

국가	분류체계	하위 분류 코드 (예)	계층(depth)별 코드 개수
한국	(舊)한국분류	H3-301AB	13 / 75 / 457 / 2,559
일본	의장분류	G2-2100AB	13 / 76 / 3,114
미국	USPC	D06/654 ..D06/654.1 ...D06/654.1	33 / 5,631 (참고) indent dot 으로 계층 표현 대분류는 D01~D33까지 로카르노 클래스와 유사
유럽 중국 등	로카르노	14-03	32 / 219 (참고) EU 회원국 언어로의 자동번역을 위해 물품명칭마다 시리얼 코드 지정

로카르노 기반의 신규 디자인 분류체계 개발, 특허청 2016

특허 분야에서는 복수로 지정된 IPC/CPC 분류정보를 이용하여 이종기술이 융복합되는 기회를 발굴하는 연구가 최근 활발히 진행되고 있지만 디자인 분류정보를 이용한 연구는 전무한 실정이다. 로카르노 국제분류를 빅데이터 분석의 자료로 활용하면 어떤 가치가 있을까? 삼성전자와 LG전자가 각각 어떤 제품군에 집중하고 있는지, 또한 새로운 사업분야의 주도권을 잡기 위하여 제품 라인업은 어떻게 변화하고 있는지를 대비해보았다.

등록디자인 통계로 바라본 디자이너들의 활동

로카르노 국제분류가 도입된 2014년 7월 이후부터 최근 3년간(2014.7~2017.6) 국내에서 공개된 삼성전자와 LG전자의 등록디자인 DB(조회일자 2018년 1월 기준으로, 그 이후에 등록된 건수와 차이가 있을 수 있음)를 분석하였다. 삼성전자는 연평균 980건, LG전자는 859건의 디자인을 등록하였으며, 로카르노 분류 코드와 창작자수 등에 관한 수치는 다음 표와 같다.

삼성전자와 LG전자의 최근 3년간 국내 등록디자인 주요 지표

구분	삼성전자	LG전자
전체 등록디자인	2,939건	2,578건
로카르노 분류(sub-class) 코드수	45개	49개
전체 창작자	554명	310명
외국인 창작자	58명	10명
평균 공동 창작자	3.36명	3.52명
최다 공동창작자	17명	12명
3년간 10건 초과 창작자 비율	70명 / 12.6%	69명 / 34.9%

등록디자인 1건당 공동 창작자(디자이너)의 분포는 삼성전자가 평균 3.36명, LG전자는 3.52명 수준으로 유의미한 차이는 보이지 않는다. 다만 삼성전자의 경우, 1인에 의한 단독 출원이 LG전자에 비하여 많은 편이며, 8명 이상의 중규모 팀을 구성하는 경우도 관찰된다. 외국인 창작자는 삼성은 58명(10.5%), LG는 10명(3.2%) 수준이다.

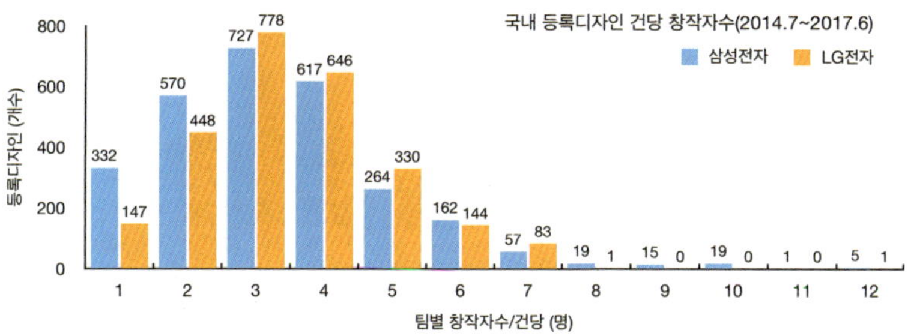

디자인특허의 공동 창작자수 분포

창작자별 등록디자인 건수를 대비하면 3년간 10건을 초과하여 등록한 창작자 비율은 삼성전자가 12.6%(70명), LG전자는 34.9%(69명)으로 상당한 차이를 보인다. LG전자의 경우, 3년간 100건이 넘는 등록디자인에 공동 창작자로 기재된 이들도 있어 중간 관리자급 이상의 디자이너들에 의한 창작활동 또는 참여가 상대적으로 삼성전자보다 많은 것으로 추정할 수 있다. 복합적인 요인(직무발명 인정범위 등)이 있겠지만, 두 기업의 전체 등록디자인 건수가 크게 차이가 없고, 삼성전자의 창작자가 244명 더 많은 점을 고려하면 창작자 1인당 건만을 단순 대비 시 삼성전자는 3년간 5.3건, LG전자는 8.3건 수준으로 차이를 보인다. 창작자별 등록디자인 건수가 정

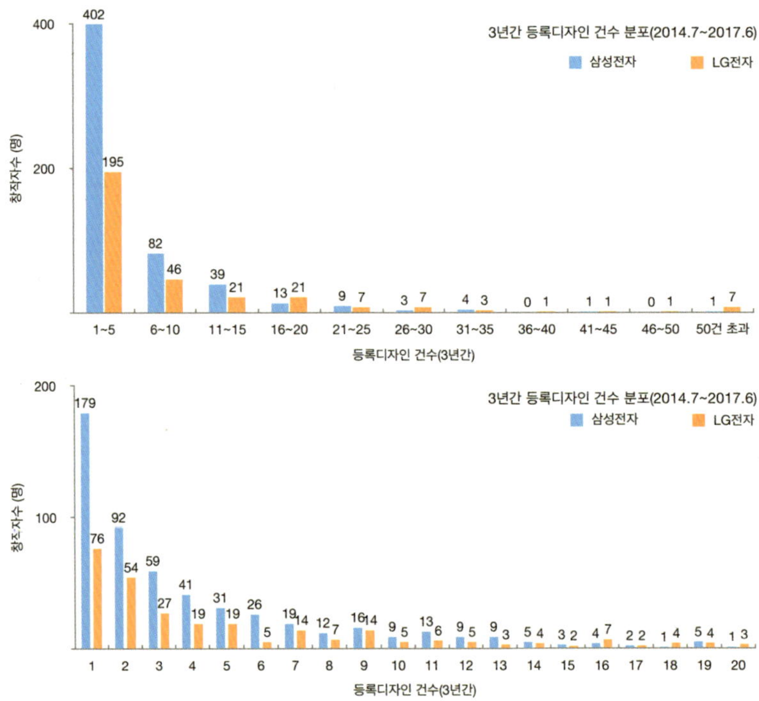

삼성전자와 LG전자의 창작자별 등록디자인 건수(3년간) 비교

규 분포를 나타내지 않는 것 또한 다소 의아한 결과이다. 향후, 물품별 출원빈도나 신규 유입 또는 퇴사 등의 인자를 다각적으로 분석해볼 필요가 있겠다.

TV, 공기청정기, 디지털 사이니지(상업용 디스플레이) 등에 집중하는 LG전자와 스마트폰, 태블릿 등에 집중하는 삼성

경쟁기업의 제품 라인업을 로카르노 국제분류에 따라 대비해보면, 양 기업이 공통적으로 경쟁하고 있는 물품군과 선제적으로 진입한 물품군을 확인할 수 있다. 여기에 타임라인에 해당하는 출원일 정보를 활용하면, 도태되는 물품군이나 새로운 개발과 투자가 이루어지는 물품군의 식별도 가능해진다. 이러한 분석 접근은 엑셀과 같은 전통적인 도구로는 효율면에서 한계가 있다. 엑셀에서는 로카르노 국제분류를 월별로 펼쳐놓은 매트릭스를 이용하되, 2개 이상의 기업들을 동시 비교하기에는 적합하지 않다. 우리는 상위 분류class와 하위 분류sub class를 자유롭게 오가며 차트를 생성할 수 있고, 각 데이터의 상세내역을 단지 숫자가 아닌 시각화된 정보로서 확인할 수 있는 데이터 시각화 도구인 태블로Tableau®를 이용하였다.

히트맵(Heat Map)
히트맵은 데이터 매트릭스의 수치값들을 명암이나 색상의 차이로 치환하여 보여주는 것이다. 직관적인 파악이 가능한 장점이 있다. 투쌍 루아(Toussiant Loua, 1873)는 파리 시내의 사회적 통계를 보여주기 위해 음영처리된 맵을 사용한 적이 있다.

로카르노 국제분류에 따른 월별 디자인 출원 추이를 시각화한 히트맵heat map을 보자. 삼성전자와 LG전자는 공통적으로 제14류(스마트 기기, 오디오, 프린터, TV 등) 및 제15류(세탁기, 청소기, 냉장고 등)의 비중이 가장 높다.

다음은 제14류만의 하위 분류를 태블로에서 버블 차트Bubble Chart로 나타낸 것이다. 삼성의 경우, 14-04(GUI)의 국내출원 비중의 변

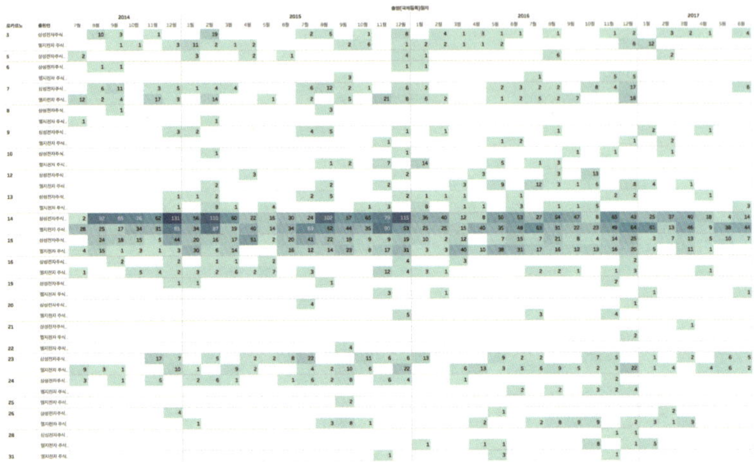

로카르노 국제분류 클래스(Class)별 디자인 출원 월별 추이,
삼성전자와 LG전자 모두 제14류와 제15류의 디자인 출원량이 월등히 높다.

화가 두드러진다. 애플과 삼성의 특허소송으로 인한 여파로 화상디자인(GUI) 출원이 급증하였다가 감소하고 있는 것으로 추정된다.

제14류의 서브 클래스(Sub Class)별 월별 출원추이

두 기업의 주력 제품군을 비교해보면, 스마트 기기류인 제14류, 가전제품군인 제15류, 제23류의 비중에서 각각 차이점이 보인다. 삼성전자는 스마트 기기(스마트폰, 태블릿, 워치)에 관한 제품 디자인(14-02)과 화상 디자인(14-04)에 집중적인 출원이 이루어지고 있는 반면, LG전자는 오디오 기기에 관한 14-01(스피커, 블루투스 헤드셋), 14-

03(TV, 디지털 사이니지)에 상당한 출원이 이루어지고 있는 것으로 파악된다. 삼성전자는 이들 주력 제품군에 대한 비중이 87.7%인 반면, LG전자는 77.3% 수준이다. LG전자는 종래의 제품 라인업 이외에 다양한 물품군에 대한 디자인 출원 활동이 이루어지고 있다.

삼성전자와 LG전자 주력분야 로카르노 서브클래스별 통계

분류	물품예시	삼성전자	LG전자
14-01	이어폰, 오디오, AI 스피커, 블루투스 헤드셋 등	105	198
14-02	스마트폰, 태블릿, 스마트워치, 프린터 등	616	127
14-03	TV, 모니터, 리모컨, 헤드마운트 디스플레이, 디지털 사이니지 등	360	969
14-04	화상디자인(GUI) 등	718	92
14-99	TV용 스탠드 등	99	64
15-05	세탁기, 건조기, 로봇청소기, 의류관리기 등	351	235
15-07	냉장고 등	171	157
23-04	에어컨, 공기청정기 등	127	150
소 계		2,577 (87.7%)	1,992 (77.3%)

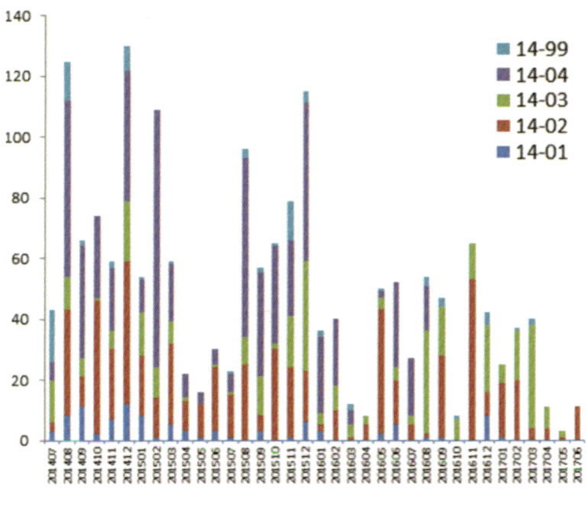

삼성전자의 로카르노 제14류 월별 디자인출원(2014.07~2017.06)

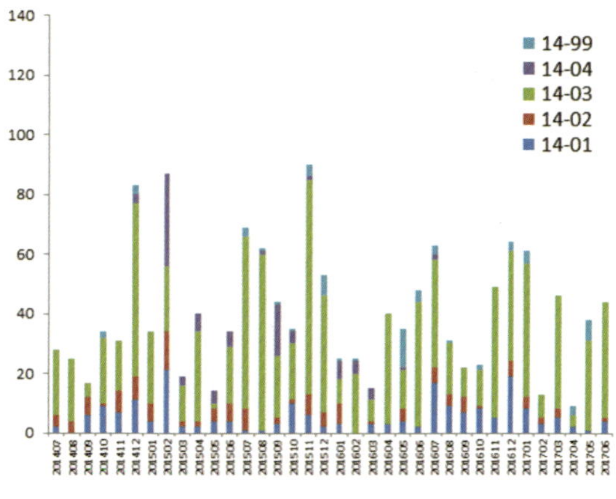

LG전자의 로카르노 제14류 월별 디자인출원(2014.07~2017.06)

벤 다이어그램 : 삼성전자와 LG전자의 제품 라인업 전략의 차이

태블로를 활용하면 삼성전자와 LG전자가 함께 경쟁하는 물품분야와 독자적으로 진입한 분야를 다음 표와 같은 벤 다이어그램Venn Diagram으로 나타낼 수 있다. 함께 공존하는 신규 물품군은 인공지능 스피커(14-01), 가정용 로봇(15-99), 드론(16-01), 공기청정기(23-04) 등이다. 삼성전자는 카메라(16-05, 16-06), 의료용 기구(12-12, 24-01, 24-02)에 독자적인 제품군을 형성하고 있다. 반면, LG전자는 경쟁사에 비해 융복합 제품군과 틈새시장을 공략하기 위한 출원이 보다 적극적으로 이루어지고 있는 것으로 분석된다. 실제 양산제품에서도 LG전자가 스타일러(의류관리기), 듀얼세탁기(트윈워시), 프리미엄 빌트인 가전(시그니처 키친 스위트), 피부관리기(프라엘) 등과 같은 새로운 제품군을 삼성전자보다 먼저 출시한 바 있다. 한편, 가전회사로서 기존에는 시도되지 않았던 이종분야에 대한 출원도 상당수 조회되었다.

LG HomeBrew

LG전자가 2019 CES에서 공개한 캡슐맥주 제조기[12]

일례로, LG전자는 2016년 맥주제조기(제31류)와 맥주캡슐(제09류)에 관한 디자인 출원을 진행하였다. CES 2019에서 전 세계 최초로 출시한 'LG홈브루'는 캡슐커피에서 착안한 캡슐맥주 제조기로서, LG전자가 보유한 핵심기술들(김치냉장고의 저온유지, 정수기의 살균기능 등)을 집약한 제품이라 할 수 있다.

삼성전자와 LG전자가 경쟁하고 있는 공통분야 중, 밑줄 친 분류는 디자인의 구체적인 용도가 상이한 경우이다. 13-02(배터리, 충전기)의 경우, LG전자는 전기자동차용 충전기 또는 에너지 저장장치(ESS) 부문 등이 관찰되나, 삼성전자는 휴대폰용 무선충전기 등에

제품 라인업의 벤 다이어그램 (삼성전자 vs. LG전자)

삼성전자 only	공통	LG전자 only
05-05(스피커용 직물지)	03-01(스마트폰 케이스)	06-05(제습기, 다리미판이 부설된 수납장, 화장품 살균/냉각장치가 부설된 화장대)
05-06(냉장고 장식용 필름)	06-01(의자), 06-03(테이블)	06-06(광고용 모니터가 부설된 파티션)
06-04(커피머신이 부착된 가정용 수납장)	07-01(밀폐용기)	07-05(세탁기 섬유유연제 캡슐)
07-06(와인잔 거치대)	07-02(전기조리기 등)	08-06(세탁기용 다이얼 노브)
07-07(냉장고용 아이스팩)	09-03(포장용 상자)	08-07(블랙박스와 LED 기능을 겸한 자전거 자물쇠)
08-08(통신장비 고정 브라켓)	10-04(체중기, 측정기)	09-05(맥주제조기용 원료 캡슐)
10-06(도어벨)	12-07(드론)	10-05(보안용 태그, 동작 감지기, 기체 감지기)
12-12(보행보조기)	12-16(차량용 부품)	12-11(전동스케이트보드, 삼륜자동차)
16-05(카메라용 스탠드)	13-02(배터리, 충전기)	12-12(로봇유모차)
16-06(카메라 렌즈)	13-03(스위치, 플러그 등)	14-03(디지털 사이니지)
20-03(광고용 조형물)	14-01(이어폰, 오디오, AI 스피커)	14-99(스타일러스 펜)
21-01(캐릭터 인형)	14-02(스마트폰, 태블릿, 스마트워치, 저장기기, 키오스크, 프린터 등)	15-02(밀폐용기용 진공 펌프)
24-02(의료용 기구)	14-03(TV, 모니터, 리모컨, 헤드마운트 디스플레이)	15-03(화분용 관수기, 로봇 잔디깍기)
28-03(전동칫솔)	14-04(화상 디자인)	16-02(빔프로젝터)
	14-99(TV용 스탠드)	19-08(신용카드)
	15-05(세탁기, 건조기, 로봇청소기, 의류관리기)	22-06(해충퇴치기)
	15-07(냉장고)	23-02(미니세탁기가 부설된 세탁용 싱크대)
	15-99(가정용 로봇)	25-01(장식용 패널)
	16-01(카메라, 비행 카메라)	26-06(차량용 헤드램프)
	19-06(전자칠판)	28-03(피부관리기, 미스트분사기)
	20-02(상품진열대용 선반)	31-00(맥주제조기)
	23-01(정수기, 정수필터)	
	23-04(공기청정기, 에어컨, 선풍기)	
	24-01(MRI용 부품, 피부 측정기, 생체신호용 센서, 엑스레이 촬영기기)	
	26-04(LED 램프)	
	26-05(탁상용 램프)	

벤 다이어그램(Venn Diagram)

1880년 존 벤(John Venn)에 의해 만들어졌다. 합집합(union), 교집합(intersection), 차집합(Set difference)의 관계를 시각화하기에 용이하다.

관한다. 12-16(차량용 부품)의 경우, LG전자는 자동차용 계기판, 스마트키, 스티어링 휠, 룸미러 등 다양하나, 삼성전자는 자동차용 대쉬보드에 한정된다. 이는 LG전자의 미래성장 동력으로 육성하고 있는 자동차부품VC: Vehicle Components 사업본부의 혁신 활동과 관계가 깊을 것으로 예상할 수 있다. LG전자는 2018년 4월 오스트리아 자동차용 헤드램프 업체인 ZKW를 인수했다고 발표했다.

디자인 IP포트폴리오와 빅데이터로서의 파급력

디자인과 기술경영 측면에서 경쟁기업의 디자인 IP포트폴리오 분석을 통해 제품 라인업 전략의 변화를 정량적으로 파악할 수 있었다. 사후적 고찰이기는 하나, 아직 양산되지 않은 제품군에 대한 사전 탐지 가능성도 확인하였다. 아울러 빅데이터 시각화 분석 도구인 태블로를 이용하여 기존에는 파악하기 어려웠던 패턴 등을 보다 쉽게 통찰할 수 있었다. 특허 빅데이터를 효과적으로 탐색할 수 있는 분석 도구는 보다 풍부한 상상의 기회를 제공할 수 있을 것으로 기대된다.

향후 디자인특허에 기재된 물품, 분류, 창작자 등의 서지정보를 이용하여 다음과 같은 연구주제에 도전해보길 바란다.

① 국가 간 분류별 출원량을 대비하면 각국의 시장 상태를 비교할 수 있는가?

② 연도별 분류 순위의 변동 등을 분석하여 디자인 트렌드 및 라이프 사이클을 정량적으로 파악하고 추세를 예측할 수 있는가?

③ 창작자 출원활동 분석을 통해 디자인 조직(재직기간, 협업정도, 신

제품 개발 주기)의 특성을 이해하고, 경영에 활용할 수 있는가?

④ 창작자와 출원일 정보에 기초하여 특허, 상표, 디자인을 통합적으로 확인할 수 있는 분석 플랫폼이 구축될 수 있다면?

10 특허 빅데이터, 인공지능의 날개를 달다

2016년 3월, 구글 딥마인드Google DeepMind가 개발한 알파고AlphaGo가 이세돌 9단을 상대로 승리했다. 반신반의했던 인공지능AI이 안겨준 예고된 충격이었다. 알파고는 16만 개의 기보 데이터를 사전에 심층 학습deep learning하고 착점 위치와 패턴을 파악함으로써 스스로 승리 가능성이 높은 다음 수를 예측하는 신경망 알고리즘neural network algorithm이 적용되었다.

최근 인공지능이 급부상한 것은 디지털화된 빅데이터와 이를 처리할 수 있는 컴퓨터 연산능력 덕분이라고 할 수 있다. 이론적인 영역에 머물러 있던 인공지능은 이제 통신, 운송, 금융, 의학, 제조 등 전 분야에 걸쳐 실제 세계를 변화시키고 있다.

인공지능은 지식재산권Intellectual Property Rights 분야에서도 더 이상 거부할 수 없는 흐름이 되었다. 애플 대 삼성의 글로벌 특허소송과 중국의 경제성장으로 촉발된 IP 출원량은 인공지능의 도움을 갈망하게 만든 요인 중의 하나이다. 이제 검색은 물론 출원서 작성, 분류, 소송, 라이센싱 등 지식재산권 전 주기에 걸쳐 인류가 한 번도 겪어보지 못한 변화가 시작되고 있다.

인공지능의 첫 번째 스파링 상대는 상표?

The Great Wall, 급증하는 출원량

통계에 따르면 2017년 글로벌 상표출원은 1,239만 건으로 집계되었다. 기술특허(317만)의 4배, 디자인특허(124만)의 10배에 해당하며, 전년 대비 26.8% 증가율이다. 이렇게 급증하는 이유는 중국의 경제성장에 있다. 중국은 1년 동안 무려 578만 건의 상표가 출원되었다. 이제 인간에 의한 검색은 한계에 부딪친 셈이다. 상표권 침해를 회피하기 위한 적정한 검색 인프라가 제공되지 않을 경우, 불필요한 분쟁이 불러올 위험성을 안고 있다. 중국 시장에 진출하려는 외국 기업들은 거대한 상표 진입 장벽을 넘어서야 한다는 이야기이다.

전 세계 상표출원 증가추이

(2007–2017, class 기준)

2017년 한 해 기준, 전 세계 상표출원은 1,239만 건으로 집계되었으며, 중국 상표출원은 5,779,137건에 달한다.[13]

(한국은 230,076건)

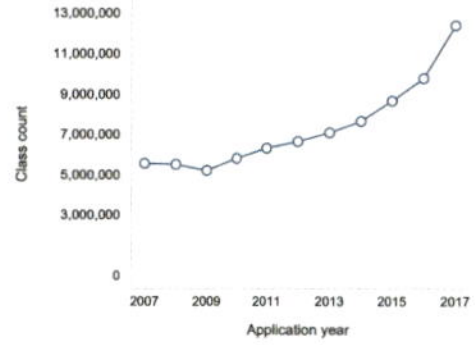

대표적으로 2012년 애플은 중국에서 아이패드iPad 상표권 소송에 휘말려 선전 프로뷰에게 6천만 달러를 지급하고 합의했던 사건[14]이 있다. 또한 외국 상표는 중국의 한자漢字로 음차하여 현지화시킬 필요가 있는데, 중국어 상표를 확보하지 못하면 사업활동에 지장이 생길 수 있다. 인공지능에 의한 상표검색이 유일한 대안으로 지목받는 이유이다.

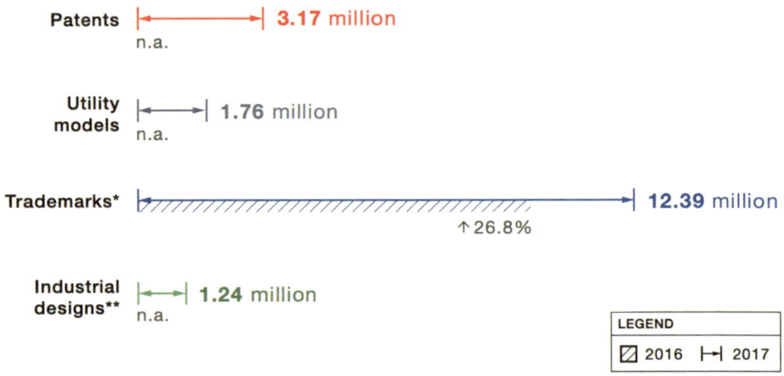

2017년 글로벌지식재산권 출원량[15]

트레이드마크 비전, 머신러닝으로 학습된 이미지 검색엔진

WIPO Technology Trends
–Artificial Intelligence(2019)
인공지능의 기능에 따른 분류 가운데 비전 인식과 관련한 특허출원이 가장 상위이며, 2011년부터 최근까지 매년 평균 23%의 가파른 성장세에 있다.

2019년 1월, 세계지식재산기구는 기술 트렌드 보고서에서 인공지능 특허의 분석내용을 공개하였다. 카테고리별로는 머신러닝machine learning이 압도적인 점유율을 차지한다. 기능적으로는 컴퓨터 비전computer vision이 성장률이 가장 높으며, 뒤이어 자연어 처리, 음성 처리 등의 순이다.

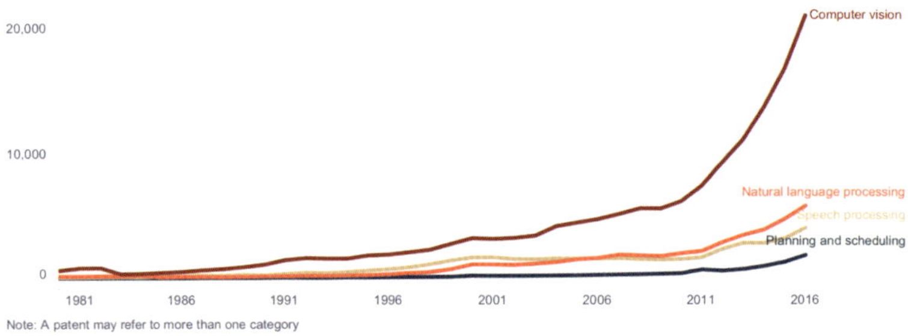

인공지능 관련 특허의 기능분야별 출원추이[16]

IP 분야에서도 컴퓨터에 의한 이미지 인식기술의 도입이 이미 시작되었다. 상표나 2차원 그래픽 디자인은 특허보다 이미지 검색 의

존도가 높아 보다 적극적으로 시도되고 있는 부문이다. 문자만으로 구성된 상표의 경우에는 자연어 처리natural language processing나 광학 문자인식OCR: Optical Character Recognition 기술로 접근할 수 있지만, 도형이 결합된 상표figurative mark의 경우에는 컴퓨터 비전 기술이 복합적으로 필요하다.

호주의 트레이드마크 비전Trademark Vision은 머신러닝에 기반한 이미지 인식기술 분야에서 주목받는 스타트업이다. 2015년에는 유럽 EUIPO[17]과 호주IP Australia[18] 지식재산권청과 전략적 제휴를 맺고 인공지능 기반 상표 검색 서비스를 개시하였다.

Trademark Vision

2013년 산드라 마우(Sandra Mau)에 의해 창립된 호주의 스타트업이다. 머신러닝에 기반한 상표 이미지 인식기술을 보유하고 있다.
2018년 10월 클래리베이트 애널리틱스가 인수합병[19]을 발표하였다.
업로드한 도형상표 이미지 이외에도 별도의 문자상표를 추가하여 검색할 수 있으며, 앱스토어의 로고까지 망라한다. 검색결과는 미국, 호주, 비엔나 도형상표 분류 코드의 순위에 따라 정렬할 수 있다.

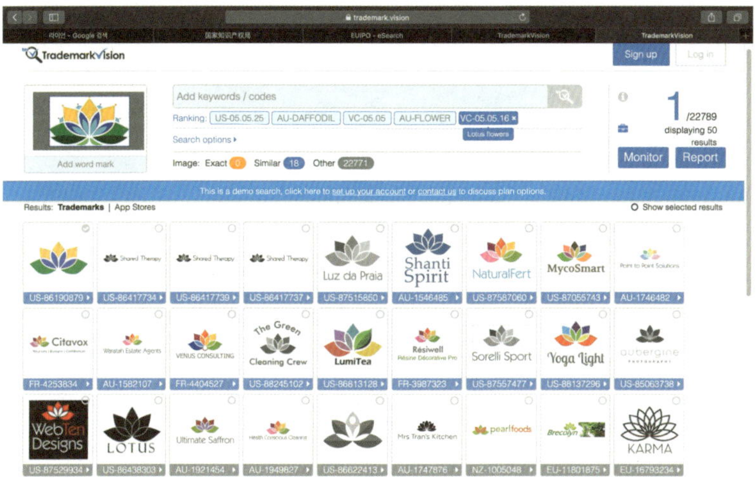

트레이드마크 비전[20] 등록상표 검색결과

트레이드마크 비전은 등록상표 이외에도 앱스토어app store에 등록된 로고까지도 검색해내고 이를 동일/유사/기타 등급으로 제시해준다. 그런데 이렇게 향상된 검색 정확도는 결국 빅데이터가 핵심

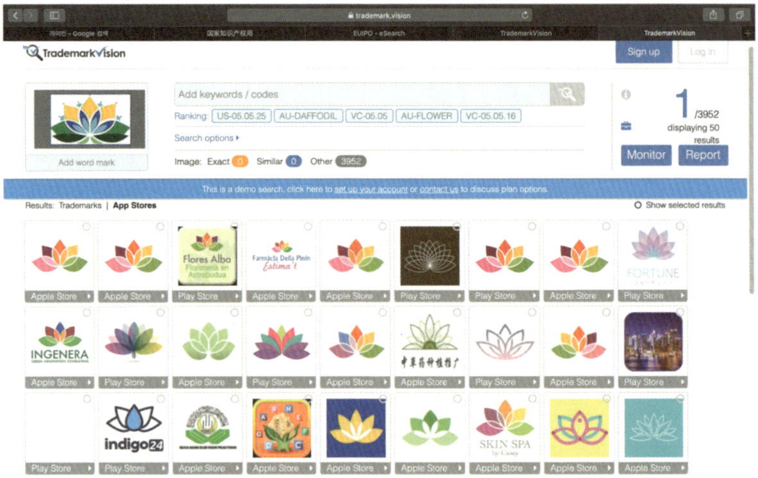

트레이드마크 비전 앱스토어 검색결과

이었다. 트레이드마크 비전은 기존 등록상표들에 지정된 도형분류 코드를 머신러닝을 통해 강화 학습시켰다. 구체적으로는, 미국과 호주의 도형상표 분류 코드와 비엔나 도형상표 분류 코드 등에 기초하여 유사 등급을 계산해내는 알고리즘을 이용한다.

기술특허 분야에서는 화합물, 화학 구조식, 염기서열 등의 효과적인 검색을 위하여 이미지 인식 기술이 활용되고 있다(예: STN, SciFinder).

디자인특허 분야에서는 일본특허청(JPO)이 화상디자인(2차원 GUI 이미지) 검색용 사이트를 출시(2015.10)한 바 있다. (JPO Graphic Image Park)[21]

'구글 이미지' 검색처럼 특정 도메인에 국한하지 않고, 이미지 자체의 색상, 윤곽, 질감, 비례, 패턴 등의 시각적 정보에 기초하는 검색 기술[22]의 정확도 역시 비약적으로 발전하고 있다. 트레이드마크 비전은 여기에 도형상표 코드가 지정된 상표 빅데이터를 학습시켜 정확도를 향상시켰다. 인공지능은 각 해당 도메인에 최적화된 빅데이터를 학습시킬 때 최상의 시너지를 발휘할 수 있기 때문이다.

도형상표의 이미지 인식 이외에도 문자상표word mark의 의미나 형태소에 따른 유사어 시소러스thesaurus를 이용한 검색도 정확도

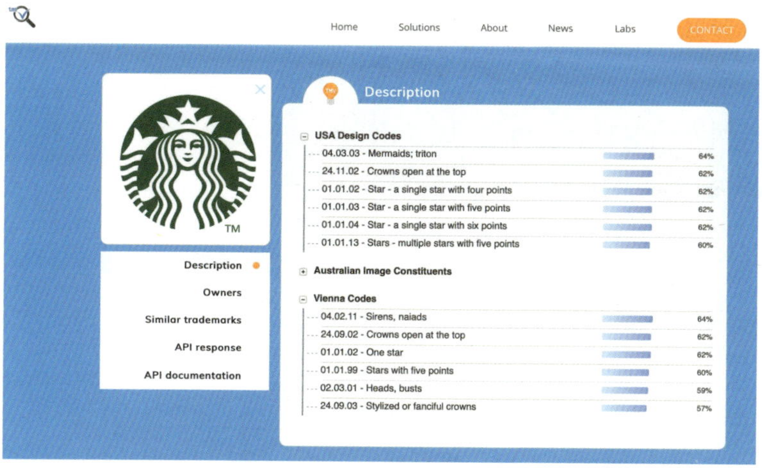

Brand Vision[24] 상표분석 화면

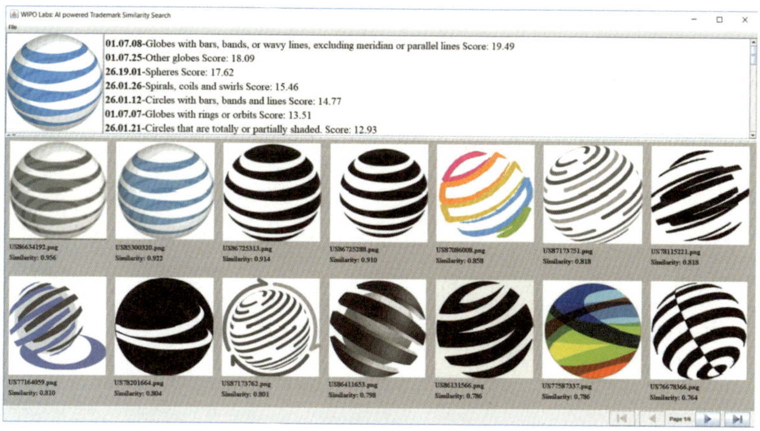

트레이드마크 비전 앱스토어 검색결과

비엔나 협정에 의한 도형상표 분류 코드[23]

비엔나 분류는 표장의 도형요소에 관한 분류의 국제적 통일을 위한 것이다.
1973년 비엔나 협정에 의해 성립되고, 1985년 발효되어 현재 제8판 적용 중이다.

29개의 카테고리로 분류하고 있고, 3단계 계층구조로 이루어진다 (예: 04.02.11 – Sirens).

가 향상되고 있다. 클래리베이트 애널리틱스Clarivate Analytics의 TM go365TM는 사용자가 입력한 문자상표와 관련된 등록상표들을 단어 클라우드word cloud로 보여준다. 또한 알고리즘에 의해 계산된 유사도 값에 따라 동일/유사/법적상태 정보를 지정된 색상에 따라 세분화하여 시각화하였다.

특허와 디자인 분야보다 상표 분야에서 이미지 인식기술이 적극적으로 시도되고 있는 것은 상표의 표장이나 지정상품의 명칭이 비교적 단순하고 유사어에 대한 데이터베이스가 축적된 결과라고 할 수 있다.

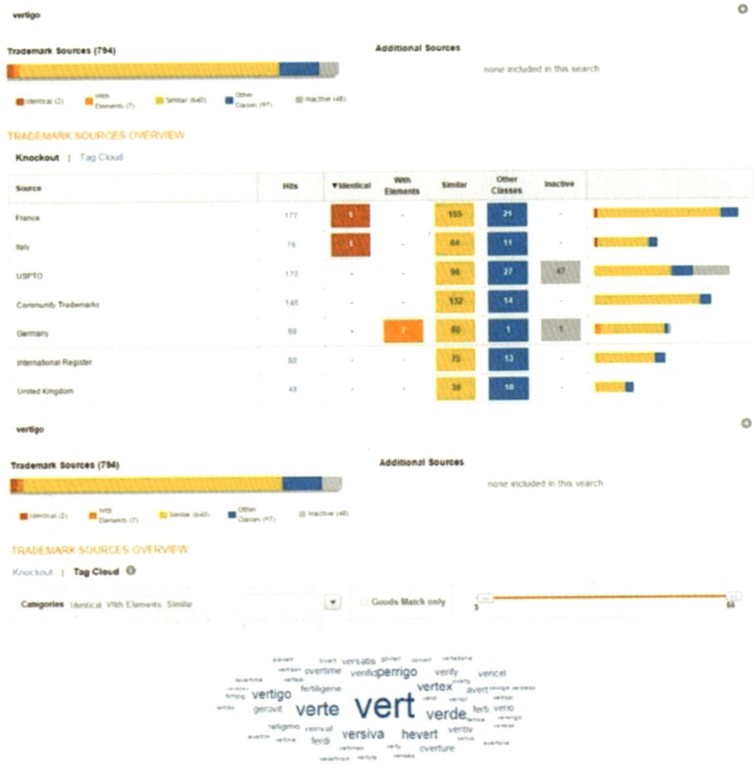

클래리베이트 애널리틱스의 TM go365[26]

> AI is the new electricity. I can hardly imagine an industry which is not going to be transformed by AI.
>
> _ Andrew Ng, Landing AI and deeplearning.ai

브랜드 가치를 강화시키는 상표권

여러 유형의 지식재산권 중, 벤처캐피탈의 이목을 집중시키는 것은 단연 기술특허이다. 특히, R&D 기반의 비즈니스에서 기술특허의 보유 여부는 절대적인 것으로 인식되어 왔다. 그런데 최근 연구에서는 스타트업과 같은 신생기업일수록 특허와 더불어 상표권이 기업의 가치평가, 생존률 및 펀딩에 이르기까지 직접적인 영향을 끼친다는 분석결과가 있어 관심이 고조되고 있다.

미국의 4,703개 스타트업의 상표권과 특허권에 대해 분석한 보고서[27]

에라스무스 대학 공동 연구팀에 따르면, 시장집중도가 큰 시장에 진입하는 스타트업은 특허보다는 상표권 획득에 집중하는 경향을 보였다. 또한 B2B 시장보다는 B2C를 겨냥한 사업일수록 상표권의 전략적 활용이 두드러지게 나타났다.

특허는 양산해낼 수 있는 기술과 관련이 높은 반면, 상표권은 마케팅과 밀접하게 연결되어 있어 사업화나 브랜드 구축에 영향을 끼친다. 시장 진입 초기에는 새로운 영역의 제품을 선보이거나 기존 제품의 품질과 기능을 개선시켜 제품 혁신을 추진하므로 특허와 디자인의 활용 비중이 높다. 그러나 브랜드의 가치가 커짐에 따라 상표권의 가치도 함께 증가하여 지식자산의 가치 전이가 발생한다.

또한 특허권은 시장에서 상표를 실제 사용하는 한 존속기간이 유한하지만, 상표권은 10년마다 갱신할 수 있는 반영구적인 권리이다. 잘 관리된 상표권은 제품수명 주기에 따라 시장 성장기와 성숙기를 거치면서 가치가 증대되고, 고객 충성도, 마케팅, 브랜드 자산과 밀접한 연관성을 가진다.

지식재산권의 가치 전이
(IP Value Transition)[28]

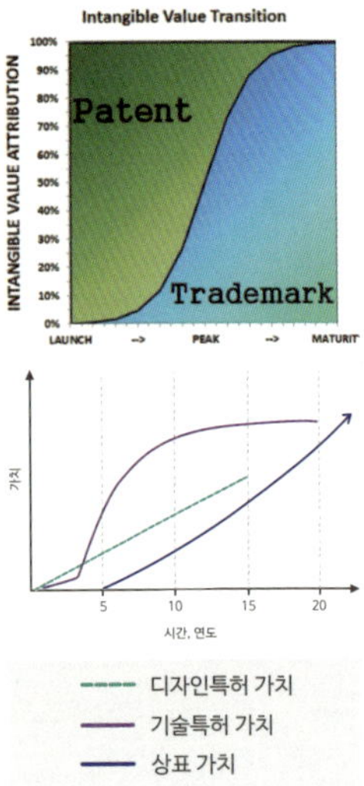

상표 검색의 패러다임 전환 : 창의적인 시간에 집중하라

불과 10년 전만 해도 기업이나 브랜드 컨설팅 전문회사들이 제품이나 서비스의 명칭 또는 기업 아이덴티티CI: Corporate Identity를 발상하는 단계에서, 상표권 조사는 필수적인 절차가 아니었다. 상표권 분쟁 자체가 드물던 시기였다. 오로지 연상하기 쉽고, 발음이 좋으며, 핵심 콘셉트를 담은 멋진 이름들을 만들어내고 걸러내는 것이 브랜드 전문가의 중요한 역량이었다. 반복적인 네이밍naming 단계를 거쳐 후보안들의 윤곽이 잡히면 이에 어울리는 폰트와 로고가 곧바로 디자인되었다. 웹 전성시대에는 닷컴 도메인 확보가 중요했고, 인터넷 조사를 통해 별다른 문제가 없다고 판단되면, 최고 의사결정자들에 의해 최종안이 결정되고 그걸로 끝이었다. 상표 조사와 출원은 마지막 단계에서 선택적으로 고려하는 정도였다.

최악의 경우에는 막대한 브랜드 컨설팅 비용을 투입하여 최종 확정된 상표가 정작 특허청 등록에는 실패하는 해프닝도 있었다. 선등록 상표와 유사하다거나 지정상품의 성질을 직감하게 하는 기술적 표장descriptive mark이었기 때문이다. 만일, 네이밍 단계에서부터 적절한 시기에 상표 전문가의 검토가 병행되었다면 시간과 비용을 절감할 수 있었을 것이다.

하지만 이제는 상황이 달라졌다. 사회관계망 서비스와 글로벌 무역의 확대로 상표 분쟁이 빈번해지면서 안정적인 상표권을 확보하지 않고서는 사업을 진행하기 어려워진 것이다. 이제 상표 검색은 네이밍 단계에서부터 선택이 아닌 필수 절차가 되었다. 또한 경쟁 부문에서 어떠한 상표들이 포진되어 있는가를 파악하고, 어떠한 상표가 소비자에게 어필하는지를 분석하면 네이밍의 단서를 찾을 수도 있다. 네이밍 단계에서부터 상표조사를 실행하면 타인의 선등록상표와 유사한 이름들은 적절히 필터링할 수 있어 불필요한 에너지를 낭비하지 않아도 된다.

그런데 상표권 검색을 법률 전문가에게 의뢰하는 경우에도 상당한 비용과 시간이 소모된다. 특히, 미국과 같은 사용주의 국가의 해외 상표를 검색할 경우에는 비용이 배가된다. 무엇보다 상표검색을 전문가에게 아웃소싱하면 타인의 상표들을 직접 살펴보면서 새로운 네이밍에 대한 '아이디어의 발상'을 촉진할 수 있는 경험을 누리지 못한다는 점이 가장 아쉬울 수 있다. 누가, 어떤 목적을 가지고 탐색하느냐는 중요한 차이점이 있다. '브랜드를 탄생시키려는 이들이 네이밍 단계에서부터 직접 손쉽게 상표 빅데이터를 검색하고, 의사결정할 수 있도록 지원할 수 있는 방법이 있을까?' 이러한 고민에서 시작한 것이 브랜딩 전문가 신디 베쓰 마스터Syndi Beth Master가 2014년 창업한 IP스타트업, 네이밍 매터스Naming Matters이다.

네이밍 매터스, 상표 빅데이터맵

네이밍 매터스의 마스터 대표는 브랜드를 창작해내는 과정보다 상표침해를 검토하는 데 지나치게 많은 비용과 시간이 소모되는 점에 착안하였다. 스타트업의 엔지니어나 디자이너들이 스스로 상표를 탐색하고 침해 가능성이 있는 상표들을 직관적으로 이해할 수 있도록 구성하였다. 네이밍 매터스(www.namingmatters.com)의 방식은 상표 데이터들을 필드값 입력에 의해 단순 검색하는 종래의 방식과 크게 차별화된다.

사용자가 조회할 표장mark과 지정상품goods or services을 입력하면, 다트 형상의 동심원 공간에 관련도에 따라 상표들이 점으로 배치되도록 시각화하였다. 마스터 대표가 브랜딩 전문가로서 쌓은 노하우는 단어의 유사분석을 설계하는 데 사용되었고, 머신러닝을 통해 학습시킨 알고리즘으로 상표들의 관련도를 자동계산하도록 한 것이다.

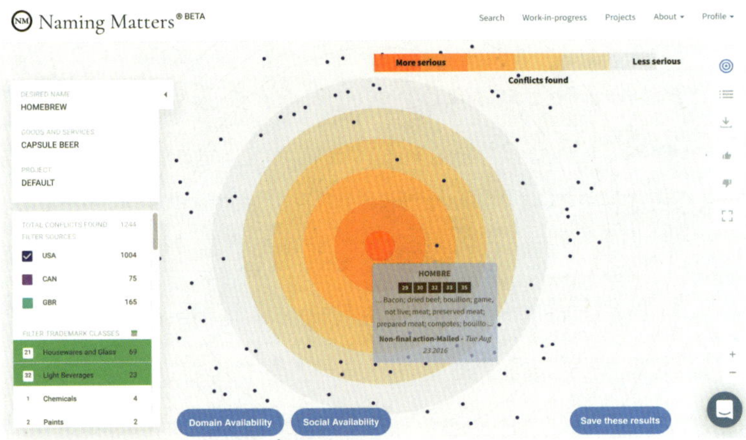

네이밍 매터스 상표 조회(시각화)

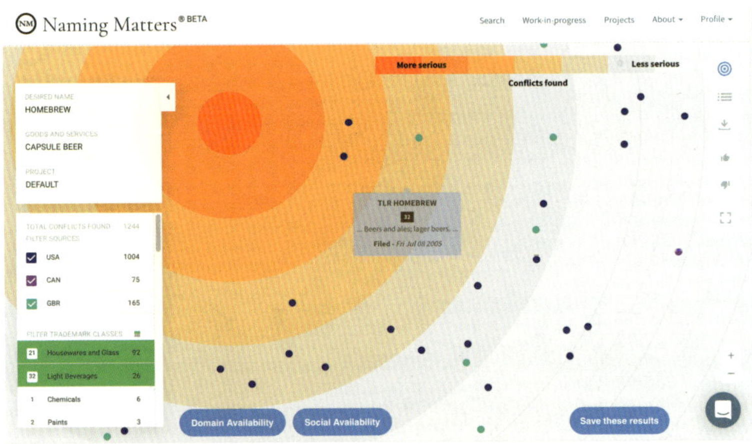

네이밍 매터스 상표 조회(확대)

예를 들어, LG전자가 2019 CES에서 선보인 캡슐맥주 제조기인 홈브루HOMEBREW 상표를 조회해보자. 입력한 지정상품에 대해 니스 국제상품분류 제21류와 제32류가 추천되었고, 분류를 추가하거나 해제하면서 조회도 가능하다. 동심원 중심에 가장 분쟁가능성이 높은 것이 배치되고 주변으로 갈수록 침해가능성이 낮은 상표들이 배치된다. 현재는 미국, 캐나다, 영국, 유럽 상표들만 서비스되는 한계가 있지만, 각국의 상표들을 필터링할 수도 있다. 리스트 방식으로 전환하면 출원 또는 등록상표의 법적상태와 서지정보를 조회할 수 있으며, 도메인과 소셜네트워크에 조회 상표가 이미 점유되어 있는지도 통합적으로 확인할 수 있다. 아울러 내가 조회한 상표 검색결과를 다른 사람과 온라인으로 공유할 수 있어 팀 단위의 네이밍 작업에 유용하다.

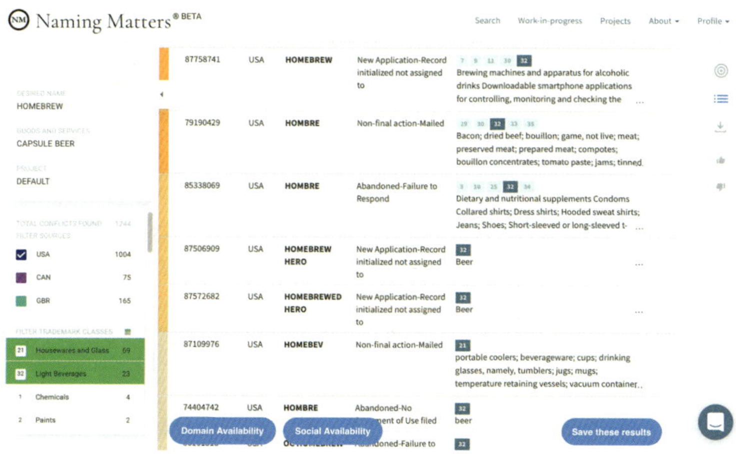

네이밍 매터스 상표 리스트 상세 조회

네이밍 매터스의 디자인특허

(US D768,646, 등록일: 2016.10.11.)

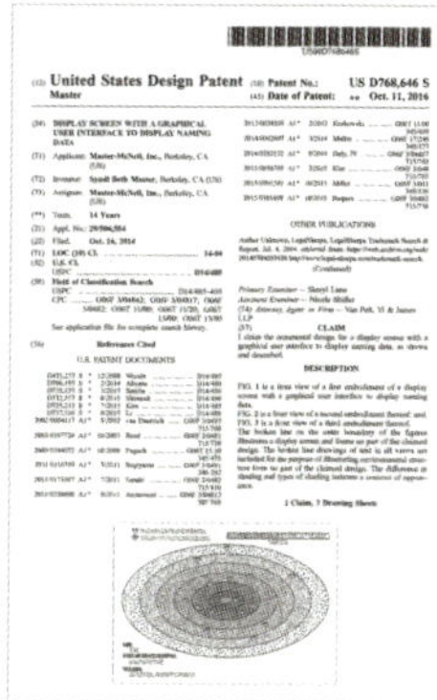

상표권의 효력과 니스분류

상표권자는 지정상품에 관하여 그 등록상표를 사용할 권리를 독점한다(상표법 제89조).

상품과 서비스 명칭을 효율적으로 관리하기 위하여 니스(NICE) 국제상품분류를 사용한다. 니스 분류는 상품류(제01류~제35류)와 서비스류(제36류~제45류)로 구분되며, 출원 시 분류(class)를 복수로 지정하면 출원료나 유지료가 가산된다.

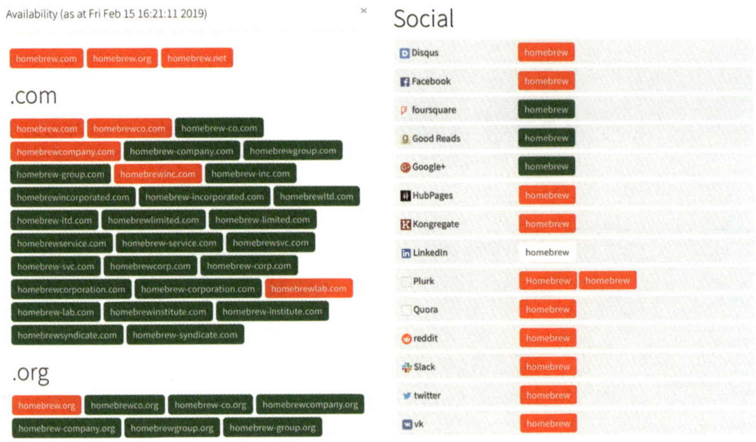

네이밍 매터스 도메인, 소셜 계정 조회(적색은 이미 선점된 것을 표시)

> "Every Trademark you Build adds to the financial value of your business, much more than your tangible assets."
>
> _ Kalyan C. Kankanala, Fundamentals of Intellectual Property

소송 법률정보 분야 전문사이트

casetext, CARA A.I.
https://casetext.com
CARA는 Case Analysis Research Assistant의 줄임말이라고 한다. PDF, MS WORD로 작성된 소송문서를 업로드하는 것만으로 관련 판례의 요점을 정리하여 제공한다.

LegalTech 전문 블로그
https://www.lawsitesblog.com
매사추세츠 변호사이며 작가인 로버트 암브로기(Robert Ambrogi)가 운영하는 법률 전문 블로그이다.

JUDICATA
https://www.judicata.com
법리와 판례 등이 담긴 문서를 구조화된 정보로 바꿔주는 인공지능 판결문 검색 서비스를 제공한다.

Darts-IP 지식재산권 판결문 데이터베이스
https://www.darts-ip.com
벨기에 브루셀에서 2006년 창립되었으며, 지식재산권 심결문과 판결문 데이터베이스를 갖추고 있다. 법률쟁점별로 정리한 판결문 검색이 주요 특징이다.

심판·소송 분야의 인공지능 르네상스

빅데이터와 인공지능의 결합은 심판·소송 분야에서도 새로운 르네상스 시대를 열어가고 있다. 미국은 2010년대 초반부터 법률 정보학Legal Informatics이라는 분야가 급성장하며 리걸테크Legal Tech 스타트업이 속속 등장하고 있다. 스텐포드 로스쿨의 리걸 인포매틱스 센터에서 운영하는 'CodeX' 웹사이트에는 리걸 테크 기업들의 연도별 창업 리스트[29]가 잘 정리되어 있다. 리걸 테크는 법률과 기술을 결합한 용어로, 소송과 관련된 전자 증거개시의무e-Discovery, 법률정보 검색, 법률문서 자동작성, 인공지능 법률 챗봇 등의 분야에서 활동하는 스타트업들을 지칭한다. 2018년말 기준 총 1,127개가 집계되어 있다.

이는 법률정보가 전문가들도 일일이 다루기 어려워질 정도로 방대해지고 복잡해졌기 때문이다. 법률정보를 직관적으로 이해할 수 있는 정보로 단순화시키는 것은 소송의 승패와 직결되는 문제라고 할 수 있다. 이 장에서는 소송 법률정보 분야에서의 주요 변화를 소개하고자 한다.

casetext CARA AI, 판결문 서치search를 리서치Re-search하다

미국은 세계에서 가장 큰 법률시장이다. 디지털 법률정보 데이터베이스에서는 렉시스넥시스LexisNexis(1970)나 웨스트로Westlaw(1975)와 같은 절대 강자들이 자리잡고 있다. 지식재산권 판례검색 분야에는 다르츠 아이피Darts-IP(2006)와 같은 후발주자들이 두각을 나타내고 있다. 이미 포화된 줄 알았던 법률 시장에 인공지능을 무기로 새로운 도전자들이 등장하고 있는 것이다. 이들 중 쥬디카타JUDI-CATA(2012)와 케이스텍스트casetext(2013)는 소송전문 변호사와 데이터 공학자들이 협력하여 만든 인공지능 판례검색 서비스 기업이다. 케이스텍스트의 '카라 에이아이CARA A.I.'는 사용성 면에서 전통적인 검색방식과 구별된다.

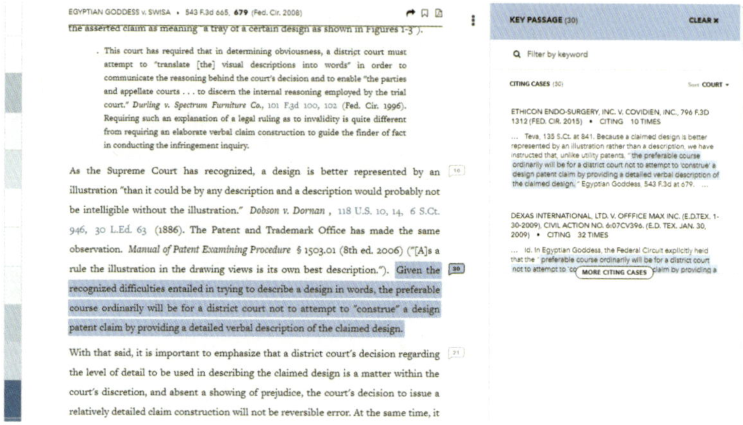

케이스텍스트 초기 버전 화면(판결문의 주요 인용문단 표시)

케이스텍스트의 초기 버전(2013)은 인공지능 기술이 본격적으로 적용되기 전이었지만, 판결문에 수록된 인용정보를 스마트하게 보여주는 것이 특징이었다. 키워드를 검색창에 입력하여 판결문 전문을 조회하면, 다른 판결문에서 특정 문장을 몇 회 인용하였는지가 문장 바로 우측에 숫자로 표시되고, 인용한 판례의 상세정보도 열람이 가능하다. 문장들의 좌측에는 자주 인용되는 핵심 구절key passages들의 위치를 색상의 명도로 구분 표시하는 막대모양 히트맵이 사용되어, 판결문의 중요사항을 빠르게 파악할 수 있다는 장점이 있었다.

2016년 케이스텍스트는 인공지능을 적용한 '카라 에이아이'를 출시하였다. 카라 에이아이는 사용자가 작성한 소장이나 소송 의견서를 문서파일을 통째로 드래그 앤 드롭 하면, 그 내용을 인공지능이 분석하여 가장 적합한 소송자료를 추천해주는 서비스이다. 업로드된 문서는 보안처리되고 관련 판례나 변호사들의 평가와 주석이 제공된다.

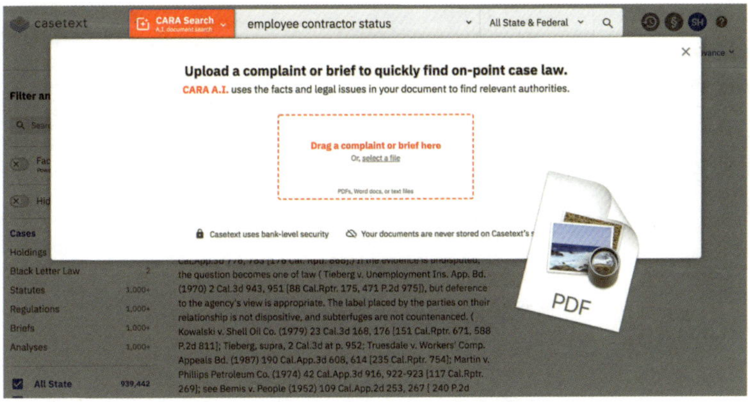

케이스텍스트, 카라 에이아이: 소송문서를 드래그 앤 드롭으로 입력

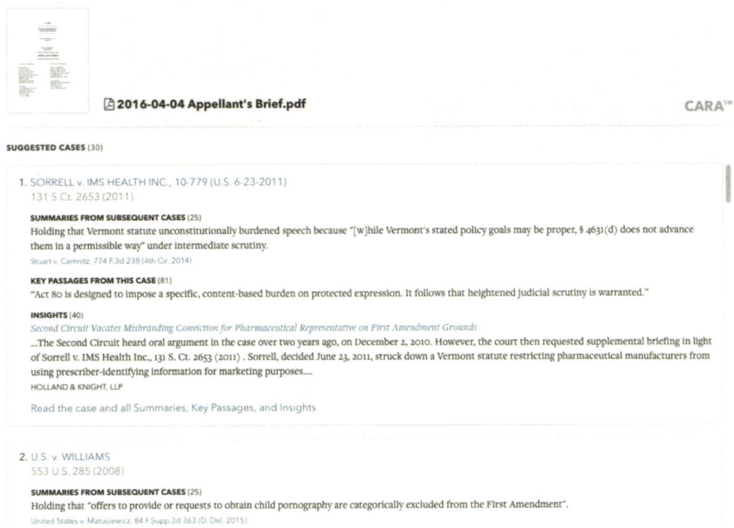

케이스텍스트, 카라 에이아이 검색결과 예시[30]

미국 소송에 있어서 자신의 주장을 뒷받침할 수 있는 유사한 판례를 찾고, 해당 내용과 판례의 서지사항을 정확히 기재하는 것은 매우 중요하다. 케이스텍스트는 사용자들이 판례정보를 보다 쉽게 입력할 수 있는 기능을 갖추고 있다.

카라 에이아이에 의한 검색결과 화면에서는 아래와 같은 가공정보가 제공된다.
(1) 추천된 판례를 인용하는 다른 판례에서 판사들이 정리한 요약문(summaries from subsequent cases)
(2) 추천 판례의 핵심구절(Key passages from this case)
(3) 판례 평석(Insights)

한편, 법률전문가들이 필요한 판례의 구절을 복사하여 다른 문서에 사용하고자 할 때, 해당 판례의 서지정보와 문단번호를 별도로 입력하지 않아도 복사가 이루어진다.

케이스텍스트는 전통적인 검색search 방식으로는 방대한 소송 자료를 검색하고 활용하는 데 한계가 있음을 인식하고, 사용자에게 단순화되고 정제된 정보를 전달하기 위해 체계적인 연구조사research 방식을 채택한 것에 의의가 있다.

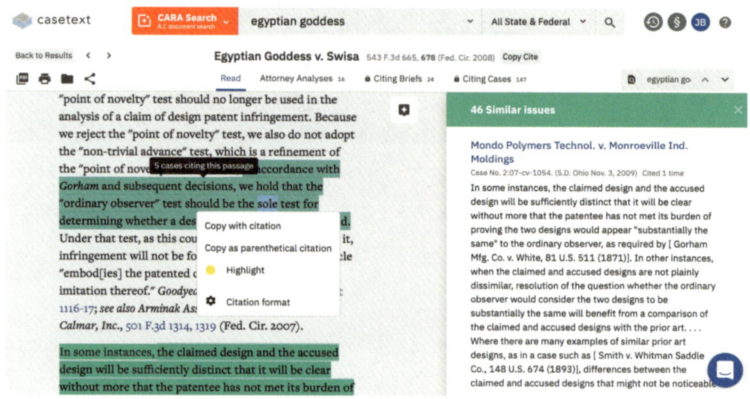

케이스텍스트 카라 에이아이: 판결문 주요 문단의 인용

렉스 마키나Lex Machina, 심판·소송 절차의 빅데이터를 전략으로!

2006년 스탠포드 대학의 로스쿨과 컴퓨터 과학부의 프로젝트에 소속된 스타트업으로 시작하여 2009년 창립한 렉스 마키나[31]는 심판과 소송 빅데이터를 효율적으로 분석할 수 있는 플랫폼인 '리걸 애널리틱스Legal Analytics' 서비스를 제공하고 있다. 해당 서비스에서는 특정 기업이 겪었던 특허소송의 진행경과나 진행 중인 사건의 예상 종결일, 승패율 등의 분석 정보를 시각화하여 제공한다. 소송대리인별 승패율까지 분석되어 있어 대리인 선정 시 참조할 수 있다. 또한 판사나 법원의 성향, 기술분야별 침해 인용률, 손해배상액의 규모 등도 알 수 있어 소송을 시작할 때 다각적인 의사결정을 지원한다.

e-DISCOVERY
미국은 소송절차에서 강력한 전자적 증거개시의무를 부과한다. 상대방이나 제3자가 보유한 모든 전자기록(예: 이메일, 결재문서 등)을 제출해야 한다. 고의적으로 증거를 인멸할 경우 소송상 불리하게 작용할 수 있다. 애플과 삼성의 특허소송에서도 삼성의 이메일 증거가 불리하게 작용했다.
최근 국내에서도 소송이나 기술유출 분야에서 빅데이터 분석과 인공지능을 이용하여 유리한 증거를 수집, 분석하는 기업(예: 와이즈넛 wisenut)들이 등장하고 있다.

렉스 마키나, 리걸 애널리틱스[32]의 소송분석 화면

렉스 마키나의 분석자료는 소송 상대방에 대한 사전 정보를 입수함으로써 소송전략을 수립하는 데도 도움이 되지만, 객관적인 정보를 제공하여 불필요한 소송을 억제하는 데 의의가 있다고 볼 수 있다. 즉, 법원이 인정한 손해배상액이나 소송기간 등을 미리 고려할 수 있어 합의, 조정에 의한 분쟁해결을 꾀할 수 있게 된다. 최근 특허관리회사NPEs의 소송이 증가하면서 이들을 모니터링하기 위해 서비스를 필요로 하는 기업들도 증가하고 있다.

복잡한 데이터를 이해 가능한 정보로 시각화하기

케이스텍스트와 렉스 마키나는 이들이 활용하는 데이터가 종래의 업체들이 사용하는 것과 크게 다르지 않다는 공통점이 있다. 하지만 복잡한 데이터를 인공지능과 알고리즘으로 정제하고 이를 정보 시각화 기법 등을 통하여 직관적으로 이해할 수 있도록 가공하였다는 점에서는 차별적인 특징을 갖고 있다. 물론 구조적으로 잘 설계되고 디지털화된 데이터베이스가 전면 개방되어 있는 미국이기에 태동할 수 있는 서비스라고 평가할 수 있다. 여기서 주목할 것은, 법률과 데이터 분야의 전문가들 그리고 이를 시각화하고 사용성을 향상시키려는 디자인 전문가들의 다학제적인 협업이 있었다는 점이다.

다음은 렉스 마키나의 특허심판원 분석화면PTAB Flow으로서, 심결의 유형에 따른 결과를 흐름도Sankey Diagram[33]로 시각화한 것이다.

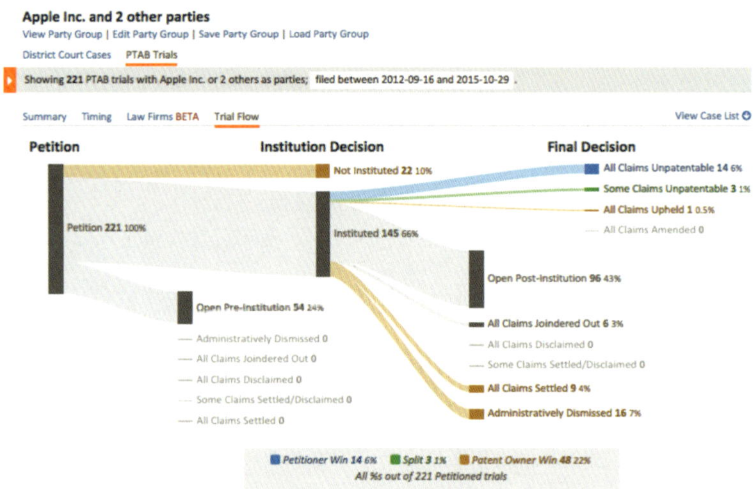

렉스 마키나, 리걸 애널리틱스의 특허심판원(PTAB) 심결분석 화면

1869년에 작성된 샤를 조셉 미나르Charles J. Minard의 다이어그램과 많이 닮아 있다.

나폴레옹 군대의 모스크바 원정 다이어그램(1869)

미나르의 다이어그램은 데이터 시각화 전문가인 에드워드 터프트Edward Tufte[34]가 역사적인 이미지라고 극찬한 것으로, 프랑스 나폴레옹 군대의 모스크바 원정(1812~1813)을 시각화한 것이다. 42만 병력이 폴란드의 네만 강을 출발(왼쪽 연갈색)하여 모스크바에서 퇴각(오른쪽 검은색)하는 과정에서 겨우 1만 이하의 병력만이 생존한 역사를 생생하게 기록하고 있다. 만일 이러한 역사적 데이터를 숫자와 문자만으로 이루어진 데이터로만 전달하고자 했다면 그 상황이 쉽게 이해되지는 않았을 것이다.

몇 개의 지형선과 지명만으로 지리적 공간을 펼친 후 여기에 부대의 주이동 경로와 분기 경로를 맵핑하면서 동시에 병력 수의 변화를 그래프(Sparklines)의 굵기(1만 명/1mm)로 극명하게 대비하여 보여준다.
아울러 회군하는 부대가 위치한 지리적 공간의 온도와 측정일자를 보여주어 보는 이로 하여금 풍부한 상상이 가능하도록 배려하고 있다.
6가지의 데이터(병력수, 이동 방향, 상대적 거리, 위도와 경도, 온도, 시간)를 종이라는 2차원 공간에 압축적으로 함께 표현한 것은 정보 시각화가 가진 장점을 극적으로 보여준다.

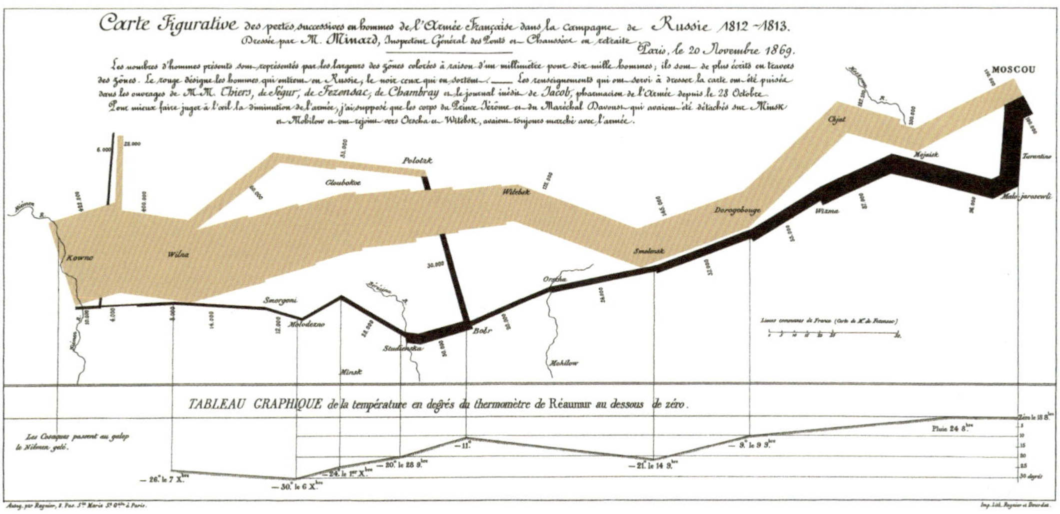

샤를 조셉 미나르, 나폴레옹 군대의 모스크바 원정 다이어그램(1869년 作): 프랑스 군대의 러시아 지역 내 연속적인 병력 손실(1812~1813)을 나타내는 비유적 지도

세계지식재산기구와 특허청의 인공지능 프로젝트

2018년 5월 제네바에서는 'IP 행정을 위한 인공지능과 ICT 전략' 회의가 열렸다. 세계지식재산기구를 비롯한 각국 특허청이 논의한 6대 인공지능 활용 분야[35]는 다음과 같다. 여기서는 인공지능이 요구되는 배경과 개요에 대해서 살펴보자.

① 특허와 상표의 자동분류Automatic classification

② 선행특허와 도형상표의 검색Search of patent prior art and figurative elements of trademarks

③ 심사와 방식사항 점검Examination and formalities checks

④ 상담데스크 서비스Helpdesk service

⑤ 기계번역Machine translation

⑥ 산업 연구를 위한 자료분석Data analysis for economic research

자동 분류 Automatic classification

특허와 디자인이 출원되면 각국 특허청에서 출원서의 내용을 바탕으로 심사관을 배정하고 심사에 활용하기 위한 목적으로 국제분류(예: IPC/CPC, Locarno)가 지정된다. 국제분류 외에도 자국의 독자적인 분류 코드(예: 미국 USPC, 일본 F-term, 한국 디자인분류)가 있는 관청은 추가로 지정하기도 한다.

WIPO IPCCAT[37]

발명의 키워드를 입력하면, 계층적으로 구성된 IPC 국제특허분류 코드(예: G06F 3/048)를 카테고리별로 추천한다.

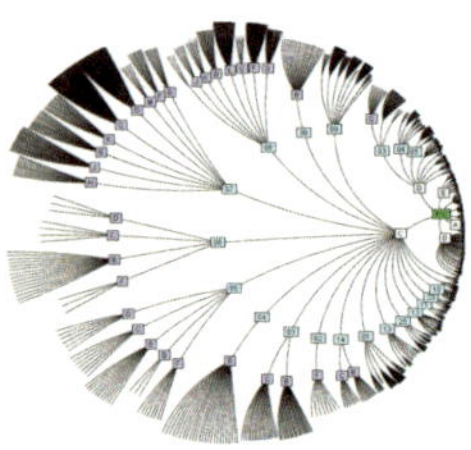

한국 특허청의 경우, 2019년 기준 총 67억 원의 예산[36]이 분류사업에 투입될 예정이며, 각국 특허청의 사정도 크게 다르지 않다. 분류 코드가 지나치게 세분화된 경우 작업자의 숙련도 정도에 따라

오류의 가능성이 상존한다. 이에 인공지능 기술을 적용한 IP자동분류에 대한 시도가 이루어지고 있다.

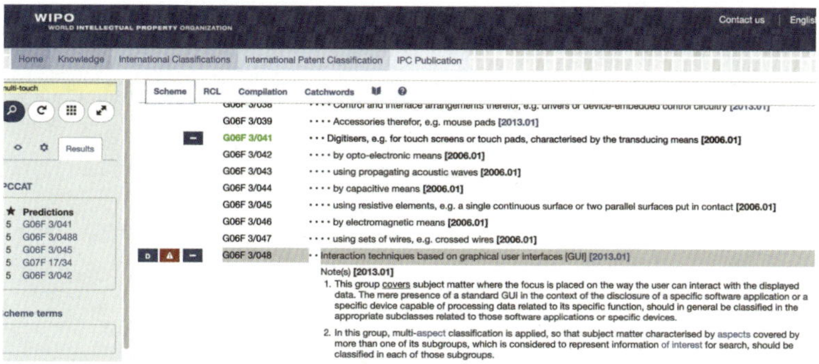

WIPO IPCCAT[38]: IPC 계층구조로부터 검색질의어에 적합한 코드를 예측

기술특허의 경우, IPC 국제특허분류 전체 계층구조(약 7만 개)에서 특정 키워드에 대응되는 코드를 추천해주는 'IPCCAT'가 제공되고 있다. 또한 기등록된 특허공보들을 기계 학습시킴으로써, 특정 키워드가 포함된 빈도를 계산하여 분류 코드를 추천하는 'STAT' 기능도 제공된다. 향후, 보정된 청구항에서 추출된 핵심 키워드, 발명자의 선출원 이력 등의 부가 정보를 이용하여 정확도를 높이는 방안에 대해 연구가 필요하다.

상표 분야는 니스 국제상품분류의 하위 분류(예: 04-05)를 지정하는 것 외에도 지정상품 또는 지정서비스 명칭에 대한 유사군 코드를 지정하거나 비엔나 도형 코드를 지정하여야 한다. 출원인이 고시에 예시된 명칭과 다른 명칭을 기재한 경우, 이를 기존의 데이터베이스와 연계하여 적합한 코드를 부여해야 할 필요성이 생긴다. 이를 위하여 자연어 처리와 시맨틱semantic 검색 기술이 적용되고 있다. 도형상표의 경우 기등록된 상표공보에 지정된 비엔나 코드를 이용한 머신러닝과 이미지 인식기술이 시도되고 있다.

DWPI(Derwent World Patents Index)
특허공보의 핵심사항을 알기 쉬운 영문 용어로 재요약한 데이터베이스이다.
요약서(abstract)는 신규성(novelty), 용도(use), 개선점(advantage) 등의 구분에 따라 표준화되어 있다. 상세 내용은 클래리베이트 애널리틱스 홈페이지[39]를 참조하면 된다.

국내 대표적인 IP 검색 서비스:
특허청, 키프리스(KIPRIS)
㈜윕스, 윈텔립스(WINTELIPS)
㈜위즈도메인(WISDOMAIN)
㈜광개토연구소, 페이턴트피아(PatentPia)
㈜애니파이브(ANYFIVE)
㈜마크프로(MARKPRO)
㈜워트인텔리전스, 키워트(keywert)

심사 인프라(검색, 방식사항 점검)의 지능화

기술내용이 어려워지고 출원량이 급증함에 따라 특허청 심사관의 부담도 증가하고 있다. 신속한 심사처리와 품질 확보라는 두 가지 목적을 동시에 달성하기 위해서는 종래의 검색기법을 보완할 수 있는 대안이 절실하다.

민간 IP서비스 기업들도 사용자 확보를 위해 적극적으로 검색기능을 향상시키고 있다. 예를 들어, 더웬트-특허 인덱스DWPI는 기술 전문가들이 특허공보의 내용을 읽고 다시 요약하여 가공한 데이터베이스로 정평이 높다. 최근 IP 서비스 기업들은 각국의 인용정보 및 질의어 시소러스를 이용한 유사특허 추천 기능도 제공함으로써 치열하게 경쟁하고 있다. 국내 사례로, ㈜워트인텔리전스(대표자 윤정호)는 2017년 인공지능 기반의 특허검색 '키워트keywert' 서비스를 개시하였다. 키워트는 기술토픽에 따라 특허를 자동분류하고 자사의 알고리즘에 따른 유사도 등급을 매겨 검색결과를 제시하는 것이 특징이다.

특허청 심사관용 검색 시스템에서도 특허공보에 포함된 키워드 빈도, IPC 분류 등을 이용하여 유사특허 검색이 시도되고 있다. 그래서 앞서 소개한 국제특허분류의 기계 학습 사례를 주목할 필요가 있다고 본다. 심사관이 입력한 질의어로 자동 추출한 분류 코드를 중심으로 독립 청구항의 핵심 구성요소, 관련 기술의 발명자 네트워크풀, 핵심 인용문헌 등을 종합하여 알고리즘을 구성할 필요가 있다. 또한 앞서 케이스텍스트 사례처럼 단어 수준이 아니라 청구항 자체를 입력하여 구성요소들의 구조나 의미를 분석하는 방법론에 대해서도 향후 연구가 진행되길 기대한다.

한편, 동일한 특허출원이 각국에서 개별적으로 심사가 이루어질 경우, 언어의 한계 등으로 심사품질 저하가 발생할 수 있다. 협력적 심사를 통해 심사품질을 높이고자 2015년부터 IP5 특허청들의 심사진행 정보를 OPD One Portal Dossier 플랫폼을 통해 공유하고 있다. 각국 심사관이 인용한 선행문헌 등은 수집되어 인공지능 특허 검색 엔진의 학습 데이터로 재사용된다.

아울러 청구항의 기재불비 오류를 자동 점검하거나 보정된 청구항과 최초 청구항의 대비 등을 효과적으로 점검하기 위한 기능, 수수료 자동계산 등 IP 행정처리에 인공지능이 도입될 수 있는지에 대한 논의도 제기되고 있다.

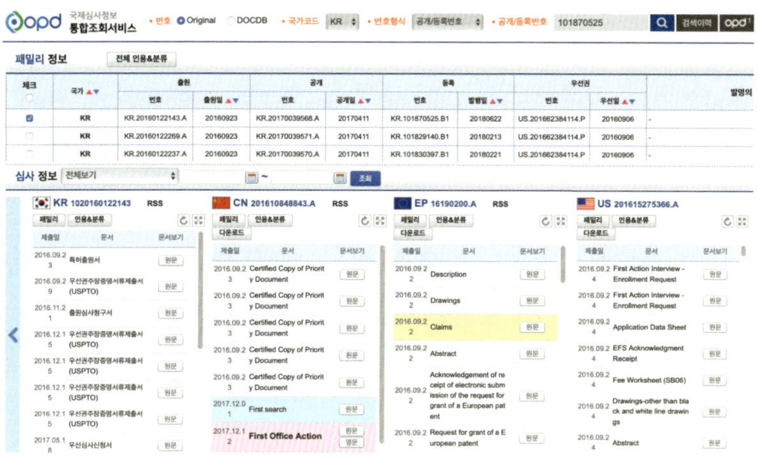

OPD 국제심사정보 통합조회서비스[41]

인공지능 법률가(AI Lawyer) 모바일 챗봇: DoNotPay[40]

19세 조슈아 브라우더(Joshua Browder)는 인공지능 기반의 법률상담 모바일앱 두낫페이(Do NotPay)를 2015년 출시하였다. 부당한 벌금 등에 대한 이의제기로 시작했는데, 부동산 등 다양한 법률문제 상담으로 확장되었다. 검색창에 고민을 기입하면, 이의신청서 작성요령이나 관련 정보를 제공한다.

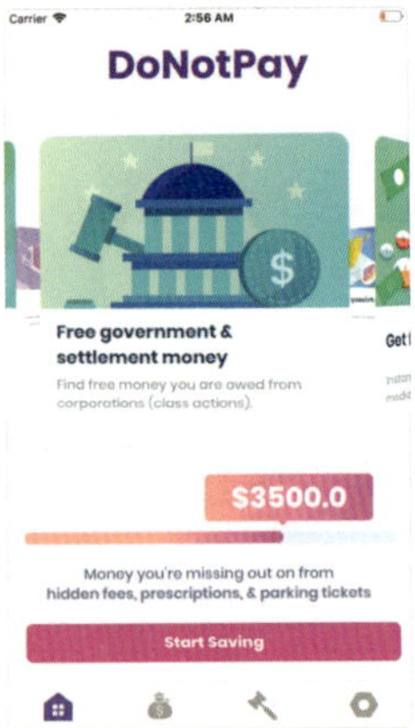

알렉스ALEX, 고객상담 도우미IP Intelligent Assistant

법률 분야에서는 이미 두낫페이DoNotPay와 같은 인공지능 변호사Ai Lawyer 챗봇이 등장하였다. 물론 인공지능 판사나 변호사에 대한 우려의 목소리도 있다. 하지만 반복적이거나 정형화된 법률문제에서는 이미 상당한 수준의 서비스를 제공하는 것으로 알려져 있다.

지식재산권 분야에서도 2016년 5월, 특허청 중에서는 최초로 호주 지식재산권청IP Australia이 가상 챗봇인 알렉스[42]를 선보였다. 알렉스는 AI 전문기업인 뉘앙스NUANCE와 IT업체 데이터콤Datacom이 개발한 인공지능 챗봇이다. 기존에도 규칙과 검색 기반의 단순 챗봇들이 있기는 하였으나, 알렉스는 지식재산권 관련 상담내용을 디지털화시킨 데이터들을 기계학습하고, 지속적으로 정확도가 향상되고 있다는 점에서 차별화된다.

더 나아가 2017년 호주 지식재산권청은 앞서 소개한 IP 스타트업인 트레이드마크 비전의 이미지 인식 엔진을 도입하면서 인공지능 챗봇인 알렉스를 연계한 트레이드마크 어시스트Trade Mark Assist[43]를 출시하였다. 트레이드마크 어시스트는 상표출원 작성 프로그램으로, 대리인을 통하지 않고 혼자서도 상표출원이 가능하도록 해준다.

출원에 필요한 정보들을 단계적으로 검토해주는데, 지정상품의 경우 사용자가 입력한 상품 명칭과 관련된 유사 명칭들과 국제분류 정보가 자동 추천되므로 중요한 명칭이 누락되는 것을 최소화시킨다. 도형과 문자가 결합된 상표를 검색할 때에도 문자를 제외하고 도형만 따로 검색할 수 있는 옵션을 제공하면서 사용성을 높이려는

호주 지식재산권청, 알렉스[44] 메신저 화면

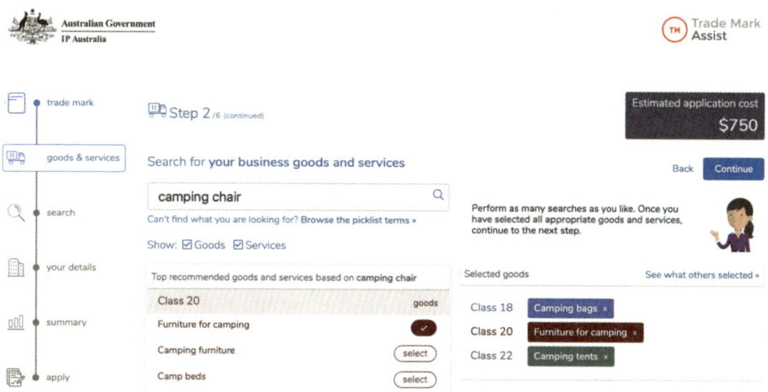

호주 지식재산권청, 트레이드마크 어시스턴트: 지정상품 추천 화면

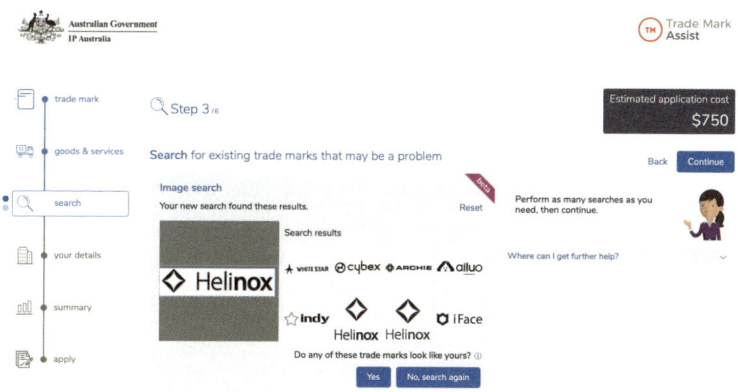

호주 지식재산권청, 트레이드마크 어시스턴트: 도형문자 결합상표 검색 화면

국내 인공지능 챗봇 사례

2000년 국내 설립된 솔트룩스(Saltlux)는 2016년 아담 어시스턴트(ADAM Assistant)를 출시하였다.
최근 오픈 플랫폼인 ADAMs.ai를 운영 중이며, ETRI, KAIST와 함께 인공지능 국가 R&D 과제인 엑소브레인(EXOBRAIN) 프로젝트에 컨소시엄 기업으로 참여하고 있다.
http://www.saltlux.com
http://exobrain.kr/

시도가 돋보인다.

향후 각국 특허청은 인공지능 챗봇 이용이 고객상담의 상당부분을 대체할 것으로 예상하고 있다. 여기서 중요한 것은 현재 오프라인에서도 질의내용을 잘 파악하고 의도에 맞는 답변을 적절하게 하고 있는지, 이를 디지털화된 지식 DB로 얼마나 잘 구축하고 있는지이다. 또한 IP 분야는 법제도 및 수수료 징수규칙 등의 개정이 빈번하므로 이를 업데이트하기 위한 방법도 중요한 이슈가 될 것이다.

WIPO Translate history

WIPO는 2008년부터 특허번역 프로젝트를 시작하여 2011년 PATENTSCOPE에 시범 서비스를 탑재하였다. 이때까지는 신경망 머신러닝 기술(NMT)은 적용되지 않았다.

2016년 영어-중국어 번역에 NMT 기술이 적용되었고, 이어서 2017년 PCT 공개언어 10종으로 확대되었다.

WIPO Translation, 최적화된 특허 번역을 위한 노력

특허문서의 기계번역은 구글 등 범용 번역기로도 가능하다. 하지만, 세계지식재산기구가 2017년 10개국 언어를 지원하는 특허 번역기[45] 'WIPO Translation'에는 매우 특별한 것이 있다. 바로 신경망 기계번역NMT: Neural Machine Translation 기술을 이용하되, 'PCT 국제출원'의 각국 번역문을 학습 데이터로 활용한 점이다.

참고로, PCTPatent Cooperation Treaty 국제출원의 장점은 지정된 언어로 작성된 1개의 출원서를 수리관청이나 국제사무국에 제출하면, 진입할 다른 국가를 결정할 수 있는 유예기간을 상당기간(우리나라는 30개월 이내) 확보할 수 있다는 점이다. 다만, 심사를 받기 위해서는 진입할 외국 국가의 언어로 작성된 번역문을 일정 기한 내에 제출하여야 하고, 실체적 내용을 변경하여서는 안 된다. 즉, PCT 국제출원은 엄격히 동일하게 작성된 다중언어 문서가 존재하는 독보적인 기록물이라 할 수 있겠다.

기계 번역의 정확도는 인공지능 학습을 위한 데이터의 양과 질에 의존한다. 그런데 특허는 나름의 강제적인 규칙으로 인해 다른 분야에서 유래를 찾아볼 수 없는 학습용 번역 빅데이터를 무상으로 확보한 셈이다. 구체적으로는, 이종 언어로 작성된 문서쌍distant language pairs과 국제특허분류IPC의 32개 기술 영역별 학습데이터를 구

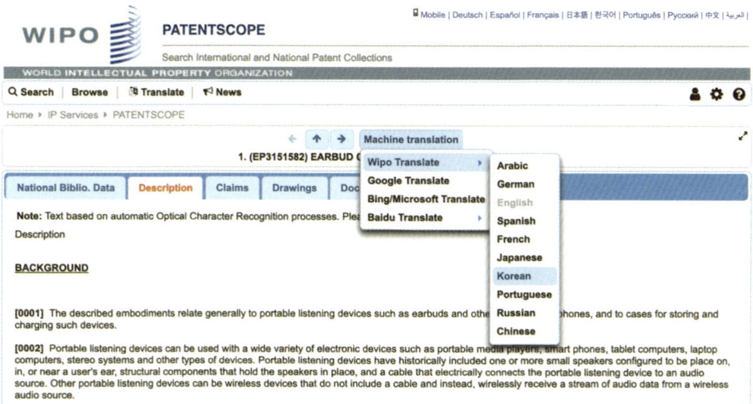

WIPO PATENTSCOPE[46] 기계번역 화면

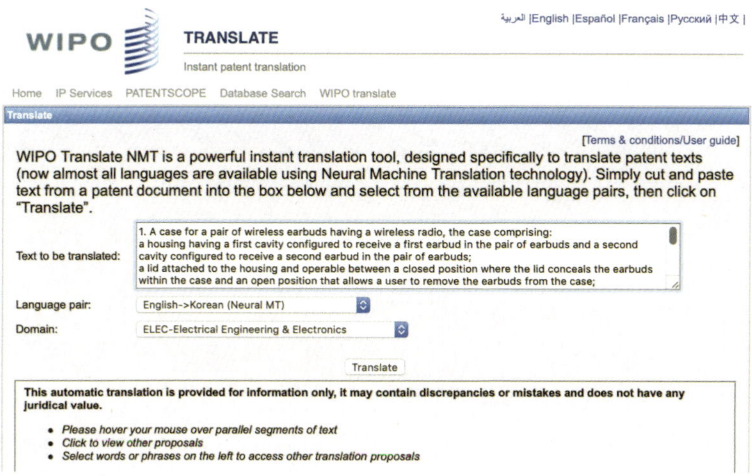

WIPO Instant patent translation[47]: 번역할 문장을 입력하여 번역 테스트 가능

해외특허를 확보하는 2가지 경로

1. 파리루트를 통한 개별출원

파리협약에 따른 조약우선권을 주장하며 1년 내에 다른 국가를 지정하여 각국 관청에 개별적으로 출원하는 것이다. 출원서의 양식이나 언어가 다르기 때문에 실무상 3개국 이하의 해외특허를 확보하려는 경우에 활용된다.

2. PCT 국제출원

수리관청이나 국제사무국에 1개의 언어로 작성된 1개의 출원서를 제출한 다음, 우선일로부터 소정기간(30개월)까지 진입할 국가의 지정을 유예할 수 있다. 다만, 진입 시 번역문을 제출하여 심사를 받게 된다. 국제조사 보고서를 통해 진입여부를 사전 점검할 수 있는 장점도 있다.

한국은 1984년 PCT에 가입하고, 2007년 한글이 국제공개언어로 채택되었다. 반면, MADRID 국제상표출원이나 HAGUE 국제디자인출원은 수리관청 출원시에 지정국을 결정하는 점에서 PCT 국제출원과 차이가 있다.

분 학습Domain Aware Technology시킨 덕분에 비교적 단기간에 성과를 달성할 수 있었다.

현재 'WIPO Translation' 기능은 PCT 국제특허공보를 검색할 수 있는 'PATENTSCOPE'에서 활용되고 있으며, 국제특허공보가 아니더라도 번역문 작성 시 이용할 수 있도록 'Instant patent trans-la-tion' 서비스가 제공되고 있다. 물론 언어간 번역 품질이 균질하지는 않아 향후에도 지속적인 기계 학습이 필요하다. 하지만 특허제도의 특성과 이를 통해 파생된 빅데이터를 적절하게 응용한 사례로 평가할 수 있다.

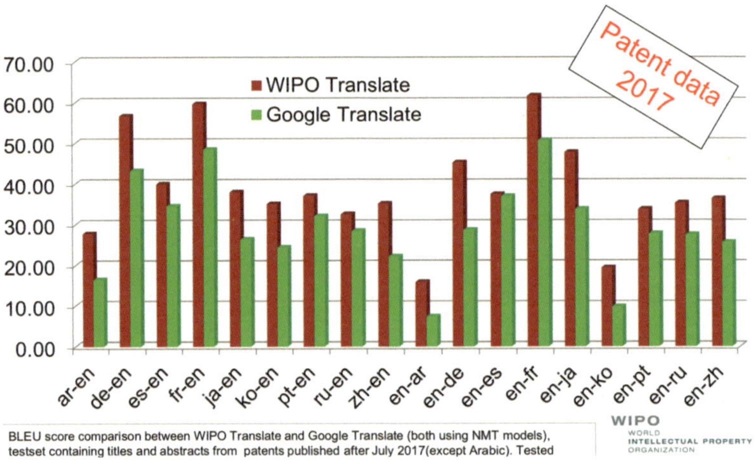

PCT 공개언어별 기계번역 품질 비교[48]: 구글번역과 WIPO 번역기의 품질을 비교한 그래프이다. 아직까지 이종언어 문서쌍(pairs) 별 번역 품질에 격차가 있어 지속적인 업데이트기 요구된다.

창의적 분석과 인공지능 스타트업을 지원하기 위한 데이터 제공

특허법은 발명의 '보호' 및 발명의 '이용'을 도모함으로써 기술 발전을 촉진하고 산업발전에 이바지하는 데 목적이 있다. 발명의 이용을 도모하기 위하여 각국 특허청은 검색 인프라를 제공하여 중복 투자를 방지함은 물론, 발명자들이 새로운 기술 내용을 빠르고 쉽게 습득할 수 있도록 한다. 빅데이터와 인공지능으로 대변되는 변화의 시기에 각국 특허청들은 향후의 역할에 대하여 고민을 거듭하고 있다.

대표적인 사례로, 미국 특허청은 '오픈 데이터 포털Open Data Portal'이라는 카드를 꺼냈다. 미국 특허청이 정의[49]하는 오픈 데이터란 '최종 사용자들이 분석에 충분하게 사용될 수 있을 정도로 구조화된 데이터로서 공중에게 제공 가능한 것'을 말한다.

오픈 데이터 포털은 분석자들이 미국 특허청이 제공하는 데이터세트나 그 밖의 다른 경제적, 지리적 데이터세트를 연계하여 분석할 수 있는 데이터를 제공하는 소셜 플랫폼이다.

주목할 사항은 새로운 시각화 도구(예: 태블로, 게피 등)을 사용하여 보다 창의적인 분석이 이루어지고 있으며 분석내용이 공유된다는 점이다. 상호작용이 필요한 시각적 분석내용은 페이턴츠뷰Patents-view를 통해서도 확인할 수 있다. 예를 들어, 미국 각 주별 인구수와 특허의 상관관계를 연도별로 분석하거나 각 국별 발명자수와 권리자수를 비교할 수 있다. 나아가 프로그래머들이 특허청에서 생산된 빅데이터를 이용한 분석 도구tool를 만드는 데 필요한 APIApplication Programming Interface를 제공하기도 한다. 미국을 중심으로 급성장하고 있는 인공지능 IP 서비스는 이렇게 구조화되고 사용할 수 있도록 가공된 '오픈 데이터' 덕분이라고 할 수 있다.

USPTO Datasets, APIs[50]

미국 특허청의 데이터세트나 API는 카테고리별로 아래와 같이 정리되어 제공되고 있다.

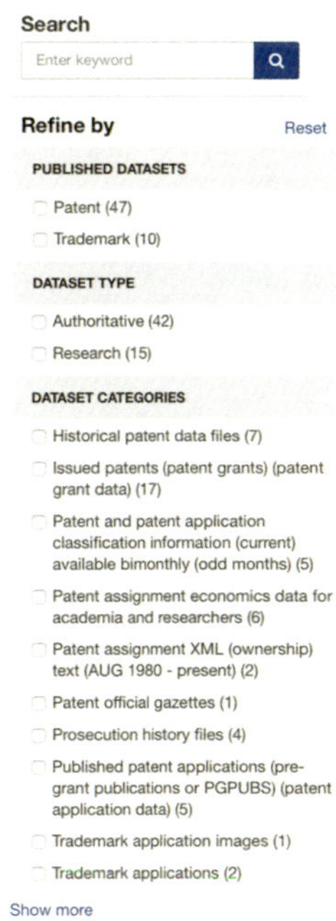

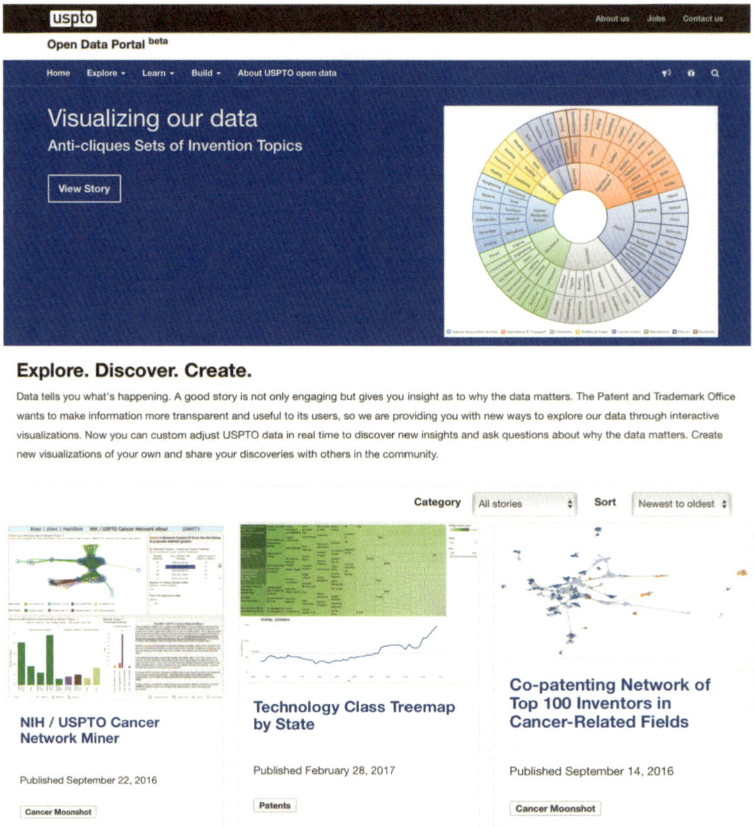

미국 특허청 오픈 데이터 포털[51]: 제공된 데이터를 이용한 분석 사례를 공유

지금까지 지식재산권 빅데이터의 활용 사례와 인공지능이 불러오고 있는 주요 변화를 살펴보았다. 지식재산권 시스템의 엄격한 출원방식과 공정하고 투명한 심사처리를 위한 각종 데이터의 공개 덕분에, 그 어떤 분야보다 계층화되고 구조적으로 정비된 빅데이터를 갖추고 있다는 것을 확인할 수 있었다. 이러한 빅데이터는 기계번역이나 창의적인 분석에 재활용되어 또 다른 부가가치를 창출할 수 있는 무한한 가능성을 갖고 있다.

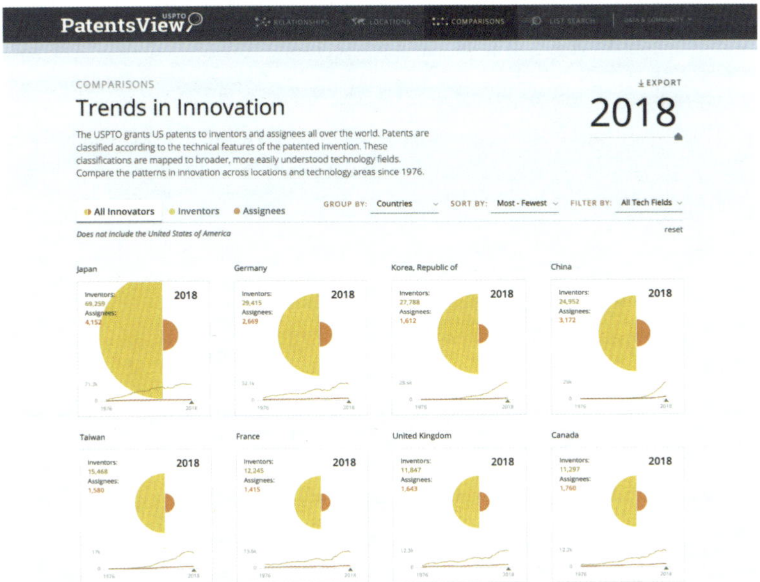

PatentsView Comparisons Trends in Innovation, 2018년 각국별 발명자수, 권리자수 비교[52]

PatentsView Comparisons Trends in Innovation
1976~2018년까지 각국별, 기술 분야별, 미국의 각 주별 발명자수와 권리자수의 비교를 할 수 있다. 2018년 예시를 참고하면, 일본은 발명자수가 69,259, 한국은 27,788명으로 집계되었다(미국은 제외).

무엇보다 특허의 보호뿐만 아니라 제3자의 '이용'이라는 목적을 위해서는 사용자의 접근성과 활용성을 염두에 둔 데이터의 생산이 중요하다고 할 수 있다. 아울러, 특허 빅데이터의 분석은 물론 인공지능을 이용한 IP 인프라 구축에서도 다양한 분야의 전문가들이 협력할 수 있기를 기대해본다.

1 김대중 & 류호경. (2015). '네트워크기반 특허 분석과 추상화 기능분석 (Abstraction Hierarchy)의 매팅을 통한 혁신 아이디어 발상 방법: 다이슨社의 '날개 없는 선풍기' 사례연구를 중심으로', 기술경영경제학회 동계학술대회, F3,1

2 Bose's new super high-tech cooking system https://www.youtube.com/watch?v=x-QtiTuc6JTo

3 Eric Ries 〈린 스타트업 : 지속적 혁신을 실현하는 창업의 과학〉, 인사이트 2012

4 MAEDA, J. 2015. Design In Tech Report 2015. Available at: https://www.slideshare.net/kleinerperkins/design-in-tech-report-2015.

5 Does your startup need a designer co-founder?: https://library.gv.com/does-your-startup-need-a-designer-co-founder-774775868f76

6 MAEDA, J. 2015. Design In Tech Report 2015. Available at: https://www.slideshare.net/kleinerperkins/design-in-tech-report-2015.

7 Choi, S., &Park, H. (2016). Investigation of strategic changes using patent co-inventor network analysis: The case of samsung electronics. Sustainability, 8(12), 1315.

8 Intrexon(생명공학)과 Facebook(소셜서비스)의 발명자 네트워크: https://periscopic.com/news/exploring-innovation-signatures-in-patent-data

9 애플과 구글의 최근 10년간의 특허 발명자 네트워크: https://www.fastcompany.com/3068474/the-real-difference-between-google-and-apple

10 애플의 진화하는 내부 혁신 네트워크: https://www.kenedict.com/apples-internal-innovation-network-unraveled-part-1-evolving-networks/

11 Apple's Designers Actually Work Together At A Kitchen Table Coming Up With Apple's Next Great Products, https://www.businessinsider.com/apples-designers-literally-work-together-at-a-kitchen-table-coming-up-with-apples-next-great-product-2012-8#comments

12 LG will show a 'capsule-based craft beer' machine at CES: https://www.theverge.com/circuitbreaker/2018/12/10/18135360/lg-homebrew-craft-beer-capsule-machine-announced-ces-2019

13 WIPO, World Intellectual Property Indicator 2018: https://www.wipo.int/edocs/pubdocs/en/wipo_pub_941_2018.pdf

14 How Apple ended the iPad trademark saga: A timeline, http://fortune.com/2012/07/02/how-apple-ended-the-ipad-trademark-saga-a-timeline/

15 WIPO IP Facts and Figures: https://www.wipo.int/edocs/pubdocs/en/wipo_pub_943_2018.pdf

16 WIPO Technology Trends-Artificial Intelligence, 2019:

https://www.wipo.int/tech_trends/en/artificial_intelligence/

17 EUIPO: https://euipo.europa.eu/eSearch/

18 IP Australia: https://search.ipaustralia.gov.au/trademarks/search/quick

19 클래리베이트 애널리틱스가 인수합병: http://www.compumark.com/press-releases/clarivate-analytics-acquires-trademarkvision/

20 Trademark Vision: https://trademark.vision/

21 JPO Graphic Image Park: https://www.graphic-image.inpit.go.jp

22 시각적 정보에 기초하는 검색 기술: https://www.brandwatch.com/blog/top-image-recognition-tools/

23 비엔나 협정에 의한 도형상표 분류 코드: https://www.wipo.int/classifications/nivilo/vienna/index.htm#

24 brand vision: https://trademark.vision/solutions/brandvision/

25 Machine learning applied to Trademarks Classification and Search, Christophe Mazenc. https://www.wipo.int/edocs/mdocs/globalinfra/en/wipo_ip_itai_ge_18/wipo_ip_itai_ge_18_p17.pdf

26 Clarivate Analytics CompuMark: http://www.compumark.com/tm-go365/

27 De Vries, G., Pennings, E., Block, J. H., &Fisch, C. (2017). Trademark or patent? The effects of market concentration, customer type and venture capital financing on start-ups' initial IP applications. Industry and Innovation, 24(4), 325-345.

28 Richard J. Mckenna Foley & Lardner LLP. (2012). Apple, Inc. - A Case Study in Successful Exploitation of Design and Innovation

29 리걸 테크(Legal Tech) 기업들의 연도별 창업 리스트: http://techindex.law.stanford.edu/

30 casetext, CARA A.I.: https://lawyerist.com/casetexts-cara-legal-research-shortcut/

31 Lex Machina는 라틴어의 합성어로서, 'lex'는 법률(law)을 'machina'는 기계(machine)를 의미한다.

32 Lex Machina, Legal Analytics: https://lexmachina.com/patent-litigation/ https://www.deweybstrategic.com/2015/06/lex-machina-launches-trademark-and.html

33 1898년 Matthew Henry Phineas Riall Sankey가 증기기관의 에너지 효율을 설명한 다이어그램 참조. https://en.wikipedia.org/wiki/Sankey_diagram

34 에드워드 터프트(Edward Tufte), 데이터 시각화에 관한 책 'Beautiful Evidence (2006)' 참조

35 IP 행정을 위한 인공지능과 ICT 전략, 6대 인공지능 활용 분야: https://www.wipo.int/about-ip/en/artificial_intelligence/

36 특허 54.6억 원, 상표 8.6억 원, 디자인 4.1억 원

37 계층적으로 구성된 IPC 국제특허분류 코드: https://www.wipo.int/edocs/mdocs/globalinfra/en/wipo_ip_itai_ge_18/wipo_ip_itai_ge_18_p18.pdf

38 WIPO IPCCAT: https://www.wipo.int/classifications/ipc/en/

39 클래리베이트 애널리틱스: https://clarivate.com/products/derwent-world-patents-index/

40 인공지능 법률가(AI Lawyer) 모바일 챗봇 DoNotPay: https://itunes.apple.com/app/id1427999657

41 OPD 국제심사정보 통합조회서비스: https://kopd.kipo.go.kr:8888/subMain.do

42 IP Austalia, Alex: https://www.wipo.int/wipo_magazine/en/2018/03/article_0004.html

43 Trade Mark Assist: http://assist.ipaustralia.gov.au/trademarks/welcome

43 IP Austalia: https://www.ipaustralia.gov.au/

45 WIPO Translation: https://www.wipo.int/pressroom/en/articles/2017/article_0007.html

46 WIPO PATENTSCOPE: https://patentscope.wipo.int

47 WIPO Instant patent translation: https://patentscope.wipo.int/translate/translate.jsf?interfaceLanguage=en

48 WIPO, Strategy for developing AI projects & list of current AI project: https://www.wipo.int/edocs/mdocs/globalinfra/en/wipo_ip_itai_ge_18/wipo_ip_itai_ge_18_p16.pdf

49 미국 특허청의 '오픈 데이터(Open Data)' 정의: https://developer.uspto.gov/about-open-data

50 USPTO Datasets, APIs: https://developer.uspto.gov/data

51 USPTO Open Data Portal: https://developer.uspto.gov/visualizations

52 PatentsView Comparisons Trends in Innovation: http://www.patentsview.org/web/#viz/comparisons&cmp=all/country/numDesc/2018

눈이 소복이 내려앉은 어느 아침, 회사로 가는 눈길 위에 찍힌 크고 작은 발자국들을 보니 어떤 사람들이 어느 쪽으로 걸어갔는지를 짐작해볼 수 있었습니다. 하지만 발자국이 많아지고 눈이 녹으면서 그 궤적은 점차 보이지 않게 되었습니다. 고층 빌딩에서 우연히 내려다본 주차장에는 빼곡히 자리 잡은 차들의 색상과 종류가 한눈에 들어왔습니다. 지상에서는 그렇게 찾기 힘든 빈자리도 보였습니다.

기록된 데이터를 적정 범위로 정제하여 그 흐름flow을 추적하고, 관점perspective을 전환시킬 수 있는 플랫폼platform이 특허 분석의 패러다임을 바꿀 것이라는 것을 일상에서 깨우친 순간이었습니다. 이 책에 소개된 다양한 사례들을 수집하고 정리하였던 습관은 그 순간의 경험에서 비롯되었다고 해도 과언이 아닙니다.

세 사람이 함께 이 책을 쓰게 된 것은 단순한 호기심 덕분이었습니다. 현미경으로 세포를 관찰하듯 '특허 인용정보의 네트워크를 한눈에 조망해볼 수는 없을까?'라는 질문에 게피Gephi와 같은 분석 도구로 어렴풋이 그 가능성을 확인할 수 있었습니다. 나아가, 지식재산권 분야뿐만 아니라 기술경영과 디자인 분야에서도 의미 있는 연구가 가능하겠다는 믿음을 심어주기에 충분했습니다. 물론, 아직은 피상적인 분석에 불과하다는 혹평을 받을지도 모르겠습니다. 하지만 우리는 함께 첫발을 내디뎠을 뿐입니다. 그 틈을 메우는 작업을 또 다른 연구자와 관련 전문가, 그리고 독자의 몫으로 남기는 것도 의미 있는 일이라 믿습니다.

미국이나 유럽에서 근대적인 특허제도가 수립된 지는 200여 년이 넘었습니다. 하지만 특허공보를 인터넷으로 검색할 수 있게 된 것은 불과 20년밖에 되지 않습니다. 특허 빅데이터의 잠재된 가치는 아직 그 진가가 발휘되지 않았습니다. 특허 빅데이터를 효과적으로 활용하려면 구조적으로 설계되고 디지털화된 정보를 이용 가능한 형태로 개방하는 것이 중요합니다. 또한 지식재산권 관련 분야뿐만 아니라 다양한 분야 전문가들의 협력이 필요합니다.

최근 빅데이터와 인공지능AI의 물결은 지식재산권 시스템의 근본적인 변화를 요구하고 있습니다. 지식재산권이 어떻게 변화 발전하는가에 따라서 기업은 물론 국가 경쟁력에도 상당한 영향을 끼치게 되리라는 점은 명백해 보입니다. 정보 과잉의 시대에서 핵심정보를 정확히 선별해내고 그로부터 제품개발 전략을 보완, 수정해나가는 것은 글로벌 경쟁의 필수 절차가 되었기 때문입니다. 이를 위해서 각국 특허청 역시 자국의 기업을 지원하기 위한 인프라 구축에 심혈을 기울이고 있습니다.

한편, 이 책은 빅데이터 또는 인공지능 전문가에 의해 깊이 있게 쓰인 책은 아닙니다. 다만 활용의 측면에서 필요조건을 충족하려고 노력하였습니다. '크로스 오버cross-over'의 한계가 있겠지만, 이것이 오히려 현장 실무자들에게는 장점이 되었으면 합니다. 부디 이 책이 특허분석에 입문하는 IP 실무자, 기술경영 관리자, 변리사, 디자이너, IP 서비스 개발자, 정부기관 담당자 등 특허정보를 다루는 모든 분들에게 조금이라도 도움이 되기를 소망합니다.

Ware, Information Visualization(2012, Morgan Kaufman)

Erez Aiden, Jean-Baptiste Michel, UNCHARTED-Big Data as a Lens on Human Culture(2013, RIVERHEAD Books)

Dr. Paul Oldham, The WIPO Manual on Open Source Patent Analytics(2016, https://wipo-analytics.github.io)

「정보디자인」, 안드레아스 슈나이더 외 지음, 김경균 옮김(정보공학연구소, 2004)

「디자인 지식재산권」, 김지훈, 이정민, 안혜신 지음(안그라픽스, 2013)

「특허로 경영하라」, 엄정한, 유철현 지음(클라우드북스, 2015 개정증보판)

「조너선 아이브」, 린더 카니 지음, 안진환 옮김(민음사, 2014)

「데이터 디자인-정보 디자인과 시각화 원칙」, 페어 몰러럽 지음, 이현경 옮김(비즈앤비즈, 2016)

「특허실무지식1: 특허문서론」, 정우성 지음(에이콘출판사, 2017)

「비커밍 스티브 잡스」, 브렌트 슐렌더, 릭 테트젤리 지음, 안진환 옮김(혜윰, 2017)

「Data Iconology(데이터 아이코놀로지)」, 박진완 지음(한빛아카데미, 2017)

이 책에 소개한 기업분석 사례와 방법론은 10년간 한양대학교 기술경영전문대학원 디자인기술경영 과목을 통해 수강생들과 함께 고민한 결과입니다. 기술경영과 디자인이라는 새로운 연구에 도전할 수 있도록 믿고 지지해주신 한양대학교 MOT 동료 교수님, Imagine X lab 연구원들에게 고마움을 전합니다. 연구의 즐거움을 알게 해주신 캐롤부샤 교수님 감사합니다.

_ 김지은

사랑하는 아내 신길숙과 두 딸 정하연, 정예원에게 고마운 마음을 전합니다. 책을 만들어가는 과정의 어려움과 기쁨을 함께 지켜본 것은 아이들에게 소중한 자산으로 남을 것이라고 믿습니다. 결혼 10주년 선물로 장인 장모님도 기뻐하실 것 같습니다. 늘 아낌없는 조언을 해주시는 특허청 김지훈 선배와 문삼섭 국장님께도 고마운 마음을 전합니다.

_ 정부용

주말도 없이 일하는 아빠를 위해 "이 세상에서 아빠가 제일 좋아!" 라는 딸 김연서와 지칠 때마다 용기와 전폭적인 지원을 아끼지 않은 아내 임해리에게 미안함과 고마운 마음을 전합니다.

_ 김대중

Jieun Kim
Buyong Jeong
Daejung Kim
Patent Analytics
Transforming IP Strategy into Intelligence
Springer

Patent Analytics: Transforming IP Strategy into Intelligence

ISBN 978-981-16-2929-7

Site https://link.springer.com/book/10.1007/978-981-16-2930-3

Authors 김지은 · 정부용 · 김대중

국제 최저명 출판사 스프링거(Springer)에서 2021년에 출간된 『특허 빅데이터 DNA』의 영문판. 『특허 빅데이터 DNA』가 입문자를 위한 경영 일반서라면, 영문판은 글로벌 연구자를 위한 학술서 성격이 강하다. 미국과 유럽 특허 데이터를 중심으로 재구성하였으며, 일부 네트워크 분석을 실습할 수 있는 예제를 담고 있다.

특허 네트워크 분석의 학문적 토대를 이루는 개념과 매트릭스 이해를 돕기 위하여 3장 'Basic Network Concepts'을 신설했으며, 13장 'Learn to Build Design Innovation Team: Samsung Versus LG'는 삼성과 LG 두 기업의 경쟁적 혁신제품 개발 사례를 핵심 발명자 중심으로 재해석하였다. 상표권에 관심 있는 독자라면 14장 'Is Trademark the First Sparring Partner of AI?'를 주목하기 바란다. 인공지능을 통한 상표권 검색부터 브랜드 리스크 관리까지 다양한 상표권에 대한 정보가 담겨 있다.

김지은 한양대학교 기술경영전문대학원 교수이다. KAIST 산업디자인 학과를 졸업하고, 프랑스 그랑제꼴 Arts et Metiers ParisTech에서 산업공학으로 석사 및 박사학위를 취득하였다. 이후 영국왕립예술대학과 캐나다 브리티시컬럼비아 대학교 방문 교수로 재직하였다. IP 융합 기술 분석, 디자인-기술 경영전략, 신사업기획 분야 연구 및 산학활동을 활발하게 하고 있다.

정부용 대한민국 변리사이며, 특허청 상표디자인심사국 사무관으로 재직하고 있다. KAIST 산업디자인학과를 졸업하고, 동 대학원에서 「핸드헬드 기기에서 두 손 조작을 통한 포인팅과 문자입력에 관한 연구」로 석사학위를 취득하였다. 2003년 (주)팀인터페이스(TeamInterface)에서 UI 디자이너로, 2010~2014년 특허법인 플러스에서 특허와 디자인 분야 변리사로 근무하였다. 주요 공동저서로 「Design Rights. Functionality and Scope of Protection」(Edited by Christopher V. Carani, 김지훈, 정부용 외, Wolters Kluwer, 2017)이 있다.

김대중 한양대학교 기술경영전문대학원에서 '특허정보 기반 기술-디자인 융합혁신'에 관하여 석사·박사학위를 취득하였다. 현재 한경대학교 전임강사와 아주대학교 겸임 조교수로 재직 중이다. 지식재산권 기반 경영전략, 혁신, 연구개발전략 관련 연구를 진행하고 있으며, 빅데이터 기반 시각화 및 네트워크 분석 등 지식재산권 관련 강의와 컨설팅 활동을 하고 있다.

특허 빅데이터 DNA

펴낸날 2022년 7월 25일 개정판 1쇄
지은이 김지은·정부용·김대중 ● **펴낸이** 김우승
펴낸곳 한양대학교출판부 ● **출판등록** 제4-7호(1972.2.29)
주소 서울 성동구 왕십리로 222 ● **전화** 02.2220.1432-4 ● **팩스** 02.2220.1435
홈페이지 press.hanyang.ac.kr ● **이메일** presshy@hanyang.ac.kr
본문디자인·편집 김민지 ● **표지** 안광일 ● **인쇄** 네오프린텍

정가는 뒤표지에 있습니다. 잘못된 책은 구입하신 곳에서 교환해드립니다.

ISBN 978.89.7218.748.6 (93320)